本书受国家社会科学基金2021年度重大项目"面向未成年人的人工智能技术规范研究"（项目编号：21&ZD328）支持

面向核心素养的项目式学习

——学校PBL生态体系探索与实践

毕吉伟　林先锋　著

中国海洋大学出版社

·青岛·

图书在版编目（CIP）数据

面向核心素养的项目式学习：学校PBL生态体系
探索与实践 / 毕吉伟，林先锋著. —青岛：中国海洋大
学出版社，2024.5

ISBN 978-7-5670-3828-8

Ⅰ.①面⋯　Ⅱ.①毕⋯　②林⋯　Ⅲ.①中小学教
育—教学研究　Ⅳ.①G632.0

中国国家版本馆CIP数据核字（2024）第071253号

出版发行	中国海洋大学出版社
社　　址	青岛市香港东路 23 号　　　邮政编码　266071
网　　址	http://pub.ouc.edu.cn
出 版 人	刘文菁
责任编辑	张　华
电　　话	0532-85902533
电子信箱	zhanghua@ouc-press.com
印　　制	青岛国彩印刷股份有限公司
版　　次	2024 年 5 月第 1 版
印　　次	2024 年 5 月第 1 次印刷
成品尺寸	170 mm × 240 mm
印　　张	22
字　　数	387 千
印　　数	1～1000
定　　价	78.00 元
订购电话	0532-82032573（传真）

发现印装质量问题，请致电 0532-58700166，由印刷厂负责调换。

序言

　　项目式学习无疑是当前素养导向的新课程改革进程中的热点话题。之所以是热点，是因为它同时推动着课程理念升级和课堂教学创新，使核心素养发展能够有效落实于学校常态化的教学实践中。作为课程理念的升级，它彰显培养学生核心素养、促进学生全面发展的价值，在培养学生的批判性思维、创新能力、合作与交流能力、注重学科知识学习的同时，还关注学生的情感、态度和价值观的培养，以培养适应未来社会发展的人才。作为教与学方式的创新，项目式学习表现为学为中心、实践导向、跨学科融合、合作与沟通等特征，让学生在真实的问题或挑战中主动探索、学习和实践，鼓励学生主动进行知识建构，通过实践来巩固和深化对知识的理解，鼓励学生在解决问题时综合运用不同学科的知识，这种跨学科的融合有助于培养学生的综合素养和解决问题的能力。特别是2016年《中国学生发展核心素养》发布以来，核心素养导向的新课程标准陆续颁布，项目式学习的研究与实践也日益受到关注，并在一线教育改革实践中获得越来越旺盛的成长生命力。

　　由此，关于项目式学习的著作日益涌现，例如，国际性的项目式学习论著译著、本土化项目式学习论著以及区域性或校本化项目式学习实践案例集等，有的阐释项目式学习的内涵、设计与实施，有的关注项目式学习的高质量实施，有的关注项目式学习设计工具的呈现，有的提供项目式学习教师操作性指南……然而在这些众多著作中，缺乏如何将项目式学习在一所学校体系化实施、内生性建构，进而带动学校办学特色、办学理念、办学文化自内而外高质量发展的著作。本书基于青岛市崂山区松岭路小学多年来的项目式学习实践及现代性育人学校新样态，呈现了这样一个意义上的项目式学习本土实践。

　　本书以面向核心素养的项目式学习为主题，以松岭路小学项目式学习实践体系发展为主线，在厘清素养育人导向项目式学习发展趋势、生态内涵与构成要素基础上，围绕如何做好素养育人项目式学习的体系化实践、项目式学习的多主体担当、项目式学习的成功落地实践以及多层次学科整合视域的项目式学习设计与实施案例，呈现了一线学校项目式学习导入、实践、深化发展的全景视阈。同时，本书呈现了学校在实践中努力构建素养育人导向的项目式学习生态体系的发展进程，既关注学校层面系统化项目式学习组织氛围，如课程体系、管理规则、协同育人，又重视能力层面全方位的项目式学习胜任力，如校长课程领导力、教师教学能力、学生学习力，还聚焦过程层面关键性的项目式学习策略，如情境创设、表现性评价、具身沉浸，以此全面理解素养育人导向的项目式学习生态，并提供了丰富的学科、跨学科、超学科项目式学习设计与实践案例，为中小学校推进项目式学习提供了更为立体、更为系统的策略和方法，促进教育教学质量的提升和发展。在一定意义上，这为素养育人视角下项目式学习生态体系理论研究和实践探索提供了引领性范例。

具有上述内涵的项目式学习论著正是当下素养导向新课程改革推进过程中所需要的，它为有意愿开展项目式学习的学校提供了系统性案例，为有能力开展项目式学习实践的教师提供了模板式指南，也为长期从事项目式学习研究的各类研究者提供了系统化落地指导观摩手册，以切实引领更多像青岛市崂山区松岭路小学这样的项目式学习系统化实践示范学校，成就素养育人全域发展的现代学校样态。我们非常荣幸地参与了青岛市崂山区松岭路小学项目式学习发展的上述进程，特别钦佩以林先锋校长为代表的松岭路小学教学团队，他们积极作为、主动担当，既系统化探索、深入项目式学习实践，又以个体学校的育人担当为广大一线学校呈现项目式学习生态体系生长进程，以引领、激发更多的学校走上项目式学习深度实践的道路。

是为序。

李玉顺
于北京师范大学演播楼
2024年2月29日

目录

第一章
素养育人变革造就项目式学习新发展

　　随着知识经济时代的到来，社会对人才的需求不断变化，培养适应21世纪社会发展的、具备核心素养的人才成为各国教育关注的焦点。而培养学生的核心素养需要通过多层次、交叉结合的复杂教育系统变革落实到实践中。其中，课程是落实核心素养教育目标的重要途径，如何通过学校的课程改革将核心素养融入课程体系，是中小学校在教学实践中面临的挑战。为此，各个国家（地区）与国际组织都在积极开展面向核心素养的课程改革，在教与学方式变革等方面进行了深入探索。

　　项目式学习（Project-based Learning，简称"PBL"），又称"基于项目的学习"或"项目化学习"，具备历史性与时代性双重特征，是一种以"学习者为中心"的新理念。它鼓励学生积极探究和解决真实、复杂的问题，通过协作、探究、设计等学习过程，实现知识、技能、素养的协调发展，从而加深对知识的理解，促进对世界的感知、思考与贡献。大量的研究与实践表明，项目式学习充分体现了从"以教师为中心"转向"以学习者为中心"的课程改革旨趣，在落实学生核心素养方面具有重要的价值，不仅可以使学生获得（跨）学科知识，而且可以提升自我管理、沟通合作、问题解决、社会情感等重要能力。[①]项目式学习成为21世纪学习方式的一种革命，在面向核心素养的课程改革中扮演着重要角色。

　　本章将从核心素养与项目式学习的发展历程出发，阐释两者相遇与融合的过程与脉络，理清学校开展面向核心素养的项目式学习课程改革和进行学校

---

① 张文兰，胡姣.项目式学习的学习作用发生了吗？——基于46项实验与准实验研究的元分析［J］.电化教育研究，2019，40（2）：95-104.

PBL生态体系构建的时代背景、理论内涵与现实意蕴。

第一节　素养育人变革的全球趋势

一、核心素养的提出与发展

21世纪，随着全球化与信息化时代的来临，面对崭新且更富挑战性的国际格局，各国教育的改革与发展都无法规避的一个重大问题是：21世纪培养的学生应具备哪些核心素养，才能使他们成功地融入未来社会，进而推动整个社会的健康发展？尤其是近年来，各国综合国力的竞争逐渐由表层的生产力水平竞争转换为深层的以人才为核心的竞争，以经济发展为核心、致力于青少年核心素养的提升逐渐成为世界各国教育改革发展的共识，各个国家（地区）与国际组织共同聚焦"核心素养"这一关键主题，将学生核心素养的培育上升为国家的战略。

（一）面向21世纪挑战的核心素养提出

"核心素养"这一概念舶来于西方，有多种表述（表1-1），较为常见的表述方式是"Key Competencies"或"21st Century Skills"。其中，"Key"在英语中有关键、必不可少等含义；"Competencies"也可直译为能力。而"21st Century Skills"则有人将之译为"21世纪技能"或者"21世纪能力"。

表1-1　关于核心素养概念的多种表述

序号	表述	组织/国家
1	Key Competencies	经合组织、欧盟、联合国教科文组织和澳大利亚
2	Key Skills、Core Skills	英国、法国、德国
3	21st Century Skills	美国、新加坡、日本
4	Key Competencies、Essential Skills	新西兰
5	Key Competencies、Critical Competencies	韩国
6	核心素养	中国

早在1996年，联合国教科文组织在《教育：财富蕴藏其中》报告中，从终身学习的角度就阐明了"21世纪社会公民必备的基本素质"，即终身学习的四大支柱，包括学会求知、学会做事、学会共处以及学会生存（简称"四大支柱"）。2003年，该组织在四大支柱的基础上增加了"学会改变"，将其视为"教育的第五支柱"。而伴随着终身学习理念的提出与深化，学会求知、学会做事、学会共处、学会生存与学会改变也被称为"终身学习的五大支柱"。虽未冠以"核心素养"的名称，但间接为21世纪需要培养什么样的人才指明了方向。之后，为有效应对21世纪人才培育的需求与挑战，各个国家（地区）与国际组织相继颁布核心素养相关框架与政策。虽然这些政策中关于核心素养的用词不同，但其背后所表达的均是核心素养的"通用性"与"可迁移性"。

早在20世纪90年代末，经济合作与发展组织（Organization for Economic Co-operation and Development，简称"经合组织"或"OECD"）率先启动"素养的界定与遴选"（Definition and Selection of Competencies：Theoretical and Conceptual Foundations，简称"DeSeCo"）项目[①]，以"素养"这一整体性概念回应了个体发展的能力要求，即"个体在特定情境中，调动认知与非认知的心理资源，成功满足复杂需要的能力"。但经合组织并未在这次项目中使用"核心素养"一词，直至2003年才在出版的最终报告《核心素养促进成功的生活和健全的社会》中第一次使用。为进一步推进核心素养的研究走进教育改革实践，经合组织于2005年发布《核心素养的界定与遴选：行动纲要》，增强了核心素养应用于教育实践的可操作性。紧随时代变化，经合组织分别于2009年、2013年与2015年开展了后续研究，强调教育系统应帮助学生发展与社会进步相适应的技能和素养。而关于21世纪技能的研究始于美国。2002年美国在联邦教育部领导下成立"21世纪技能合作联盟"（Partnership for 21st Century Skills，简称"P21"）。该组织制订了《21世纪技能框架》，于2007年发布了该框架的更新版本。

随后，这场超越传统学科、聚焦核心素养的全球运动，在世界各国的教

---

① OECD. The definition and selection of key competencies：Executive Summary［EB/OL］.（2005-05-27）［2024-01-25］. https：//www. oecd. org/pisa/35070367. pdf.

育政策和课程改革中的作用日益凸显。[①]在我国，教育部于2014年印发了《关于全面深化课程改革　落实立德树人根本任务的意见》，首次在官方文件中提出"核心素养"。2016年，我国正式公布《中国学生发展核心素养》[②]，以培养"全面发展的人"为核心，充分反映21世纪经济社会发展对人才培养的新要求，重视中华优秀传统文化的传承与发展，系统落实社会主义核心价值观，为我国教育发展与课程改革指明了方向。

（二）全球范围内核心素养代表性框架

世界范围内，部分国家（地区）与国际组织均根据区域特征与育人目标，相继构建了核心素养框架与相关政策。纵观这些框架，基本形成了四种相对具有代表性的价值取向，如联合国教科文组织和欧盟以个人发展为取向；经合组织以培养社会价值为取向；美国关注未来职业需要；中国突出核心价值观等。[③]接下来取代表性框架进行阐述。[④]

1. 个人发展取向的核心素养框架

以个人发展取向为导向的核心素养培养理念，是以人的发展为本，提出核心素养的内涵及其基本要素。

（1）联合国教科文组织——终身学习的五大支柱

2003年，联合国教科文组织强调，核心素养的培育需要终身学习，终身学习也需要核心素养。终身学习的五大支柱即素养彼此关联，同时涉及生命全程与各种生活领域：学会求知、学会做事、学会共处、学会生存、学会改变。在之后的研究中，联合国教科文组织在致力于推动世界范围内的教育机会公平的同时，也开始思考核心素养框架的问题。2013年，联合国教科文组织发布《全球学习领域框架》，这一框架正式对基础教育阶段中的核心素养问题做出了回应，该框架包含七个领域，即身体健康、社会和情感、文化和艺术、语言和交流、学习方法和认知、算术和数学、科学和技术。（图1-1）

---

① Care E，Anderson K，Kim H. Visualizing the breadth of skills movement across education systems［R］. The Brookings Institution，2016：4-5.

② 核心素养研究课题组. 中国学生发展核心素养［J］. 中国教育学刊，2016（10）：1-3.

③ 林崇德. 构建中国化的学生发展核心素养［J］. 北京师范大学学报（社会科学版），2017（1）：66-73.

④ 师曼，刘晟，刘霞，等. 21世纪核心素养的框架及要素研究［J］. 华东师范大学学报（教育科学版），2016，34（3）：29-37，115.

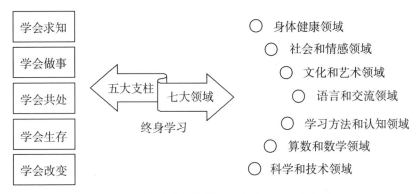

图1-1 联合国教科文组织五大支柱与七大领域

（2）欧盟——核心素养参考框架

2000年，欧盟发布"发展适应知识经济需求的新基本能力"研究报告，强调终身学习应具备IT、外语、技术文化、创业精神和社会互动五项基本能力。2002年，欧盟在工作报告中首次提出"核心能力"概念，从知识、技能和态度三个维度描述核心素养，将核心素养定义为：在知识社会中每个人发展自我、融入社会及胜任工作所需的一系列知识、技能和态度的集合。同时，提出了八大核心素养体系：母语沟通与交流、外语沟通与交流、数学素养与基础科技素养、数字素养、学会学习、社会与公民素养、首创精神和创业意识、文化意识与表达。

2006年，欧盟正式发布《欧洲终身学习核心素养参考框架2006》（简称"2006框架"）[1]，为欧盟各国教育政策制定，尤其是课程改革，提供了参考框架和方向。该框架指出，基本的语言、文字、数学、信息能力是终身学习的基础，"学习如何学习"支持个体所有学习活动，批判性思维、创造性、主动性、问题解决、风险评估、决策、情绪管理是终身学习者必不可少的素养。2018年，欧盟出台《欧洲终身学习核心素养参考框架2018》（简称"2018框架"）[2]。该框架是欧盟正式出台"2006框架"后，时隔12年对其进行的再次审

---

① European Council. The key competences for lifelong Learning：A European framework is an annex of a Recommendation of the European Parliament and of the Council of 18 December 2006 on key competences for lifelong learning［EB/OL］.（2006-12-30）［2024-01-25］. https：//www. britishcouncil. org/sites/default/files/youth-in-action-keycomp-en. pdf.

② European Council. Council Recommendation of 22 May 2018 on key competences for lifelong learning［EB/OL］.（2018-05-23）［2024-01-25］. http：//data. consilium. europa. eu/doc/document/ST-9009-2018-INIT/EN/pdf.

视和修订。

与旧版相比，新版核心素养框架呈现出四个新动向：更新了核心素养表述；更强调核心素养发展的支持体系；核心素养发展趋于纵深化发展；由"教育的欧洲维度"向"欧洲教育领域"嬗变。①新框架保留了旧框架的主体架构，体现在以下两方面。

一是核心概念一致。二者都从知识、技能和态度三个维度对核心素养进行界定。其中，知识为"支撑人们对某一领域或学科的认知"，由已知事实、数字、概念、思想、理论组成。技能为"实施的过程中使用现有知识取得成果的能力"。态度指"对想法、人或现状采取行动或做出反应的倾向和思维方式"。

二是核心素养数量一致。新版核心素养数量仍沿用旧版，凸显八项欧洲公民需要掌握的核心素养。虽然欧盟在"2018框架"中建议的核心素养仍是八项，但除了"数字素养"与"文化意识与表达"沿用旧版表述外，其余六项均不同程度被更新（表1-2）。从新旧两个素养框架的名称、制定目标与框架内容可以看出，"学会学习"是欧盟基础教育阶段各门课程需要着力培育的素养，体现出这一框架"为终身学习服务"的主旨。

表1-2　欧盟"2006框架"和"2018框架"的核心素养对比

序号	"2006框架"	"2018框架"
1	母语沟通与交流	读写素养
2	外语沟通与交流	多语素养
3	数学素养与基础科技素养	数学素养和科学、技术、工程素养
4	数字素养	数字素养
5	学会学习	个人、社会和学会学习素养
6	社会与公民素养	公民素养
7	首创精神和创业意识	创新创业素养
8	文化意识和表达	文化意识和表达素养

---

① 常飒飒，王占仁. 欧盟核心素养发展的新动向及动因——基于对《欧盟终身学习核心素养建议框架2018》的解读［J］. 比较教育研究，2019（8）：35-43.

2. 社会价值取向的核心素养框架

以社会价值为取向的核心素养培养理念，是以社会需求为本，提出核心素养的内涵及其基本要素。

以经合组织的核心素养框架为例。2005年，经合组织从社会心理学角度选择核心素养并定义其具体内容，以实现个人成功生活与发展健全社会为基础，提出OECD框架。[①]该框架为概念参照框架，将核心素养划分为交互式地使用工具、在社会异质群体中交互和自主行动三个类别。这三个类别关注不同方面，彼此间相互联系，共同构成核心素养的基础（图1-2），超越了传统意义上的知识与技能。该框架以反思为核心，在素养选择上考虑了在多种情境中的适用性，包括经济与社会、个人生活的多个领域以及一些特定领域，如商业。著名的国际PISA[②]测试在题目设置上主要参考了这一框架，许多国家和地区开发核心素养框架时也都将该框架作为重要参考。

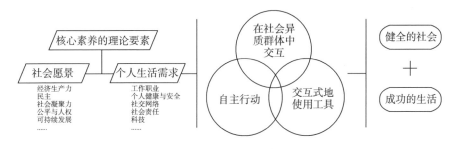

图1-2　OECD框架

随后，经合组织分别于2009年、2013年与2015年开展了指向核心素养发展状况的后续研究。虽然研究侧重点各有不同，但都紧随时代变化，关注社会中的热点问题，强调21世纪的教育系统应帮助学生发展与社会进步相适应的技能和素养。值得注意的是，经合组织于2015年启动了"未来教育与技能2030"（The Future of Education and Skills 2030 Project）项目[③]，旨在与各国共同探讨与解决两大核心问题：今天的学生需要哪些知识、技能、态度与价值观，才能

① OECD. The definition and selection of key competencies：Executive summary［EB/OL］．（2005-05-27）［2024-01-25］．https：//www. oecd. org/pisa/35070367. pdf.

② 国际学生评估项目（PISA），是经济合作与发展组织（OECD）进行的对于15岁学生的阅读、数学、科学能力进行评价和研究的项目。从2000年开始，每三年进行一次测评，详见https：//www. oecd. org/pisa/test/.

③ OECD. The future of education and skills education 2030［EB/OL］．（2018-04-10）［2024-01-25］．https：//www. oecd. org/education/oecd-education-2030-flyer-2019. pdf.

苗壮成长并塑造未来世界？教育系统如何有效培养这些知识、技能、态度与价值观？

基于上述问题，经合组织"未来教育与技能2030"项目开展了阶段性研究：第一阶段开发了包含这些知识、技能、态度与价值观的学习框架，开展国际范围的课程分析；第二阶段探究课程实施的原则与方法，并建立相应的教师支持体系。2019年，经合组织发布了《OECD学习罗盘2030》（*OECD Learning Compass* 2030）（图1-3），旨在为教育的未来勾画出"美好愿景"，为理想的未来即个人和集体福祉（Well-being and Collective Well-being）提供方向。[①]该框架是在20世纪90年代末开始的"素养的界定与遴选"项目基础上，对学生未来应具备的知识、技能、态度与价值观做出的新分析与判断，将学生学习与发展的研究从点到面，扩展至同伴、教师、父母、社区等多个社会支持体系，对学生学习与发展进行了全面综合考察，致力于构建新的学习生态系统。

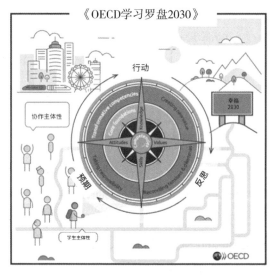

图1-3 《OECD学习罗盘2030》

"建构学生主体性，实现人生的自我导航"是面向2030学习的核心。"学习框架2030"的关键是学习罗盘（Learning Compass），它形象地隐喻学生

① OECD. Learning Compass 2030［EB/OL］.（2019-05-23）［2024-01-25］. https：//www. oecd. org/education/2030-project/teaching-and-learning/learning/learning-compass-2030/in_brief_Learning_Compass. pdf.

面临的未来世界是不确定的、复杂的和模糊的[①]，并参照罗盘（磁针和方位盘）的结构，形成了由磁针和多个同心圆的方位盘构成的学习系统，其中能力（Competencies）是磁针，"核心基础"（Core Foundations）、"变革能力"（Transformative Competencies）、"预期—行动—反思"（Anticipation-Action-Reflection）循环三者代表方位盘，磁针和方位盘的相互配合指示方向，为学生学习和发展提供有效路径（表1-3）。该框架作为未来一段时间内测评学生能力和指导学生发展的基础，具有重要的理论与实践意义。

表1-3　《OECD学习罗盘2030》内容框架

隐喻	一级维度	二级维度	包含内容
磁针	能力	知识	学科知识、跨学科知识、认知知识、程序知识
		技能	认知技能与元认识技能、社会技能与情感技能、身体技能与实践技能
		态度与价值观	个人、地方、社会、人类四个层面
方位盘	核心基础	认知基础	阅读、计算、数字素养、数据素养
		健康基础	身体健康与心理健康，是知、情、意、行的综合
		社会与情感基础	道德和伦理，具体指向个人在社会关系和社会行为中所应具备的品质，如情绪情感调节、合作、开放、参与
	变革能力	创造新价值	创造新工作、新模式、新产品、新服务，以及产出新知识、新见解、新思路、新技术、新策略和新方案应具备的创造力、好奇心、合作、风险管理和适应性
		应对压力与困境	要求学生能以更加综合的方式思考和行动，能在多元化的价值、利益和需求之间寻找平衡，成为系统的思考者
		承担责任	自我调节，涉及自我控制、自我效能、责任、问题解决和适应性

---

① 臧玲玲. 构建新的学习生态系统——OECD学习框架2030述评与反思［J］. 比较教育研究，2020，42（1）：11-18，32.

续表

隐喻	一级维度	二级维度	包含内容
方位盘	预期—行动—反思循环	预期	要求学生在采取行动前对可能发生的情况或事件做出判断，让学生了解当下的做法会对未来产生什么影响、这种影响是如何发生的。预期涉及认知技能的使用，如分析、批判思维
		行动	连接想法和结果的桥梁。任何行动都可能带来非预期的结果，这些结果可能是积极的，也可能是消极的，因此行动前的充分考虑和行动后的及时反思至关重要
		反思	对行动及其过程、结果等进行深入思考，洞察事物之间的深层联系，包括元认知的使用、创造性思维和批判性立场。反思不仅关乎个体如何思考，同时涉及个体如何建构经验，如思想、情感和社会关系等。这需要个体达到一定的社会成熟度，能够主客体分离，采取不同的视角、做出独立的判断，为自己的行动负责
左侧	支持学生学习与发展的外部体系		包括同伴、教师、父母与社区，学生的学习与发展不仅是学生自己的事情，还是家庭、学校、社会的共同责任
右侧	共同愿景		即幸福生活的实现。包括健康状况、工作和生活的平衡、教育和技能、社会关系、公民参与和治理、环境质量、个人安全、主观幸福感、收入和财富、工作和薪资、住房在内的指标体系

3. 关注未来职业需要的核心素养框架

美国核心素养框架重视受教育者的未来职业发展需要。1990年，美国成立了"职场基本技能达成秘书委员会"探寻青年人在职场中获得成功所需的技能。1991年，该委员会发布《职场对学校教育的要求》，提出了"职场基本技能五大指标"。2002年，美国21世纪技能合作联盟正式提出"21世纪技能"概念，研制出了"21世纪技能框架"（Framework for 21st Century Skills），包含学习与创新技能，信息、媒体和技术技能，生活与职业技能在内的三大类学习结果。[①]其中，学习结果属于高阶技能，主要以批判性思维和问题解决、交流技能、合作技能以及创造力和创新技能（Critical Thinking and

① Bernie Trilling，Charles Fadel. 21st Century Skills：Learning for life in our times［M］. San Fransico：John Wiley & Sons，Inc.，2009：172.

Problem Solving、Communication、Collaboration、Creativity and innovation，简称"4C"）为核心。

2007年，美国21世纪技能联盟进一步修订并确定了沿用至今的21世纪技能框架，在原有"学习结果"基础上纳入包含标准和评价、课程和教学、教师专业发展和学习环境四个方面的支持体系，将其更名为"21世纪学习框架"①（Framework for 21st Century Learning，简称"21世纪技能框架"）（图1-4）。

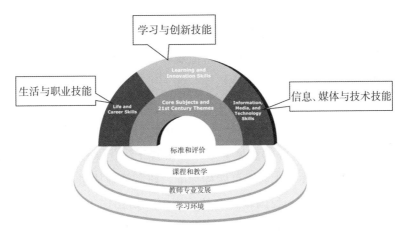

图1-4　美国21世纪技能框架

图中的外环呈现了学生学习结果的内容，即核心素养，主要包括"学习与创新技能"（创造力与创新、批判思维与问题解决、交流沟通与合作）、"信息、媒体与技术技能"（信息素养、媒体素养、ICT素养）、"生活与职业技能"（灵活性与适应性、主动性与自我导向、社会与跨文化素养、效率与责任、领导与负责）三个方面。②这三个方面主要描述学生在未来工作和生活中必须掌握的技能、知识和专业智能，是内容知识、具体技能、专业智能与素养的融合；每一项核心素养的落实都要依赖于基于素养的科目与21世纪主题的学习，即彩虹的内环部分；图中的底座部分呈现四个支持系统，包括21世纪核心素养的标准与评价、课程与教学、教师专业发展以及学习环境。这四个支持系统构

① Partnership for 21st Century Skills. framework for 21st century learning［EB/OL］.（2007-01-16）［2024-02-17］. https：//www. battelleforkids. org/wp-content/uploads/2023/11/P21_framework_0816_2pgs. pdf.

② 张义兵. 美国的"21世纪技能"内涵解读——兼析对我国基础教育改革的启示［J］. 比较教育研究，2012（5）：24-26.

成了21世纪核心素养实施的基础。

若全面地看待21世纪技能框架，就会发现它其实也是一个包含众多要素的庞大素养框架，并不便于传播与学校实践。在实践领域，将其核心部分简化后的4C模型，成为21世纪技能框架的"代言人"，包含审辨思维（Critical Thinking）、创新（Creativity）、沟通（Communication）、合作（Collaboration）四个方面，反映了21世纪人才标准的发展走向，具备系统的理论基础和丰富的实践经验，在国际社会具有广泛影响。

4. 突出核心价值观的核心素养框架

21世纪以来，中国一直关注核心价值观教育。自2001年开始实施的基础教育课程改革重视学生态度与价值观培养，如三维目标观（知识与技能、过程与方法、情感态度价值观）全面体现在各学科课程标准和教学、评价等各方面。"核心素养"这一概念，于2014年首次出现在《教育部关于全面深化课程改革 落实立德树人根本任务的意见》中，并被置于深化课程改革、落实立德树人根本任务的首要位置，成为修订课程标准、研制学业质量标准的重要依据。由此，核心素养开始进入我国教育改革的视野。如2016年2月，教育部委托中国教育学会发布《中国学生发展核心素养》（征求意见稿），提出了包括社会责任、国家认同、国际理解，人文底蕴、科学精神、审美情趣，身心健康、学会学习、实践创新在内的九大核心素养框架。同年9月，《中国学生发展核心素养》总体框架正式发布（图1-5）。该框架以"培养全面发展的人"为核心，分为文化基础、自主发展、社会参与三个方面，综合表现为人文底蕴、科学精神、学会学习、健康生活、责任担当、实践创新六大素养，具体细化为国家认同等18个基本要点。

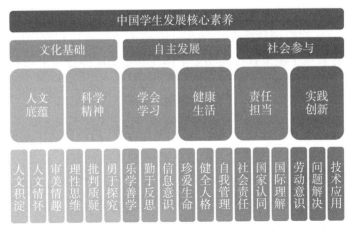

图1-5 《中国学生发展核心素养》总体框架

为便于传播，北京师范大学中国教育创新研究院与21世纪技能合作联盟携手，在美国"21世纪核心素养4C模型"的基础上，新增文化理解与传承素养，构成"5C模型"，开发了一套既具有中国特色、适合在中国使用，又符合国际话语体系、便于国际推广的核心素养框架。经过持续的实践应用和论证优化，5C模型于2018年正式发布，主要包括文化理解与传承素养、审辨思维素养、创新素养、沟通素养、合作素养五个方面（图1-6）。近年来，我国提出了"人类命运共同体"理念，除了要求培养适应国家需要的人才外，还强调开展"世界公民"教育，在保证国家认同的基础上，旨在使中国公民形成一定的世界认同以及相应的知识、能力和价值观，承担"世界公民"的责任和义务，促进全人类持续和平健康发展。①

图1-6 中国21世纪核心素养的5C模型

与世界各国和组织所确定的核心素养比较，我国更强调核心素养是一种必备品格和关键能力。它指向学生

①宋强，饶从满.着眼全球共同利益："世界公民"教育的国际研究新趋势［J］.现代教育管理，2018（2）：106-111.

的全面发展，指向道德品格的完善，体现了中国特色和中国智慧。中国学生发展核心素养研究的中国特色在于融入社会主义核心价值观和中国传统文化元素，其后发优势在于汲取众长而涵盖了体现学生适应终身和未来发展的全方位素养要素，为培养什么样的中国公民指出方向，为基础教育改革奠定了理论基础，是基础教育阶段各学科课程标准制定、课程实施和评价改革的依据。我国普通高中和义务教育的课程方案和学科课程标准均强调坚持"立德树人"，凝练学科核心素养，明确学科独特的育人价值和共通的育人要求，以此来落实学科育人和课程育人。如《普通高中课程方案（2017年版）》及各学科课程标准（2017年版），凝练提出了高中各学科核心素养共计84条，宣告我国核心素养体系正式实施。在此基础上，教育部颁布《义务教育课程方案和课程标准（2022年版）》（简称"新课标"），明确了基础教育阶段各学科的核心素养。自此，我国构建了一套贯通小学、初中和高中的学科核心素养体系，引领我国的教育改革与发展。

对比上述代表性的核心素养框架，可以发现以下共同点。首先，不同国家（地区）或组织根据自身的不同情况从不同的角度出发，确立了具有各自特色的核心素养框架。虽在价值取向上存在差异，但皆以应对21世纪挑战为出发点，以培养顺应未来发展、适应未来生活的公民为目标。其次，当前全世界共同倡导的核心素养以"4C"为主，包括协作与交往能力、信息技术素养、社会与文化技能，大多强调创新思维、批判性思维、问题解决能力等。[1]总之，核心素养不是一个种概念，而是一个类概念，其实质是从学生学习结果的角度，界定未来社会所需要的"人才形象"[2]，指学生应具备的适应终身发展和社会发展需要的必备品格和关键能力，突出强调个人修养、社会关爱，更加注重自主发展、合作参与、创新实践。而核心素养是关乎"培养什么样的人"的问题，是当前国际课程改革的主旋律。许多国家与地区、国际组织都将"核心素养"视为课程设计的基因，努力研制基于核心素养的课程标准。基于此，各国

---

① Voogt J，Roblin N P. A comparative analysis of international frameworks for 21st century competences：Implications for national curriculum policies［J］. Journal of Curriculum Studies，2012，44（3）：299-321.

② 崔允漷. 追问"核心素养"［J］. 全球教育展望，2016，45（5）：3-10，20.

开始了素养育人导向的课程教学改革。[①]

二、素养育人导向的课程改革

随着核心素养的内涵、定义以及地位的逐渐清晰，核心素养视域下课程的角色及其发展路径得到了系统化的关注。素养育人导向的课程改革不仅要求统整各学段的学校课程，还要建立实质关联、垂直连贯的课程体系，以保证每一门课程都指向学生核心素养的发展。[②]目前，核心素养与课程间的关系，主要是通过核心素养框架或学习框架来推动课程改革，有些国家或地区则通过修订素养育人导向的课程标准内容来开展。接下来，对国外代表性的课程改革和我国基础教育课程改革的发展史进行介绍，以此阐述开展面向核心素养的项目式学习课程改革的实践背景。

（一）国际面向核心素养的代表性课程改革

1. 经合组织——学习框架2030

经合组织于2015年启动"教育2030：未来的教育与技能"项目，用以描绘未来的教育，揭示为实现2030年的美好生活，学生所需学习的课程，所需习得的知识、技能、态度和价值观以及所需培养的素养。2018年4月，经合组织发布该项目的立场文件，描述了项目的首个成果——《OECD学习框架2030》（*OECD：The Future of Education and Skills-Education* 2030）。[③]该框架描述了需要培养学生什么样的能力才能适应塑造未来的需求，以及为政策制定者提供了一个清晰的进行下一步教育改革的议程。这是经合组织在继20世纪末"核心素养项目"之后，又一次在新时代背景下对课程究竟要"教什么"的再思考。

《OECD学习框架2030》的关键为"能力建立在核心基础之上"。核心基础是整个课程进一步学习的先决条件，即核心知识、技能、态度与价值观，以及数据和数字扫盲、身体和心理健康以及社交和情感技能。可以看出，能力不仅

---

① 郭晓明. 从核心素养到课程的模式探讨——基于整体支配与部分渗透模式的比较［J］. 中国教育学刊，2016（11）：44-47.

② 蔡清田. 核心素养与学校课程的连贯与统整［J］. 全球教育展望，2017，46（1）：24-34.

③ OECD. The future of education and skills：Education 2030［EB/OL］.（2018-05-04）［2024-02-17］. https：//www. oecd. org/education/2030/E2030%20Position%20Paper%20（05. 04. 2018）. pdf.

是知识和技能的获得，还是知识、技能、态度和价值观的综合调动，以满足不确定情况下的复杂需求。而变革能力是核心素养的核心，即培养学习者的自我意识，为了让其适应复杂性和不确定性，学习者需要具备一定的变革能力，包括创造新价值、协调矛盾与困境，承担责任三项能力，强调了创造性思考、系统性思考以及学会自我管理的重要性（图1-7）。

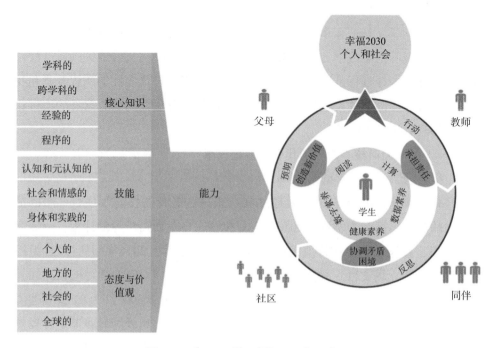

图1-7　《OECD学习框架2030》示意图

此外，值得关注的是"预期—行动—反思"循环。循环圈内凸显了学习者的主体性，代表迭代式的学习过程，学习者不断反思并且改进自己的思维，朝着目标方向前进。通过规划、体验、反思，加深了学生对于知识的了解并且开阔了眼界，学习者在不断体验与反思中建立知识之间的联系，从而建构起自己的知识结构。循环圈外体现出对学习者共同伙伴协作主体性的重视。学习者处于社会环境下，被各种关系包围，包括学生与教师、同伴、父母和社区的关系。学习者的有效学习必须建立在"协作主体"之上，学生、教师、家长和社区成员需要共同合作。教师在其中起着关键作用，不仅要了解和评价学生的学习，还要实现师生协同构建。除此之外，学生与学生之间、学生与家长之间、学生与社区成员之间相互影响并协同合作，以达到更好的学习效果。

2. 美国——教学2030和4D素养框架

美国基于发布的《21世纪核心技能框架》，于2008年成立"教师问题解决2030小组"。该小组通过对美国教学历史、现实和未来趋势的分析，对面向2030年的教学改革提出了建议。

2010年，"教师问题解决2030小组"发布研究报告《教学2030：我们必须为学生和公立学校做些什么——现在与未来》（以下简称《教学2030》），对课程变革的趋势提出了设想（图1-8）[①]。

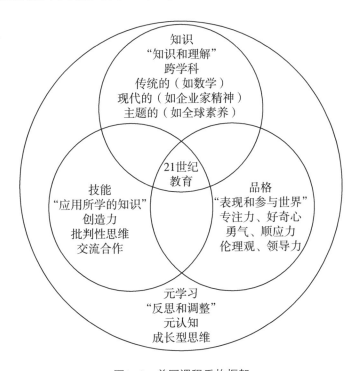

图1-8　美国课程重构框架

《教学2030》指出，世界范围内，超越知识和技能，学习者获得更高质量发展的需要在不断提升，传统"3R"（读、写、算）课程和"新三艺"课程（数学、科学、外语）已不能满足2030年的社会发展与生存要求。21世纪的学习者需要学习的内容远远超过"3R"课程，需要掌握以"4C"，即批判性思维

① Barnett Berry. The teachers of 2030：Creating a student-centered profession for the 21st century［EB/OL］.（2010−12−19）［2024−02−17］. https：//files. eric. ed. gov/fulltext/ED509721. pdf.

和问题解决技能、沟通技能、合作技能以及创造力和创新技能为核心的21世纪技能。

值得一提的是，美国课程再设计中心（Center for Curriculum Redesign，简称CCR）作为全球性的非营利组织一直致力于改善教育，并在全球范围内公开宣传其建议和素养框架。2015年，课程重新设计中心（CCR）发布白皮书《为了21世纪的教育重构课程》和聚焦课程重构的报告《四个维度的教育：学习者迈向成功的必备素养》（*Four-Dimensional Education：The Competencies Learners Need to Succeed*，简称"4D素养框架"），为面向2030年和未来的教育变革做出了更为细致的规划，强调了"知识、技能、品格和元学习"四个维度对学习者发展的重要性（表1-4），重新审视了各维度及其与现代教学法之间的相互作用，并针对上述四个维度对课程教学进行了深度设计以适应21世纪的需求。[①]

表1-4　美国课程再设计中心"4D素养框架"解释

序号	指标	解释
1	知识：更多地与真实世界相关	知识学习是必要基础。知识与真实世界相关能满足学生学习状态的需要，有利于在现实生活中实现知识迁移，对于经济和社会的发展也有着重要作用。因此，课程设置必须反思所教授内容的重要性和实用性，同时要在理论概念和生活实际当中做出平衡
2	技能：着重发展以"4C"为核心的21世纪技能	技能是实现教育成就的必需。如今的课程过分强调知识内容，而使得学生难以通过教学过程获得能力。"4C"技能是帮助学生深度理解知识的关键，也是帮助学生将知识迁移到新情境中必不可少的因素
3	品格：价值观和信念帮助学习者做决策	知识和技能并不能完全为学习者迎接未来的挑战做好充足准备。品格教育的目的：为终身学习奠定基础；为在家庭、社区和职场中建立成功的关系提供支持；发展可持续参与全球化世界的个人价值观和品质

① Center for curriculum redesign. Four-dimensional education：The competencies learners need to succeed［EB/OL］.（2015-10-01）［2024-02-17］. https：//curriculumredesign. org/wp-content/uploads/Four-Dimensional-Education. pdf.

序号	指标	解释
4	元学习：元认知和成长型思维	元学习是应对持续变化的最佳工具，包含元认知和成长型思维。元认知指的是学习者对学习目标、策略和结果的反思，对于自己学习和认知能力的认识，通常被称作"学会学习"，即学生要学会自我指导、自我激励和反思。学习如何基于目标调整学习和行为，这也是21世纪重要的技能，对于激活知识的迁移、造就专业性以及建立终身学习的习惯来说都是必需的

十多年来，CCR一直致力于回答"21世纪学生应该学习什么"的问题。[1]2019年，该中心发布"4D素养框架"修订版1.0，形成了包含12个能力、60个子能力的框架，为学校提供了改变21世纪课程的蓝图，将21世纪能力融入日常教学实践，帮助教师和学生发展相关技能、性格和元学习素养。该中心始终坚持元认知的关键作用，强调元情感对于人工智能世界的适应性，又于2024年，进一步形成了"4D素养框架"修订版1.2，包含10个能力和50个子能力。该框架在更高层次上关注了学习者动机、身份、能动性和目的，更加重视学习者的个性化，并重视正念（又名元情感）和元认知，将其合并到元学习维度，形成了一个更紧凑的素养框架。

3. 芬兰——基础教育国家核心课程标准

基础教育课程改革是推动芬兰基础教育高质量发展的关键。自1970年至今，芬兰的基础教育课程改革经历了为确保教育平等的规范性的统一课程时期、为提高整体教育质量的多样化弹性课程时期和为培养学生掌握21世纪所需的关键能力的多学科主题式课程时期这三个阶段。[2]当前芬兰基础教育课程改革成效显著，建立了平等、优质且高效的基础教育体系，形成了以尊重、信任为内核的教育文化，建构了互惠且灵活的评估机制。

21世纪，全球性生态危机不断加剧、数字化教学逐步兴起、人口老龄化问题日益凸显、国际交流加强所引发的移民问题对芬兰基础教育提出了新的时代要求。为培养学生掌握21世纪所需的关键能力，芬兰开启了新基础教育

---

① Center for curriculum redesign. 4D competencies framework ［EB/OL］.（2024-01-01）［2024-02-19］. https://curriculumredesign. org/our-work/4d-competencies-framework.

② 岳伟，李文娟. 芬兰基础教育课程改革50年：历程、特点及成效 ［J］. 教育史研究，2023，5（2）：106-116.

课程改革，芬兰国家教育委员会（Finnish National Board of Education，简称 "FNBE"）于2014年颁布了《国家基础教育核心课程2014》（*National Core Curriculum for Basic Education 2014*，简称 "核心课程2014"），从国家层面来推动和实施面向2030年的课程改革，指出教学整合需要选择合适的教学内容和方法，在真实世界的现象或主题中考虑每个科目的教学，实施跨学科教学。[①] 由此，打破学科间的固有壁垒、加强学科教师间的专业化协作、建立学习内容与现实生活间的实质性联系成为芬兰新基础教育课程改革的主题。

"核心课程2014" 是对整合式教学的全面深化与升华，芬兰首次提出 "横向能力" "现象式学习" 等理念，强调促进不同学科、不同群体、学生与教师、学校与周边社区间的对话、交流与协作。其中，新课程基于21世纪关键能力将学生的学习划分为七大横向能力（表1-5）的培养，融合了知识、技能、价值观与态度等多项要素，具有广泛性、跨学科性、整合性等特质，指向培养全面发展且能适应未来世界变化的芬兰公民。同时，"核心课程2014" 将涵盖社会文化学习、渐进式探究学习以及基于问题的学习，将具有全面性、情境性、真实性、探究性和学习的过程性等特征的 "现象式学习" 作为芬兰未来教育的最新解决方案。[②]

表1-5　芬兰 "核心课程2014" 着重培养的七大横向能力

序号	能力	解释
1	思考与学会学习的能力	重在培养学生从环境中主动学习的意识和态度，发展观察、探究、评估、整理、生产并分享信息和想法的能力，为终身学习奠定基础，涉及创新思维、探究、学会思考、学会学习、问题解决、沟通能力等方面
2	文化感知、互动沟通与自我表达能力	旨在培养学生适应多元环境、尊重人权、尊重多元文化，并以尊重为前提，在多元环境中沟通和表达自己的素养

① Finnish national board of education. National core curriculum for basic education 2014［S］. Helsinki：Finnish National Agency for Education，2016.

② 赵晓伟，沈书生. 为未来而学：芬兰现象式学习的内涵与实施［J］. 电化教育研究，2021，42（8）：108-115.

续表

序号	能力	解释
3	自我照顾和日常生活技能	涉及与生活相关的健康、安全、与他人关系、交通、应对新信息技术环境、烹饪、理财等多个方面，旨在培养学生对上述方面的组织和管理能力，更要培养学生面对未来复杂生活的积极心态
4	多元素养	指能够获取、整合、修饰、阐释、生产、呈现并且评估不同类型的文本，学习理解文化交流的不同类型，并形成自我认同。不同文本包括文字、语言、图像、声音、数字以及视觉符号等多种类型
5	ICT能力	信息素养是新时代公民必备的素养。ICT既是学习的目标，也是学习的工具。该素养主要包括四个方面内容：了解ICT使用的基本原则、运行的基本原则以及核心概念；ICT的安全性问题；ICT的应用包括信息管理、信息挖掘和创造性工作；ICT的实践操作能力
6	职业技能与创业精神	该素养指能够理解工作和企业的价值与潜在价值，了解作为社会成员的个人责任，以及具有面对职业和未来生活的积极态度
7	参与、影响并构建可持续性未来的能力	该素养旨在培养学生参与公共事务的能力，形成作为社会公民的责任意识

综上所述，可以发现国际基础教育课程改革特点鲜明——面向学生核心素养培育，大致呈现出"核心素养引领课程标准，关注学生发展，强调培养适应现代社会所需的能力，注重课程整合，强调学科融合，多以学生核心素养模型来推动和促进基础教育课程改革发展成为重要方式"的共同发展趋势[①]，确保了总体方向的一致性与连贯性，为提高课程改革的整体效果奠定了坚实的基础。在课程改革目标方面，多数课程改革体现了从关注社会需求、兼顾学生发展到重视学生需求、强调社会发展的转变。在课程结构方面，基于培养学生21世纪核心素养的诉求，打破传统学科界限、强化学科间的对话与交融、建构学生的概念网络成为基础教育课程改革的新目标。我国为提高基础课程改革的实施成效，在"立德树人"根本任务的基础上，自改革开放特别是21世纪以来，

① 辛涛，姜宇，王烨辉. 基于学生核心素养的课程体系建构［J］. 北京师范大学学报（社会科学版），2014（1）：5–11.

开始整体部署课程改革的宏观战略，协调改革全过程中的中观与微观要素，立足自身，不断有选择性地借鉴、吸收和学习他国成功经验，不断探索和发展中国特色的在地化课程改革路径。

（二）我国基础教育领域课程改革的发展史

基础教育课程改革是推进我国教育强国建设的重要抓手。[①]自改革开放以来，我国自上而下进行了九次基础教育课程改革。特别是21世纪，我国围绕"立德树人"根本任务逐步走向纵深，开辟了一条中国式的基础教育课程改革道路，展现了中国基础教育的实践智慧，为基础教育的高质量发展做出了重要贡献，也为教育强国建设奠定了坚实基础。

我国基础教育课程改革与国际课程改革进程相同步，呈现出关注"核心素养"的重要作用、促进综合化实施、注重大概念引领、推动数字化改革、走向设置个性化及评价现代化等趋势。[②]正如顾明远先生所说，"新一轮课改不但继承了中国优秀教育传统，而且还吸收了世界先进的教育理念，强调因材施教，促进学生全面发展和个性发展"[③]。具体来看，我国基础教育课程改革伴随着课程思想的深刻转变，正逐步实现课程目标、内容、实施、评价的现代化。纵观我国教育教育课程改革的发展历程（图1-9），大致经历了从"双基"到"三维目标"再到"核心素养"三个阶段，体现了从"学科知识"到"学科本质"再到"学科育人价值"的课程观的转变，使基础教育课程不断回归人、走向人、关注人，进而实现真正的以人为本。[④]

---

① 余文森. 指向中国式基础教育现代化的课程改革［J］. 课程·教材·教法，2023，43（2）：4-8.

② 刘宝存，顾高燕. 基础教育课程现代化的国际经验与中国道路［J］. 现代远程教育研究，2023，35（4）：3-13.

③ 蔡瑜琢，滕珺，毛霁燕，等. 中芬教育各有优势 两国要加强学习互鉴——顾明远教授对话哈内娜·涅米教授［J］. 比较教育研究，2015，37（9）：1-5.

④ 余文森. 从"双基"到三维目标再到核心素养——改革开放40年我国课程教学改革的三个阶段［J］. 课程·教材·教法，2019，39（9）：40-47.

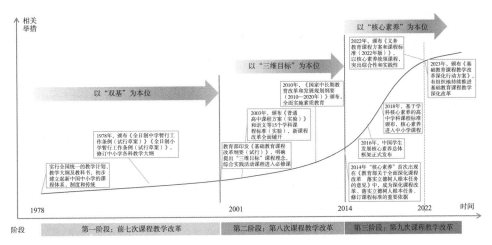

图1-9　我国基础教育课程教学改革历程

1."双基"本位的课程改革

"双基"本位的课程改革是知识本位的突出反映。一方面，教学大纲在教学活动上凸显"刚性"和"技术"取向，即对"教师怎么教"给出了规范要求和"直接指导"。另一方面，作为教学大纲直接体现的教材（教科书），是学科基本知识和基本技能的载体，也成为对教学大纲所规定的学科知识的"逻辑汇编"和权威解释。在该阶段，教学活动只是教材的展开过程，教师一般充当教材代言人，学生的学习则是对教材的理解、记忆和"掌握"。其标志性文件是1978年教育部重新修订并颁布的《全日制中学暂行工作条例（试行草案）》和《全日制小学暂行工作条例（试行草案）》，开启了改革开放后第一轮次基础教育课程改革的征程。据此，中小学教学计划、教学大纲和教科书进行了全面修订，突出强调"基础知识和基本技能"（简称"双基"），并以此作为各学科教学大纲修订、教材编写和教学活动的目标统领。

在该阶段，"双基论"秉承的是客观主义（本质主义）的知识观、学科本位（中心）的课程观、特殊认识论的教学观，导致了教师的"灌输式教学"。首先，"双基论"强调知识本身的客观性、普遍性、确定性以及知识学习过程的接受性。[①]在该阶段，学校教育和学生学习的主要任务是求知，教学过程就是准确地理解和牢固地掌握知识的过程。其次，"双基论"是一种以学科为主导的课程价值观，将把一门学科的基础知识和基本技能及其结构视为学科的主体内

---

① 郝德永.课程的本质主义症结与"合法性"危机［J］.教育研究，2007（9）：29-33.

容，作为相应学科的课程内容体系，强调学科知识是课程的核心，学生特点、社会需要须服从学科知识的价值性和权威性。最后，"双基论"遵守的是特殊认识论，强调教学的传承性和接受性，学习方式以理解、记忆、训练为主，教学效果追求准确性、绝对性（最高价值标准）。这样一套教学体系在历史上有其合理性和进步性，对于稳定教学秩序、提高教学质量发挥了重要的作用。

以"双基"为中心的教学，从大纲到教材再到课堂形成了一整套中国特有的"双基"教学论：重视基础知识的传授（讲授）、基本技能的训练（练习），讲究精讲多练，追求基础知识的记忆和掌握、基本技能的操演和熟练，以使学生获得扎实的基础知识、熟练的基本技能和较高的解题能力为主要的教学目标。然而，"双基"本位的教学在其发展过程中逐步背离了"人的全面发展"的主题和方向。一方面，其教学本身存在片面性，不能体现学科的完整性、本质性，是对学科和学科教育的割裂、浅化。另一方面，双基教学强化了传统"三中心"（以课本为中心、以课堂为中心、以教师为中心）教育思想，严重窄化了教育应有的内涵，使我们的教育在传统的轨迹上越陷越深，形成了典型的"狭义教学"模式。总之，"双基"教学作为一种具体的教学策略，有可取之处，但作为一种教学目的和价值导向，特别是作为引领整个课程教学改革的指导思想以及统领，使整个课程教学体系严重滞后于时代的发展。

2. "三维目标"本位的课程改革

"三维目标"本位的课程改革伴随着21世纪信息化、全球化、国际化的飞速发展，以促进个体成长为旨归的新一轮基础教育课程改革全面启动。其标志性文件是2001年颁布的《基础教育课程改革纲要（试行）》，即以"三维目标"（知识与技能、过程与方法、情感态度价值观）为标志，将知识本位的单一价值取向转变为多维度、综合性的价值取向，旨在建立与素质教育相适应的基础教育课程体系，对课程结构、内容、决策、开发、实施、评价等做了具体阐释，发起了一场以"深化教育改革，全面推进素质教育"为宗旨的基础教育课程与教学改革。同年，教育部颁布了《义务教育课程设置实验方案》，增加了课程灵活性、综合性和适切性等方面的要求。2003年，教育部颁布了《普通高中课程方案（试行）》，旨在构建基础性、层次性、综合性的课程结构，并按照学习领域、科目、模块三个层次设置课程。此外，诸如《关于2003年义务教育新课程试验工作有关要求的通知》《2003—2007年教育振兴行动计划》《义务教育课程标准》等政策文件，均对基础教育课程的目标、任务、实施做了具体的说明，为之后基础教育课程政策提供了方向指引。至此，素质教育成为基础教育课程改革的发展目标。

这一阶段课程改革的最大亮点是在内容选择和组织上注重突破传统的"双基"导向和学科中心，积极关注学生的生活经验和现代社会、科技发展，改变了课程内容繁、难、偏、旧的现状。该阶段的课程标准在课程理念、目标、内容标准和实施建议等方面体现了"三维目标"的课程功能，除了基础知识与技能目标以外，将过程与方法作为课程目标之一，体现了对学生学习能力培养的显性要求；把情感态度与价值观也作为课程目标之一则体现了对学生态度养成和人格发展的关注和要求。"三维目标"秉承的是建构主义的知识观、经验（活动）主义的课程观、建构主义的教学观，强调自主学习、合作学习和探究学习。首先，从知识观来看，"三维目标"本位的课程改革强调知识的情境性，凸显知识学习的建构性。即学习是学生自己建构知识的过程，不是简单被动地接收信息和反映世界，而是主动建构知识的意义。其次，从课程观来看，"三维目标"本位的课程改革强调经验和活动在课程中的作用。正如杜威（John Dewey）所说，学校课程的中心是儿童本身的社会活动。①经验（活动）主义课程观不仅倡导独立设置的活动课程、体验课程，而且强调对传统学科课程的"创新变革"，在该阶段的课程改革中突出表现为力求突破学科本位，改变学科内容过于注重书本知识的现状；注重学科与生活的有机整合，加强学科内容与学生生活以及现代社会和科技发展的联系等。最后，从教学观来看，倡导尊重学生自主学习、合作学习和探究学习，体现"建构主义教学论"的个人建构主义与社会建构主义。无论个人建构还是社会建构，其本质均是一种探究过程，是一种基于问题（发现问题、提出问题、分析问题、解决问题）的真实的、系统的、有深度的思考活动，是建构主义教学的精神旨趣。

课程改革从"双基"走向"三维目标"，既有量变也有质变，量变即从"一维（双基）"到"三维"，质变则强调学生的发展是"三维"整合的结果。从学科角度来看，"三维目标"较之于"双基"反映了学科完整性和本质性，即构成该学科的基础知识、基本概念体系以及背后的思考方式与行为方式、情感、态度和价值观等。②从广义知识观角度来看，任何学科知识都包括

① 赵祥麟，王承绪.杜威教育论著选［M］.上海：华东师范大学出版社，1981.
② 钟启泉."三维目标"论［J］.教育研究，2011，32（9）：62-67.

知识内容（符号表征）、知识形式（逻辑结构）和知识旨趣（价值意义）三个维度。[①]从知识类型角度来看，三维目标对应心理学所划分的事实性知识、策略性知识和价值性知识三种知识类型[②]，是完整知识观的体现。从学生学习角度来看，三维目标对应着学生学会、会学、乐学，是学生完整学习过程的体现。如果说"双基"教学是应试教育在课堂教学中的体现，那么"三维目标"则是素质教育在课堂教学中的落实，是在学科（课程）层面促进学生主动学习和全面发展。显然，"三维目标"之于"双基"既有继承，更有超越。但伴随新课程改革实践的推进，对指导新课程改革的"先进理念"与残酷的教学现实"两张皮"[③]的问题的争论一度成为焦点，始终面临"学科性与生活性、重过程与重结论、学生自主学习与教师讲授指导"等矛盾，被许多人概括为"穿新鞋走老路"[④]。课堂教学出现了"三维目标虚化""教学内容泛化""教师使命的缺失""教学过程形式化"等现象。[⑤]此外，教师"课程思维"基础薄弱，有些学科教师多关注知识点层面的低阶学习目标，在教学实践中将统整的"三维目标"割裂为"三类目标"，难以实现培养"完整的人"的教育目的。[⑥]因此，素质教育改革虽然已取得初步成效，但如何进一步深化与推进素质教育的内涵，是新一轮教育改革中须考虑的问题。

3. "核心素养"本位的课程改革

继"三维目标"之后，我国基础教育又掀起了新一轮课程教学发展的改革浪潮。"核心素养"被视为21世纪社会合格公民不可或缺的素养，建构和培育以学生核心素养为本位的课程改革，是当前我国基础教育改革的基本任务和发展趋势。2014年，教育部正式印发《关于全面深化课程改革 落实立德树人根本任务的意见》，深刻回应了基础教育"培养什么人，怎样培养人"的问题，确立了以"核心素养"为本位的课程改革在基础教育立德树人工作中的突出地位，指出把"核心素养"和"学业质量要求"落实到各学科教学中。随着2016年我

---

① 潘洪建. 知识形式：基本蕴涵、教育价值与教学策略［J］. 课程·教材·教法，2014，34（11）：40-45，56.

② 盛群力，褚献华. 布卢姆认知目标分类修订的二维框架［J］. 课程·教材·教法，2004（9）：90-96.

③ 崔允漷. 基于课程标准：让教学"回家"［J］. 基础教育课程，2011（12）：51-52.

④ 郭华. 新课改与"穿新鞋走老路"［J］. 课程·教材·教法，2010，30（1）：3-11.

⑤ 余文森. 新课程教学改革的成绩与问题反思［J］. 课程·教材·教法，2005（5）：3-9.

⑥ 崔允漷，等. 新课程关键词［M］. 北京：教育科学出版社，2023.10：4-5.

国正式提出《中国学生核心素养》，基础教育课程教学改革开始进入素养育人变革的新时代。特别是近两年《义务教育课程方案和课程标准（2022年版）》（简称"新课标"）和《基础教育课程教学改革深化行动方案》（简称"行动方案"）颁布后，我国处于基础教育课程与教学领域最深刻的变革之中。

核心素养作为新课标和行动方案的统领，在新目标、新教学、新评价等方面均有体现，构成了课程育人的完成逻辑，体现了素养导向下课程育人的复杂性与专业性，有助于教师更准确地理解与践行新课程改革的理念。核心素养（学科核心素养）是我国本次课程标准修订的红线，贯穿课程标准修订的全过程，统领课程标准的各部分（课程/学段目标、内容/学业要求与学业质量标准），指导着学科课程知识的选择、课程内容的组织、课程难度的确定、课程容量的安排以及课程的实施和学业质量标准的确立，使课程标准的各个组成部分保持内在的一致性和统一性。可以说"让核心素养落地"是此次课改的关键，以"核心素养"作为课程目标是课程育人导向的体现，20年来，我国课程目标经历了从"双基"到"三维目标"再到"核心素养"的变迁（图1-10）。

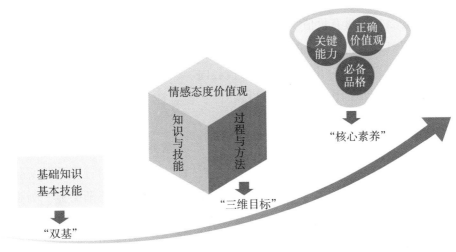

图1-10　"双基""三维"和"核心素养"的课程目标发展

以"核心素养"为本位的课程改革以"核心素养"表述育人目标，不仅调动和运用了包括知识、技能层面的认知资源，还整合了情感态度价值观层面的非认知资源，弥合了"三维目标"在实践中的割裂。新课标围绕"核心素养"的育人目标强调整体性、深层次变革课程体系，即关注课程内容综合化、社会化、真实性发展，课程设置系统性、层次性、多样性优化，课程实施生成性、动态性、实践性增强，课程评价形成性、表现性、增值性凸显等特征。从价值取向上看，核心素养从注重知识技能转移到注重人的发展，将教育目的从"具体"的学习结果再一次回归到"抽象"的教育理想[①]，有助于真正实现课程的育人价值，落实"立德树人"的根本任务，推进我国教育的现代化和人的现代化，推动教育目标系统从"教书"到"育人"的转变。从属性上看，核心素养体现了学科性、科学性、教育性与人本性，厘清了课程的育人目标，指明了学科教学和评价的方向，引领学科教育教学实践。

进入素养育人变革的新时代，当前课程改革倡导的是意义的知识观、课程（学科）的育人价值、基于知识的教学，倡导课程内容结构化、学科实践、跨学科学习、大单元教学、项目式学习等教学方式和策略。首先，从知识观来看，核心素养本位的课程改革强调"意义的知识观"，超越了之前的客观主义与建构主义的知识观。人与知识的关系不仅局限于对知识的基本认识、理解、建构，更强调知识体系的存在和学习意义，凸显知识的生成性、体验性、文化性以及学习者对知识的意义建构，使其通过知识学习感受到生命的充实性和意义性。这是核心素养形成的知识论基础。在核心素养导向下，课程内容不仅要回答"什么知识最有价值""谁的知识最有价值"，更要关注"什么样的课程内容结构最具教育价值"。正如新课标强调的加强知识整合、进行学科内知识的结构化设计那样，突出学科体系的核心内容，横向统整，纵向贯通，构建符合学生认知规律的内容体系，以核心性、整合性、关键性的内容启动高质量的学习。

其次，从课程观（学科观）来看，核心素养本位的课程改革强调课程（学科）的育人价值。人的因素进入课程结构，知识生产过程及其文化情境进入课程内容的结构脉络，课程的社会性、建构性特征逐渐突显。为强化课程内容的整体育人功能，《新课标》关注知识选择、活动设计、学生意义三者之间的关系，以学生的发展性引领课程编制，加强课程内容的整体结构与育人功能。我国在新课标的课程内容改革上，明确了核心素养的价值取向，确立了"少而精"的改革方向以及结构化和跨学科的改革要求。如新课标强调，所有学科课程强调内容的结构化，以主题、项目、任务统筹学科内容，

---

① 张俊列，袁媛. 新时代我国基础教育课程改革的价值追求与内在理路［J］. 课程·教材·教法，2023，43（8）：27-32.

以学科主题（或核心概念、项目、任务等）为内容主线，通过主题（或核心概念、项目、任务等）牵引，将碎片化知识构成一个相互关联的整体：以学科核心概念加强学科课程的育人逻辑，倡导学科实践以优化学科课程的教学活动形态，增设学习经验以精制学生主体活动的微观结构。课程内容结构化在本质上是课程价值实现方式的整体性变革——不单对课程内容组织形态进行调整，而且深入学校教育的基本立场，立足课程与教学融合统一的逻辑基点，围绕课程内容的知识功能、教学活动形态、学生主体意义维度开展一体化的结构性优化与功能性改进，从而对课程的立根之本与育人方式进行变革性、整体性的重构，为课程教育意义的真实发生提供保障。[①]再如新课标强调各学科课程设计不少于总课时10%的跨学科主题学习，在学科知识、教学活动、学生现实生活三者之间建立关联，蕴含着学科思想方法与思维方式，是强化课程育人的重要载体，倡导整合主学科和其他学科的知识来解决问题，体现了学习的综合性、实践性和开放性，为学生提供了综合运用所学知识解释或解决复杂的社会生活问题的机会。

最后，从教学观来看，以"核心素养"为本位的课程改革要求从"为了知识的教学"转向"基于知识的教学"，将知识从教学的目的和归宿转变为教学的工具和资源或教学媒介，通过知识的学习促进学生核心素养的发展。从新课标的实施建议中我们发现，以核心素养为导向的学科教学倡导学科实践和综合学习，以大单元、大观念、大任务来组织学习单元，强调学习活动的真实性、实践性、社会性。一方面，学科实践是学科育人方式变革的新方向，强调学习"像学科专家一样"思考与行动，强调基于学科与实践、知与行的辩证关系，是自主、合作、探究学习的迭代升级。另一方面，新课标的关注点从学习内容转向学习方式，即从综合课程走向综合学习，凸显了以学习为中心的价值理念，体现了对学习立场的考量，表现为"联结"引领下的具体学习方式，如大单元学习、项目式学习等学习形式。其中，项目式学习则是素养形成所必需的学习方式，指向个体和社会价值的整合，指向核心知识的深化和思维的迁移，关注学科和跨学科课程的协调等方面，让学生在基于核心知识创设的问题情境中完成活动任务，以高阶带动低阶学习，实现知识逻辑、活动逻辑与生活逻辑

---

① 郑红娜.什么样的课程内容结构最具教育价值——兼论新课标"课程内容结构化"的育人逻辑［J］.四川师范大学学报（社会科学版），2023，50（6）：124-132.

的有机统一。

纵观我国基础教育课程改革历程，从重视"双基"到强化"三维目标"再到培育"核心素养"，在课程实施过程中所积淀的实践经验、实践智慧深化了我们对于课程目标的理性认知，确保我国的课程改革始终沿着理性、科学自主探索的方向前进。尽管我国基础教育课程改革在不同的历史时期具有不同的目标、内涵及发展任务，但一条中国特色的基础教育课程改革的逻辑脉络正在形成，即从我国课程改革的实践出发，立足现实国情与文化传统，放眼国际视野与把握时代脉搏，以解决我国课程改革问题为着眼点和落脚点。当前，探寻实现核心素养具体化、精确化以落地生根为抓手与着力点，促使核心素养由一套目标体系到成为学生发展结果的实质性转变，成为新时代我国基础教育课程改革所力图解决的主要问题。

第二节　项目式学习的源起与发展

一、历史沿革

项目式学习已有400多年的历史，在学校教育中扮演着越来越重要的角色，对教育理念以及教与学的方式的影响越来越广泛。[1]从时间进程来看，从建筑设计项目到设计教学法再到项目式学习，其演变是一个发展的过程（图1-11），折射出教育发展背后的时代特征。

可以看出，项目式学习起源于16世纪晚期意大利的建筑和工程教育改革，至今大致经历了五个发展阶段：第一阶段（1590—1765年），欧洲的一些建筑学校开启了"设计"教学的先河；第二阶段（1765—1900年），作为一种常规的教学方法被移植到美国，在杜威的"做中学"理念的影响下，项目式学习转向个人发展、从实践中学习和体验式学习，为20世纪项目式学习理论研究与实践探索提供了重要理论支撑；第三阶段（1900—1950年），克伯屈（Kilpatrick）正式提出"设计教学法"（Project Method）——被视为当时理论

---

① 刘育东. 国外项目学习的历史沿革及发展趋势［J］. 教育理论与实践，2019，39（19）：60-64.

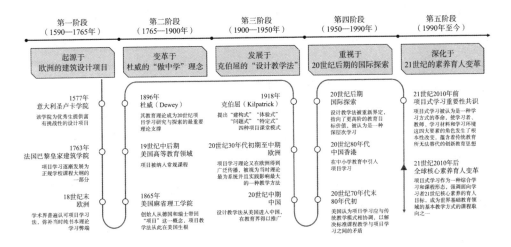

图1-11　项目式学习的历史沿革

最为系统并且实践影响最大的一种教学方法；第四阶段（1950—1990年），设计教学法不仅用于对现实生活问题的解答或探索，也可以培养学习者的认知能力和兴趣等，在全球范围内得到广泛传播；第五阶段（1990年至今），"项目式学习"在吸取各种最新学习理论的基础上有了更为深远的教育意蕴，再次掀起在世界范围内广泛传播的浪潮。[①]接下来，本书沿着项目式学习在国际上的时代变迁，窥探其历史演变。

（一）起源于欧洲的建筑设计项目

项目式学习最早起源于欧洲建筑界。在16世纪文艺复兴时期，意大利很多建筑学院盛行建筑作品设计比赛（Architectural Competitions）——在一定时间完成优质作品设计项目。如1577年，圣卢卡学院（Accademia di San Lucca）把艺术创造性作为培养目标，为学生开展富有挑战性的设计项目，如设计教堂、纪念碑或者皇宫。1671年，法国巴黎皇家建筑学院将赛事由每年一次改为每月一次，并于1763年设立了普利斯竞赛奖，学院所有培训课程均通过实施项目来学习，逐渐发展为正规学校课程大纲的一部分。到18世纪末，项目式学习在欧洲逐渐演化为一种教与学的方式，即通过教师示范、学生动手操作，在体验中领悟原理，从实践中学到技术，为"做中学"搭建了理论和实践的桥梁。这是

---

① Knoll，M. The project method：Its vocational education origin and international development［J］. Journal of Industrial Teacher Education，1997（34）：59-80.

"项目"一词最早出现在教育界，成为学术界普遍认可的一种教学方法——项目式学习法（Project Method），指向真实作品创造，关注学习者的实践能力和艺术创造力。

（二）变革于杜威的"做中学"理念

项目式学习在美国发生了一次重大变革，实用主义教育家杜威的教育思想使人们对项目学习的关注从"形式"转向"内涵"。19世纪上半叶，项目式学习从欧洲传到美国。由于项目式学习能够弥补书本知识的不足，提升学生的操作能力，这一优势引起了越来越多的美国学者和实践专家的关注。1865年，美国麻省理工学院的创始人威廉·巴顿·罗杰斯（William B. Rogers）从德国和瑞士带回"项目"这一概念，项目式教学法从此在美国生根。此时，项目式学习还处于附属地位，学校仅将手工操作项目当作课程附加内容。

直至19世纪中后期，项目式学习才被纳入美国常规课程。期间，美国华盛顿大学的伍德沃德（Calvin M. Woodward）教授创立了"从讲授到建构"的"毕业项目"，在之后约40年间，项目式学习逐渐受到推崇。到了19世纪末，杜威于1896年提出了"教育即生活，学校即社会"以及教师要引导儿童"从做中学"等主张，强调个人发展、从实践中学习和体验式学习，这成为项目式学习理论研究与实践探索的重要理论支撑。

不难发现，在19世纪，项目式学习在美国经历了由"附加培训项目"到"贯穿课程始终"等演变过程，最终以"体验式学习"完成了从"附属"到"主导"的角色蜕变，反映了人们对学习理论与实践关系、教育目的与意义的深入思考，为之后项目式学习理论的深入发展奠定了坚实基础。由此，项目式学习由高校传播到中小学校乃至幼儿园，在美国基础教育领域得到广泛应用并产生了较为深远的影响。

（三）发展于克伯屈的"设计教学法"

项目式学习进入基础教育领域得益于克伯屈的大力倡导。在美国进步主义教育运动的时代背景下，克伯屈受杜威实用主义教育哲学（儿童必须经过解决具体情境中的实践问题而获得知识和经验）和桑代克（Thorndike）学习心理学理论（学习即刺激与反应的联结）的影响，1918年在哥伦比亚大学《师范学院学报》上发表了《设计教学法》的文章，正式阐述了"设计教学法"的基本主张，将民主社会的基本生活单位作为学校课程的单位，被认为是美国进步主义教育改革运动的成果。[①]他阐明"设计"（Project）就是项目，教学法（Method）指以"学生为中心的学习"和注重现实体验的学习模式，"项目"是一个实施者设计、计划且在一定范围内完成的完整活动（或经历/经验），并提出项目活动有四个步骤，即决定目的、制订计划、实施计划和评判结果。[②]在他看来，设计教学法是以与儿童生活有关的问题或事情为组织教材的中心，打破了学科和班级界限，由学生自发决定学习目的和内容，并通过自己设计和实行的单元活动获得知识与技能，并依目的不同而划分为四种项目课堂模式，即"建构式"（Construction）、"体验式"（Enjoyment）、"问题式"（Problem）、"特定式"（Specific Learning）。重要的是，设计教学法确立了以儿童、问题、情境、成果为元素的基本框架，将儿童置于中心地位，项目源自儿童的兴趣和生活需要，通过儿童的主动探究实施，由儿童作为评价的主体和标准；将"问题"视为项目式学习的基本要素贯穿项目式学习始终，使学生在解决问题的过程中实现技能和能力的提升；强调成果的产出，使得儿童的学习成就可视化，为学习评价提供证据，激励儿童进一步探究。

20世纪初期至中期，设计教学法盛行，广义的项目式学习理论在欧洲得到广泛传播，被视为当时理论最为系统并且实践影响最大的一种教学方法，项目式学习的内涵逐渐明晰，即在真实情境中解决问题、形成公开成果以提升学生能力的活动单元。随着哥伦比亚大学中国留学生的大力提倡，设计教学法从美国进入中国，在教育界迅速得以推广。杜威来华为设计教学法的推行奠定了思想基础，后续克伯屈来华将设计教学法推向一个新热潮。但设计教学法对以往的教学方法采取全盘否定，过于强调儿童本身的需求和自由，忽视教师的主导作用和学科价值，导致学习指向经验、技能的获取而非深层认知的发展。美国进步主义教育运动退潮后，设计教学法逐渐被淡忘。

（四）重视于20世纪后期的国际探索

在20世纪60年代，国际上开始关注教育教学改革与探索，项目式学习成为欧美国家教育改革的重中之重，项目式学习再度兴起。20世纪后期，学者从多视角、深层次揭示项目式学习的思想内涵，在实践中探索其教育应用，关于

---

① 吴洪成，彭泽平. 设计教学法在近代中国的实验［J］. 高等师范教育研究，1998（6）：69-76.

② 陈竞蓉. 陶行知与克伯屈［J］. 河北师范大学学报（教育科学版），2017，19（1）：33-38.

项目式学习的研究处于对其内涵探讨的思辨过程中。如美国的一些教育先驱认为项目式学习应与传统教学模式相协调，以解决标准课程教学与项目式学习之间的矛盾。伴随着20世纪80年代以来建构主义思潮席卷教育领域，项目式学习在其儿童、情境、问题和成果四大元素的基础上融入了建构主义学习的四大属性——"意义建构""协作""会话"和"情境"，真正创建了"Project-based Learning"（简称"PBL"），实现了从经验扩充到深度学习的功能跨越。[①]PBL强调学生的知识建构和迁移能力，倡导用"劣构性问题"（Ill-structured Problems）来建构真实的问题情境，引导学生解决更具挑战性的问题，在协作学习和师生互动中建立对科学知识和学科本质的共同理解，创建"人工制品"（如视频、照片、报告、模型等多种形式）使学习结果可视化，从而增强学生的理解力和创造力，也为评价反馈提供依据。此外，项目式学习还可以借助认知工具（如超媒体、学科工具、网络）支持和延伸学生的思维过程，减轻学习者的认知负荷，突破思维局限。这期间，对项目式学习内涵的讨论指向更高阶的目标价值层面——项目式学习不再局限于手工操作和建筑，被认为是一种深层次学习，不仅用于对现实生活问题的解答或探索，而且可以培养学习者动手能力之外的其他能力（如认知能力和兴趣）。

（五）深化于21世纪的素养育人变革

项目式学习不仅被认为是21世纪技能运动的先驱，更是一种学习方式革命，它使学习者、教师、学习材料和学习环境这四大要素的角色发生了根本性改变。20世纪90年代后，伴随知识经济时代来临，科技迅猛发展，互联网逐渐普及并逐渐改变人们的生活方式和教育观念。促进学生核心素养发展已成为当今时代的主旋律，也是全球教育改革的重要突破口和未来人才培养最基本的路径选择，世界各国掀起了核心素养育人导向下的新一轮课程改革运动。研究者通过实验性研究、探索性研究和反思性研究等[②]得出结论，认为项目式学习蕴含着传统教育所无法替代的创新教育思想。首先，它使教师角色从讲授者和指导者变成学习活动的资源提供者和参与者，从专家变成顾问或促进者；其次，

① 陈露茜. 美国进步主义教育的基本逻辑及其历史变迁［J］. 教育科学研究，2018（7）：87-91.

② Chen C H, Yang Y C. Revisiting the effects of project-based learning on students' academic achievement: A meta-analysis investigating moderators［J］. *Educational Research Review*, 2019, 26: 71-81.

它要求过程评价或绩效评价和可视成果相结合；然后，它关注学生兴趣，强调由学生自己获取数据资料而不是老师给予。此外，项目式学习是跨学科的深度学习，学生在解决真实问题过程中通过决策整合、批判性思维和合作学习活动构建、评价和判断事物，同时技术也逐渐成为学习过程的核心部分，为促进学习提供服务。在一批实证性、理论性研究和大规模实践之中，项目式学习迎来新的发展，项目式学习理念得到普遍认同并在国际范围内得到广泛传播。

2010年后，随着国际范围内对核心素养研究的深入，项目式学习作为一种综合的学习和课程形态，获得了极大的关注。此时，百年前的设计教学法以其倡导的"设计"理念和方法在"项目式学习"中延续，成为世界基础教育领域的基本教学方式和课程取向之一。核心素养理念下的项目式学习已超越克伯屈对儿童活动的理解，在吸取各种最新学习理论（建构主义、情境主义、学习科学、学习共同体等）的基础上有了更为深远的教育意蕴——指向个体和社会价值的整合、指向核心知识的深化与思维的迁移、关注学科和跨学科课程的协调等，强调让学习者在复杂情境中具备自我认知、全局视野、社会责任以及创造性、合作性解决问题的能力和品质成为重要的教育目标。

二、我国中小学项目式学习的发展脉络

随着近些年全球范围内对素养研究和实践的深入，项目式学习作为培育核心素养的一种重要手段受到普遍重视并获得快速发展。自20世纪末以来，项目式学习逐渐进入我国基础教育领域的理论、实践与政策视野，特别是2010年以来，我国中小学项目式学习得到不断关注和探索，在发文数量上整体呈上升趋势（图1-12），并在2014年之后，呈现出加速增长态势。基于教育历史构境理论[①]，结合项目式学习在我国的发展背景、发展样态等，可将项目式学习在我国基础教育领域的发展大致分为三个阶段：以实践活动取向为主的探索阶段（20世纪末至21世纪初期）、以学科实践取向为主的发展阶段（2005—2015）和以素养育人取向为主的深化阶段（2015年后至今）。接下来，本书将对中小学项目式学习的发展脉络进行考察，梳理项目式学习在我国基础教育中研究和实践现状，以此为基础进一步凸显中小学项目式学习在我国基础教育课程改革

---

① 张一兵.历史构境：哲学与历史学的对话［J］.历史研究，2008（1）：17-22.

进程中的理论和现实意义。

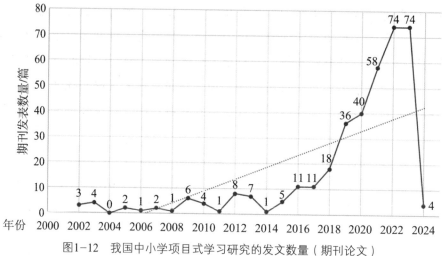

图1-12　我国中小学项目式学习研究的发文数量（期刊论文）

（注：本数据源于在"中国知网"数据库，笔者以中小学和项目式学习等为关键词检索，数据截至2024年2月21日）

（一）以实践活动取向为主的探索阶段

20世纪末至2010年之前，我国基础教育领域还未正式引入"项目式学习"概念，但是新的课程和学习形态中却蕴含了项目式学习的相关要素——主要以实践活动取向为主和研究性学习的活动方式开展学习。该时期倡导的研究性学习，同国际上流行的探究式学习（Inquiry Learning）、项目式学习（Project-based Learning）、基于问题的学习（Problem-based Learning）的理论与实践（后文不再做区分）有着相同的理论基础、特点和目标——均源于建构主义学习理论，主张从"主体""生活"与"实践"的角度来理解教育活动[1]，强调学生学习的自主探究过程和指向问题解决的知识建构，关注兴趣和问题驱动、探究实践和教师指导、培育学生创新精神和实践能力，这与项目式学习的特点、过程和目标要素等相一致。此外，在我国国家课程的校本化实施过程中，合作、自主及探究的学与教的形态也与项目式学习的实施有一定匹配之处。

1. 发展背景

伴随着21世纪知识经济时代的来临，互联网逐渐普及，逐渐改变了人们的

---

① 刘来兵，周洪宇. 视域融合与历史构境：实践活动取向的教育史研究［J］. 教育研究，2011，32（2）：28-33.

生活方式和教育观念。研究性学习最初在20世纪末通过国际交流和学术研讨活动进入中国教育界的视野，此时以引入和启蒙为特征，局限于理论探讨和小范围的实践尝试。2000年后，研究性学习在我国开始得到政策的关注以及部分实验学校的关注，一些前沿的学校和教师开始尝试将研究性学习的理念融入实践活动或校本课程，形成了较为零散且局部的试点学校和教学案例。

具体来看，自20世纪80年代以来，世界各国课程改革步伐不断加快，纷纷出台各种举措，把改变学生的学习方式作为重要的切入口。研究性学习作为一种建构主义学习方式受到各国教育理论界和实践工作者的重视。在我国，随着21世纪初期课程改革如火如荼地开展，研究性学习成为当时新课程改革的亮点之一。有关我国基础教育中"研究性学习"的理论与实践可以追溯到20世纪80年代初期。1983年，我国出版《小学科学教育的"探究—研讨"教学法》一书[1]，与研究性学习相似的研究性教学法正式在我国学界出现。20世纪90年代初，我国全面开展了中小学课程改革，将课程分为必修课、选修课和活动课三个板块。[2]该课程设置一方面使我国课程教学改革进入课程开发领域，为开展研究性学习的实践探索提供了保证；另一方面，从课程设置权限来看，中小学课程分为国家课程、地方课程、校本课程三种类型，而从课程内涵上又提出了基础性、拓展性和研究性三类课程。[3]1999年初，上海教育科学研究院普教所首次正式提出研究性学习这一概念[4]，研究性学习正式进入我国基础教育实践领域。

2000年前后，我国颁布一系列文件，如《深化教育改革全面推进素质教育的决定》《普通高中研究性学习指南》《基础教育课程改革纲要（试行）》，强调实施以培养创新精神和实践能力为重点的素质教育，改变教师的教学方式和学习方式，并明确了我国学科、活动课程并列的课程结构以及国家课程、地方课程和校本课程三级课程管理制度，全面启动基础教育课程内容、结构、教学方式上的系统变革，并指出要"从小学至高中阶段设置综合实践活动，作

---

[1] 徐学福. "研究性学习"之我见［J］. 课程·教材·教法，2001（6）：17-20.

[2] 马立. 关于《九年义务教育全日制小学、初级中学课程计划》的若干说明［J］. 课程·教材·教法，1992（11）：4-10.

[3] 钱旭升. 我国研究性学习的研究综述［J］. 教育探索，2003（8）：22-25.

[4] 尹后庆. 上海开展"研究性学习"的实践与认识［J］. 上海教育科研，2000（1）：2-5，11.

为必修课程，其内容主要包括……研究性学习、社区服务与社会实践以及劳动与技术教育"。自此，研究性学习的地位得以确立，正式成为我国基础教育领域的必修课程，是"课程文化的一场革命"[①]，并作为综合实践活动课程进入中小学校。

2. 发展样态

该时期，研究性学习课程作为独具特色的课程领域，首次成为我国基础教育课程体系的有机构成，并以基础教育课程改革"自上而下"和"自下而上"的实践为基础[②]，通过改变学生学习方式，超越传统的"输入—产出"学习观，使学习成为学生主动的问题解决过程，充分促进学生的个性发展，成为21世纪初期我国基础教育课程改革的重要内容。在我国中小学校实施以来，取得了一定阶段性理论成果，我国学者对研究性学习的内涵和实施等进行了探讨。

国内关于研究性学习的理解尚未统一，主要包含以下方面。首先，国家相关文件对研究性学习概念的界定主要从功能角度出发，强调研究性学习旨在通过实践来获取直接经验，发展学生的创新精神和实践能力。其次，在理论和实践中，虽存在"研究性学习""研究型学习""研究型课程""研究性学习活动""研究性学习活动课程"等多种称谓，但其中隐含着对"研究性学习"作为一种学习方式或课程领域的不同理解。有较多学者认为[③]，研究性学习是一种学习方式或新的学习理念，可以渗透到所有课程实践和教学活动中，将其视为一种涉学习目的、内容、过程、形式等全方位的学习变革；但也有学者认为，研究性学习是对学科课程的完善，属于综合实践活动的一个课程领域，是一种以知识与经验并重的生成性课程。[④]此外，还有学者认为，研究性学习有广义和狭义之分，从广义来说是一种学习方式或一种理念，是在教师指导下自主发现问题、探究问题、解决问题的过程，具有学习性、研究性和经验性特点；从狭义来说是一门独立的课程形态或学习活动[⑤]，是为研究性学习方式的充分展开所提供的相对独立的、有计划的学习机会，具有综合性、实践性和活

① 钟启泉.研究性学习："课程文化"的革命［J］.教育研究，2003（5）：71-76.

② 王爱芬.国外及我国开展研究性学习的综述［J］.教育理论与实践，2005（8）：48-51.

③ 靳玉乐，艾兴.对研究性学习的再认识［J］.课程·教材·教法，2003（1）：33-36.

④ 王升.论研究性学习［J］.课程·教材·教法，2002（5）：6-10.

⑤ 张华.论"研究性学习"课程的本质［J］.教育发展研究，2001（5）：14-18.

动性特点①。因此，在理解"研究性学习"的内涵时，可以综合上述观点，将其视为一个多层次的综合概念，从学习方式、教学组织形式、课程类型甚至教育理念的角度去全面认识。

从实施角度来看，教育界对研究性学习的实施取向、过程、本质和原则等在这一时期进行了较多探讨。首先，研究性学习可以分为技术性、政治性及文化性三种实施取向，实施研究性学习是一项极其复杂的变革，在教育实践中，技术、政治、文化三种因素总是密切联系、相互影响。②其次，研究性学习的实施程序可分为问题情境阶段、实践体验阶段和总结表达交流阶段三个部分，包含小组合作研究、个人独立研究、个人与全班集体讨论相结合的三种组织形式。③再次，研究性学习活动带来了教学即生活、教学即课程开发、教学即师生活动等教学观、课程观和师生观的变化，并且重建了学习观，即研究性学习的起点、过程和结果均表现出不确定性，实现了课程、教学、学习的一体化，避免了三者之间机械地、单向地、线性地发生关系。④此外，崔允漷等在厘清研究性学习的性质与边界后，从课程目标、课程组织与实施、课程评价等要素出发，阐明了学校怎样生成性地实施这样一门独特的课程等问题，认为研究性学习的课程目标有体验性和表现性两种取向，认为研究性学习主要以小组合作的方式开展，遵循"确定课题、制订计划、搜集资料、总结整理、交流评价"等实施步骤；并提出在实施过程中需要关注学习方式的多样化、走出传统教育的"三中心"模式、教师角色转变、挖掘隐性的课程资源等关键性问题，强调整合校内课程与校外课程，旨在将学习内容开放到学生整个生活世界，重视评价的过程性、多元性和反思性。⑤上述源于实践总结又具有理论高度的认识，为研究性学习的深入提供了参考。

随着实践的深入，研究性学习存在问题也尤为凸显，可以用"戴着镣铐的舞蹈"来隐喻我国高考背景下研究性学习实施的现状。⑥从对我国研究性学

① 石中英.试论研究性学习的性质［J］.课程·教材·教法，2002（8）：14-17.

② 李子建，尹弘飚.研究性学习实施论纲［J］.课程·教材·教法，2004（3）：22-31.

③ 教育部.基础教育课程改革纲要（试行）［J］.人民教育，2001（9）：6-8.

④ 曾祥翊.研究性学习活动的教学设计模式研究［J］.电化教育研究，2011（3）：81-88.

⑤ 崔允漷，安桂清.试论普通高中研究性学习的课程框架［J］.教育发展研究，2003（6）：24-29.

⑥ 胡红杏.国内研究性学习课程实施十年深度反思［J］.当代教育与文化，2012，4（2）：112-116.

习课程现状的调研结果来看，研究性学习作为一门课程的地位受到各种因素的影响，存在"高位"认识与"低位"实践之间的落差现象，需要在学校中经历一个再脉络化的过程，但仍受学校应试本位的教育、师生有限的时间和精力、教师的指导能力、学生合作问题、学校可用的资源等因素制约。[①]也有学者从理论和实践两个层面分析了研究性学习课程实施的误差，如功能异化、学习对象异化、唯科学主义和精英主义倾向，认为研究性学习背负着沉重的社会元素的分数和阴影，使得其价值难以彰显。[②]纵观研究性学习的发展现状，可以发现研究性学习的研究与实践主要集中在个别学者或学校，与学科的整合并不紧密，更多体现在实践活动或校本课程中，还存在诸多不足[③]。例如，在研究方法上，思辨研究多，实证研究少；研究内容上，对研究性学习课程实施的理论研究多，实践研究少，需要深入学校全面了解实施状况；对有关研究性学习的影响因素和学校系统性实施研究还有待深入。这些问题在一定程度上也反映在后续项目式学习在中小学的实践探索中。

（二）以学科实践取向为主的发展阶段

项目式学习正式进入我国基础教育领域大致在2010年，随着我国素质教育的不断发展，教育学和教育技术领域的学者持续将国外先进的教育模式——"项目式学习"和"网络环境下的项目式学习"引入中国；同时，我国基础教育政策也开始关注并提及"项目式学习"，推动了项目式学习在学科教学中的实施。该时期以"学科实践取向"为主，关注项目式学习（流程）要素在学科课程中的实施，其应用从综合实践扩展到语文、数学、英语、信息技术等学科，出现了一批以项目式学习为特色的试点学校和实验性的教学案例。该时期是项目式学习在我国从高等教育领域迁移到基础教育领域的初步阶段。

1. 发展背景

究其原因，虽然项目式学习在21世纪初期已通过国际交流和学术研讨

① 崔允漷，余进利. 我国普通高中研究性学习课程现状调研报告［J］. 全球教育展望，2003（7）：36-37.

② 张华，仲建维. 研究性学习的历史、现状与未来［J］. 教育科学研究，2004（3）：5-8.

③ 胡红杏. 国内研究性学习课程实施十年深度反思［J］. 当代教育与文化，2012，4（2）：112-116.

活动进入我国教育界的视野，但局限于理论探讨和高等教育范围内的实践尝试。2010年之后，随着《国家中长期教育改革和发展规划纲要（2010—2020年）》——21世纪我国第一个教育中长期规划的颁布，"坚持以人为本、全面实施素质教育"的教育改革全面推进。教育专家对项目式学习的研究扩展到基础教育领域，关注项目式学习（实施）要素如何在基础教育学科实践中进行整合，部分学校或个别教师将早期的研究性学习在综合实践活动或校本课程的经验迁移到学科教学中，形成了部分中小学项目式学习的早期经验与案例。

2. 发展样态

早在21世纪初期，我国学者就积极引入国外项目式学习的学习方式，虽然冠以"项目"名称的新教学法开始逐渐增多，但是项目式学习的研究热潮对基础教育并没有太大的影响。如2002年，我国学者刘云生发表了有关项目式学习的文章，认为项目式学习是信息时代的一种重要学习方式，并对项目式学习的内涵与特征、背景与意义、原则与形式、设计与实施等进行了阐释[1]，为项目式学习在我国的理论与实践发展奠定了良好的基础。同年，刘景福也对项目式学习模式的理论基础、核心定义、构成要素、特征和流程等进行了全面的介绍，指出项目式学习主要由内容、活动、情境和结果四大要素构成，分为选定项目、制订计划、活动探究、作品制作、成果交流和活动评价六个基本步骤[2]，这对当时中小学研究性学习的开展和综合学习课程的开设具有较大的借鉴意义，是我国有关项目式学习的高被引论文（达1000余次）。除此之外，2002年，夏慧贤进一步介绍了国外项目式学习的最新成果，谈到项目式学习主要包含有结构的项目（Structured Projects）、与主题有关的项目（Topic-related Projects）、与体裁有关的项目（Genre-related Projects）、模板项目（Template Projects）、开放性项目（Open-ended Projects）等多种类型，并引入国外多元智力理论，论述了项目式学习对于开发学生的多元智力、培养学生创新精神和实践能力的重要意义。[3]该研究对我国项目式学习理论基础的形成和内涵厘清有较大的参考价值。

---

[1] 刘云生.项目学习——信息时代重要的学习方式［J］.中国教育学刊，2002（1）：36-38.

[2] 刘景福，钟志贤.基于项目的学习（PBL）模式研究［J］.外国教育研究，2002（11）：18-22.

[3] 夏惠贤.多元智力理论与项目学习［J］.全球教育展望，2002，31（9）：20-26.

有关项目式学习在我国中小学学科实践中的探索文章可以追溯至2003—2005年。一方面，该时期出现了部分介绍中小学项目式学习的探索文章，阐释项目式学习教学模式的特点和实施流程，探讨项目式学习与当前我国中小学教育的关系①，如章雪梅以微软"携手助学"创新应用主题活动为例，构建了借助Power Point模板构成的虚拟教室漫游模式（The Virtual Classroom Tour，简称"VCT"），为教师开展项目式学习的教学设计与教学过程提供了参考②；另一方面，出现了部分项目式学习应用于学科实践的探索文章。2003年，上海师范大学学者王海澜首次指出，项目式学习是一种打破学科的逻辑结构而以项目来统整课程的课程模式，强调了在学科逻辑结构不变的情况下进行学科项目式学习的必要性和可行性，并提出学科项目式学习的首要前提是将学科的核心概念和基本原理进行项目式转化③，这为我国后续学科项目式学习的发展奠定了关键性的学理基础。同年，王洁等教师在上海市教育科学研究院的指导下，开展了体验"做数学"——测量学校绿地面积的项目学习活动，对包含内容、能力和应用的项目目标、生活情境等进行了介绍，并总结了教师素养、学科素养、真实问题和学生体验对于学科项目式学习的重要性。④发展至2009年，教育技术领域的学者介绍了项目式学习在信息技术教学中的应用案例，详细阐述了项目学习的理论、方法和步骤⑤，为项目式学习在学科实践中的应用提供了重要参考（被引次数均达200余次）。在这之后，中小学教师遵循项目式学习"真实问题驱动""探究实践""成果导向"等核心内涵，尝试将项目式学习与语文⑥、

---

① 张秀英. 基于项目的学习（PBL）在我国中小学教学中的应用［J］. 甘肃科技纵横，2005（4）：137-142.

② 章雪梅. 基于项目的学习：VCT设计模板与案例研究［J］. 电化教育研究，2009（3）：101-103，108.

③ 王海澜. 论作为学科学习框架的项目式学习［J］. 教育科学，2003（5）：30-33.

④ 王洁. 体验"做数学"——"测量学校绿地面积"的项目学习［J］. 人民教育，2003（15-16）：17-21.

⑤ 高志军，陶玉凤. 基于项目的学习（PBL）模式在教学中的应用［J］. 电化教育研究，2009（12）：92-95.

⑥ 王林发. 基于Moodle的"中国小说欣赏"项目学习实践与探索——以高中语文选修课《水浒传》为例［J］. 中国电化教育，2012（12）：82-86.

数学①、英语②等学科进行结合，开展学科实践探索。

基于上述分析，可以看出项目式学习在我国中小学的学科实践探索主要包括设计应用、实施过程等探索，主要集中在综合实践、语数英、信息技术等学科小范围内进行探讨，相关设计应用主要关注了项目学习的项目计划、引导问题、评价方式等要素，对项目式学习的过程管理、教师角色定位、支架设计等缺乏深入研究；此外，对实施过程的研究不够深入，较多浮于教学流程，并未关注到具体环节的师生教与学互动和实践效果的验证。③因此，该时期我国中小学项目式学习的发展仍有待深化，研究和实践者除了关注项目式学习的核心要素外，还应聚焦到项目式学习与学科教学的深度整合、支持服务和影响因素上，探讨出经实证检验和可推广的研究成果。虽然项目式学习在该阶段仍面临诸多挑战，但有关项目式学习的早期理论和学科实践探索为项目式学习在基础教育方面的理论创新和高阶化的学科实践奠定了扎实基础。

（三）以素养育人取向为主的深化阶段

伴随着个性化、信息化和全球化浪潮的兴起，全球素养导向的课程改革加速，国际范围内对核心素养导向的课程改革研究走向深入，项目式学习作为一种新的教与学方式和课程理念，获得了国内外基础教育领域的极大关注。特别是2014年之后，我国将发展学生核心素养作为基础教育课程改革的重点。同一时期，我国系列基础教育课程改革政策的颁布，以及创客教育、STEM教育等创新教学法的兴起，使得"以素养育人"取向成为项目式学习的核心特征。中小学校对项目式学习的关注从以实践活动和学科实践为主的局部探索，逐步走向"学科和跨学科"并重的全面探索和素养落地的系统化推进阶段，标志着素养培育的项目式学习在我国基础教育体系中从萌芽逐步走向成熟。

1. 发展背景

在我国教育政策中，核心素养导向的课程标准修订对我国基础教育目标和评价产生了深远影响，引发了对学科素养、跨学科学习、深度学习等的实践

---

① 夏涛，罗祖兵. 项目学习—中小学数学教学的应然选择［J］. 现代教育科学，2011（6）：102-104.

② 徐永军，罗晓杰. 初中英语综合实践课背景下的语言项目学习［J］. 四川师范大学学报（社会科学版），2012，39（3）：88-93.

③ 黄明燕，赵建华. 项目学习研究综述——基于与学科教学融合的视角［J］. 远程教育杂志，2014，32（2）：90-98.

需求。在2014年教育部发布《关于全面深化课程改革 落实立德树人根本任务的意见》明确提出"研究制订学生发展核心素养体系"之后，我国基础教育课程改革同步了国际课程改革整体趋势，逐步走向面向学生核心素养培育的课程改革道路。特别是2016年发布的《中国学生发展核心素养》以及2017年《普通高中课程标准》和2022年《义务教育课程标准》两套课标的陆续发布，我国基础教育领域面临如何将核心素养的培育真正落地的问题与挑战。通过分析两套新课标（高中和义务教育）可以发现，几乎所有学科新修订的课程标准中都会提到项目式学习或项目化、项目式和基于项目等，多处强调要探索基于主题、项目、任务的内容组织方式与学习形式。此外，国家和地方政策文件中都明确指出要"开展项目式学习"，如2019国家颁布的《关于深化教育教学改革全面提升义务教育质量的意见》中提出中小学校应"探索基于学科的综合化教学，开展项目化学习"；2020年上海颁布的《义务教育项目化学习三年行动计划（2020—2022年）》为学校和教师提供了更加精准的行动指南；2023年教育部《基础教育课程教学改革深化行动方案》强调"落实课程方案和课程标准，全面推进教学方式变革……聚焦核心素养导向的教学设计……注重启发式、互动式、探究式教学"。可见，面向核心素养的项目式学习已成为我国助力新一轮课程改革与发展学生核心素养的重要途径。

在国内外实践层面，随着项目式学习走向学科实践，一些前瞻性学校为创新课程实践，开始借鉴国际主流的项目式学习实践案例，如巴克教育研究所（Buck Institute for Education）的项目课程、国际预科证书课程（International Baccalaureate Diploma Program，简称"IB课程"）、芬兰的现象式学习（Phenomenon-based Learning），其内容要素为学校项目式学习实践提供了一定参考，这些探索虽然缺少本土性，但在一定程度上撼动了我国中小学校传统的"以教为中心"的课堂教学形态，通过项目式学习实践着力向"变教为学"的素养型课堂迈进。[①]此外，可以发现，当前国际上普遍采用的学习方式，如IB课程、现象式学习，与项目式学习所倡导的注重真实问题解决、培育关键能力和素养、跨学科学习等方向相一致，成为素养时代新的课程观和学业质

---

① 夏雪梅.项目化学习设计：学习素养视角下的国际与本土实践［M］.北京：教育科学出版社，2018.

量观。[①]

在理论发展层面，随着"为促进学生的有效学习而设计"的深度学习理念的发展，项目式学习理论与实践逐渐走向统整性、高阶化，强调学生的参与度和互动性，教师角色由知识的传授者转变为学习引导者和协助者，为学生提供项目规划、资源整合和过程评价等支持。在教育研究领域，学习科学、有效学习、基于理解的设计、表现性评价、创客、STEM教育等新的理论、教学与评估方式蓬勃发展，随着相关著作的引入，国内学者对STEM教育、大概念（Big Idea）等的探索，使得项目式学习走向高质量内涵发展，越来越关注学校层面的系统性实施和指向概念建构的深度学习。

2. 发展样态

当前项目式学习已从学科课程标准层面获得了合理性，在推进核心素养导向的课程变革中发挥着越来越重要的作用。项目式学习在我国基础教育中的地位越来越凸显，国家层面的政策支持和系统化的实施使得项目式学习成为推动素养育人变革和创新人才培养的重要手段。该时期，中小学项目式学习理论和研究广泛开展，不仅涵盖了核心素养育人视角下项目式学习的教学效果和实施策略，还深入教师专业发展、学校组织变革等维度，这一阶段的研究展现了我国基础教育领域对中小学项目式学习的深层次融合和长期效应的关注，体现了研究的深度和广度。在这一过程中，涌现了不少在中小学项目式学习领域深耕的代表性学者，如沈书生、张文兰、董艳、桑国元、夏雪梅。

南京师范大学沈书生教授关注项目式学习中学生的思维培养和高阶化。如从认知领域目标出发，探索了项目式学习中学生思维能力的形成轨迹，以促进学生深度理解学科内容，进而形成学习迁移的能力[②]；在另一篇文章[③]中，他指出了当前教师对项目式学习的理解存在偏差，对于多样化的学习理念简单化为"非此即彼"的思维方式，认为这些错误观念是项目式学习深化应用的桎梏，应该建立项目式学习新的应用观——树立创新素质化、学科素养化、学科关联化、主旨明晰化、表达多样化的观念。

---

① 夏雪梅. 从设计教学法到项目化学习：百年变迁重蹈覆辙还是涅槃重生？［J］. 中国教育学刊，2019（4）：57-62.

② 林琳，沈书生. 项目化学习中的思维能力及其形成轨迹——基于布卢姆认知领域目标视角［J］. 电化教育研究，2016，37（9）：22-27.

③ 沈书生. 学科教学中的项目融入与设计［J］. 数字教育，2016，2（2）：1-6.

北京师范大学董艳教授积极指导一线教师开展教学实践。她早在2015年就关注到了项目式学习对于变革教育的重要性，翻译了全球影响深远的巴克教育研究所汤姆·马卡姆（Thom Markham）博士所著的《基于项目的学习手册》一书[①]，将国际项目式学习的实践经验系统化地引入中国，为中小学教师开展项目式学习提供了重要参考。在后续研究中，积极将项目式学习扩展性引入国际理解课程[②]和研学旅行课程[③]，为学科外课程的高质量开展提供了有效路径。此外，关注项目式学习理论的本土化应用，如整合问题式PBL和项目式PBL，提出了促进跨学科学习的产生式学习（DoPBL）模式，破解了教师对两种模式的混淆，为我国新课标落地的重难点问题——跨学科主题学习，提供了可操作的路径参考。[④]

陕西师范大学张文兰教授关注课程重构理念的项目式学习和发展现状，2016年首次提出了网络环境下基于课程重构理念的项目式学习模式，强调素养时代实现项目式学习与核心课程融合的重要性[⑤]；在此基础上，构建了相关评价指标体系，提升了基于课程重构的项目式学习评价的有效性和可操作性[⑥]。在最新的研究中，通过对国内外有关项目式学习文献的系统性文献综述，不仅验证了项目式学习对学习具有促进作用[⑦]，而且揭示了项目式学习对学生素养发展和学业成就作用有效性的影响因素，主要受背景因素、学生因素、教师因素的综合影响，并系统性提出了项目式学习包含教学、学习、课程三种视角，

① Markham T. PBL项目学习：项目设计及辅导指南［M］.董艳，译.北京：光明日报出版社，2015：6.

② 楚肖燕，林霞，曾宣伟，董艳.CEPTS框架：融入项目式学习的国际理解教育课程新框架［J］.开放学习研究，2023，28（6）：10-18.

③ 董艳，和静宇，王晶.项目式学习：突破研学旅行困境之剑［J］.教育科学研究，2019（11）：58-63.

④ 董艳，孙巍.促进跨学科学习的产生式学习（DoPBL）模式研究——基于问题式PBL和项目式PBL的整合视角［J］.远程教育杂志，2019，37（2）：81-89.

⑤ 张文兰，张思琦，林君芬，吴琼，陈淑兰.网络环境下基于课程重构理念的项目式学习设计与实践研究［J］.电化教育研究，2016，37（2）：38-45，53.

⑥ 强枫，张文兰.基于课程重构的项目式学习评价指标体系探究［J］.现代教育技术，2018，28（11）：47-53.

⑦ 张文兰，胡姣.项目式学习的学习作用发生了吗？——基于46项实验与准实验研究的元分析［J］.电化教育研究，2019，40（2）：95-104.

为推进项目式学习的常态化、高质量开展奠定了基础[①]。

北京师范大学桑国元教授长期从事教师专业发展和项目式学习相关的研究工作。2020年以来，其聚焦学科项目式学习和指向核心素养的项目式学习高质量落地，出版了多部有影响力的著作，如《玩转项目式学习的50个工具》[②]和《项目式学习：教师手册》[③]，书中有关项目式学习的理论阐述、实践案例和工具等为一线教师开展项目式学习提供了重要参考。在理论研究方面，不仅重视项目式学习中核心环节的落地，如驱动性问题[④]和学生评价[⑤]，而且开拓性地关注项目式学习中的"教师视角"。其一，率先提出了包含学习素养、设计素养、协作问题解决素养以及评价与反馈素养的教师素养理论框架[⑥]，为项目式学习中教师素养的提升奠定了理论基础；其二，为使教师深入理解项目式学习，详细阐述了项目式学习作为教育理念、教学模式、学习模式、课程形态和学科整合方式的多重内涵[⑦]；其三，关注教师课程与教学创新的学校组织氛围，基于场域理论，探究了学校层面助推教师开展项目式学习的要素，如学校关系网络、管理规则和教师认同[⑧]。在最新的研究成果中，桑教授结合中国教育改革、美国巴克教育研究所的项目式学习"黄金标准"和课程发展阶段理论，从项目式学习的设计、实施和评价三个层面构建了适用于中国教育情境的项目式学习"三六标准"模型，为中国教师开展高质量项目式学习提供了借鉴

---

① 张文兰，李梦雪. 基于系统性文献评价法的项目式学习内涵与有效性释要 [J]. 电化教育研究，2023，44（2）：121-128.

② 罗颖，桑国元，石玉娟. 玩转项目式学习的50个工具 [M]. 北京：中国人民大学出版社，2023.

③ 桑国元，叶碧欣，王翔. 项目式学习：教师手册 [M]. 北京：北京师范大学出版社，2023.

④ 张彬，桑国元. 项目式学习中的驱动性问题：学科差异与质量提升 [J]. 北京教育学院学报，2023，37（5）：8-15.

⑤ 桑国元，蔡添. 项目式学习中的学生评价 [J]. 教学与管理，2021（31）：1-4.

⑥ 叶碧欣，桑国元，王新宇. 项目化学习中的教师素养：基于混合调查的框架构建 [J]. 上海教育科研，2021（10）：23-29.

⑦ 桑国元. 教师如何理解项目式学习的内涵 [J]. 教师教育论坛，2022，35（10）：21-23.

⑧ 叶碧欣，桑国元，黄嘉莉. 课程与教学创新的学校组织氛围研究——以一所项目式学习特色校为个案 [J]. 全球教育展望，2022，51（9）：66-77.

思路，是中国本土化项目式学习的理论创新。①

　　最后，值得一提的是，上海市教科院普教所的夏雪梅研究员建构了本土性项目式学习的系统性理论，引领了我国基础教育项目式学习的发展。2016年以来，其陆续出版了涵盖项目式学习和跨学科项目式学习的理论、设计、实施、工具和案例的多部著作，如《项目化学习设计：学习素养视角下的国际于本土实践》②《跨学科的项目化学习："4+1"课程实践手册》③和《项目化学习的实施：学习素养视角下的中国建构》④，重构了适合本土实践的项目式学习设计框架，强调基于课程标准的核心知识、本质问题的迁移和引领以及整合学科素养与通用素养，阐述并厘清了高质量项目化学习的关键特征、项目化学习设计的理论框架、项目化学习与学科或跨学科课程的关系等重要理论问题，提出项目式学习是一种严谨的学习设计，并形成了项目式学习设计的实践模板和策略工具，突破了项目式学习理论到实践落地的难题。其次，在研究方面，夏雪梅研究员重点关注了项目式学习的核心要素，如指向核心素养的项目式学习评价和教师支持，不仅围绕评什么、如何评、谁来评三个维度构建了高质量的项目化学习评价框架⑤，还围绕学与教转型的关键问题，形成了项目式学习中教师支持的理论框架和指标体系⑥。此外，夏研究员就国家课程的项目式学习如何高质量落地的实践问题进行了探索，提出要将项目式学习的关键设计要素指向素养目标，同时要契合国家课程的不同素养目标定位。⑦上述研究成果为教育实践者提供了较为详细的操作指导，也为国家课程的项目式学习高质量开展提供了理论参考。

① 桑国元，叶碧欣，黄嘉莉，罗颖. 构建指向中国学生发展核心素养的项目式学习标准模型［J］. 中国远程教育，2023，43（6）：49-55.

② 夏雪梅. 项目化学习设计：学习素养视角下的国际与本土实践［M］. 北京：教育科学出版社，2018.

③ 夏雪梅. 跨学科的项目化学习："4+1"课程实践手册［M］. 北京：教育科学出版社，2018.

④ 夏雪梅. 项目化学习的实施：学习素养视角下的中国建构［M］. 北京：教育科学出版社，2022.

⑤ 夏雪梅. 指向核心素养的项目化学习评价［J］. 中国教育学刊，2022（9）：50-57.

⑥ 夏雪梅. 项目化学习中"教师如何支持学生"的指标建构研究［J］. 华东师范大学学报（教育科学版），2023，41（8）：90-102.

⑦ 夏雪梅. 国家课程的项目化学习：高质量的分类探索［J］. 上海教育科研，2023（3）：31-36.

项目式学习作为一种重要的教和学新理念、新方式，在核心素养落地方面具有独特优势与价值①，正在世界范围内受到广泛关注，也成为当前我国基础教育课程改革的热点。但当前项目化学习还存在目标定位不清晰、活动游离于目标之外，问题"驱动性"不强、相关领域基础知识对项目缺少支持，学生对项目成果贡献不足、跨学科思维体现不多，对学生学习过程评价关注不够、评价量规与多学科素养匹配性不强等问题。②因此，为了促进国家课程的项目式学习高质量发展，一方面，还需要进一步审视项目式学习的实施方式，提升教师项目式学习的目标确定、问题创设和学习评价等教学素养；另一方面，需要广大教师充分认识与理解项目式学习、广泛探索与实践项目式学习，需要研究者深入研究项目式学习的本土性和系统化落地，这将是提升项目式学习实施质量和促进项目式学习高质量开展的必由之路。

整体而言，项目式学习在我国基础教育的发展过程中逐步实现了从零星到系统的实施，不断深化和拓宽了其研究与实践领域。通过对项目式学习在我国基础教育中的发展背景及其脉络的梳理，深入厘清了当前倡导的"项目式学习"与我国课程改革中"研究性学习"的关联，领会了项目式学习作为新的课程理念和学习方式的本质——通过课程实施变革学习方式，从而提升学生的主体性、创新精神和问题解决能力的内在价值。各阶段的核心特征映射出社会需求、教育政策的导向以及学术研究的递进，而研究主题的深化亦体现了对我国教育环境中项目式学习实施效果、适应性及可持续性等关键议题的持续关注与探索。这一进程不仅推动了项目式学习在中国教育界扎根和本土化发展，也为新时代面向核心素养的项目式学习高质量发展奠定了坚实的理论与实践基础。

---

① 郭华.项目学习的教育学意义［J］.教育科学研究，2018（1）：25-31.

② 安富海.项目化学习的实践困境及改进策略研究［J］.上海师范大学学报（哲学社会科学版），2022，51（4）：119-125.

第三节 项目式学习发展的新时代

一、时代变迁下项目式学习的内涵重塑

21世纪，知识经济、数字化转型和人工智能技术迅猛发展，世界范围内的教育朝向素养育人发展，百年前的"设计教学法"在"项目式学习"中延续，成为世界基础教育领域的基本教学方式和课程取向之一。[①]和100年前的社会相比，现今的万物互联、人工智能等变化，都让人类在复杂情境中的自我认知、全局视野、社会责任以及创造性、合作性解决问题的能力和品质成为重要的教育目标。素养视角下的项目化学习引入学习科学，指向个体和社会价值的整合，核心知识的深化和思维迁移，关注学科和跨学科课程的协调，这种运用指向核心知识和严谨的学习设计的方法以尝试解决分科与综合、知识与能力之间的矛盾，这是核心素养新时代背景下项目式学习的本质特征。[②]项目式学习在我国基础教育中实现了从实践活动到学科实践的系统化发展，全面进入素养育人取向的高质量发展新时代。

随着我国教育改革进入深水区，育人方式变革成为最具挑战性和活力的核心任务[③]，如2017年发布的《普通高中课程标准》和2022年发布的《义务教育课程标准》多处强调"探索基于主题、项目、任务的内容组织方式与学习形式"。当前，项目式学习作为落实素养目标的重要学习方式，成为助力新课改与发展学生核心素养的重要途径。我国基础教育阶段的项目式学习得到不断关注和探索，并对学生学习产生了较大的积极影响，逐渐由实践活动转向学科教学，由局部学科参与转向学科和跨学科统整。但在实践层面，很多教师对项目式学习的内涵特征还存有疑虑，对于如何有效、高质量开展项目式学习还存有很多困惑。虽然一些研究关注了项目式学习的内涵解释，但因所关注的项目式

---

① 张华. 论"设计本位学习"［J］. 教育发展研究，2006（23）：1-7，13.

② 夏雪梅. 从设计教学法到项目化学习：百年变迁重蹈覆辙还是涅槃重生？［J］. 中国教育学刊，2019（4）：57-62.

③ 柳夕浪. 深化基础教育课程教学改革的战略行动［J］. 人民教育，2023（Z3）：92-94.

学习概念视角不同，出现了对概念理解不一致的情况。而教师的理解偏差，会影响项目式学习的实践及其质量。针对当前我国在项目式学习研究和实践中存在的较为普遍的和有争议的现实问题，有必要立足项目式学习的高质量发展，系统梳理新时代关于项目式学习概念观点，为教师开展项目式学习和未来研究提供参考。

自项目式学习作为学术概念被提出之后，尤其是进入21世纪核心素养时代以来，学者们对项目式学习内涵特征等进行了系列研究。总的来看，对项目式学习内涵的界定可分为两大类，即把项目式学习看成一种教与学的方式或课程形态，体现了项目式学习作为一种新的学习方式或课程形态与传统学习方式和课程的不同之处。具体来看，大多数学者会选取一些特征来描述项目式学习概念。根据选取特征的特点、对"项目"理解及概念属性的界定，可将项目式学习概念分为教育理念、学习方式、教学模式、课程形态、实践形态五种核心视角。[1]

（一）作为一种教育理念的项目式学习

教育理念是教育主体在教育教学实践中形成的一种相对持续和稳定的对"教育应然"的理性认识和主观要求，对教育实践有导向和规范作用。众多学者提出"项目式学习是一种教育理念"，体现了诸多教育理念，如"以人为本""学生中心""全面发展""做中学"理念。[2]不难看出，项目式学习属于"有利于学生全面发展的教育理念"。厘清项目式学习中蕴含的教育理念，有助于践行者用一种更加现代的、生活化的视角看待教育。项目式学习强调在探究实践中培养学生的能力、品格和价值观，注重综合运用多学科知识促进学生自主、合作、探究学习。在项目式学习这一教育理念指导下，学校层面的课程顶层规划、设计与开发，课堂层面的课程实施，师生"教"与"学"的创新，都能够朝向面向21世纪的主流方向——核心素养发展。

（二）作为一种学习方式的项目式学习

从学生学习过程的视角，可以将项目式学习作为一种特定的学习方式来看待。不少国外学者将其具体指向一种建构主义的学习方式，如"项目式学习是

---

① 张文兰，李梦雪. 基于系统性文献评价法的项目式学习内涵与有效性释要［J］. 电化教育研究，2023，44（2）：121-128.

② 桑国元. 教师如何理解项目式学习的内涵［J］. 教师教育论坛，2022，35（10）：21-23.

一种以学生为中心的学习方式，它基于三个建构主义原则：学习是在具体情境发生的、学生要积极参与学习的过程、通过社会互动和知识的分享来实现学习目标"[1]。在这种"以学生为中心"的学习方式下，带来了一种学习方式的革命，它使学习者、教师、学习材料和学习环境这四大要素的角色发生了根本性改变。[2]学习者的学习由被动转为主动，教师从讲授者变成促进者，学习材料从讲授课本发展为让学生接触各种各样的学习资源，学习环境从远离学生实际生活变成真实问题、真实情境。项目式学习是一套"学习情境设计法"，旨在让学生完整经历真实而富有挑战的学习过程——"提出问题—规划方案—修订方案—解决问题—形成成果—展示交流—评价改进"，通过设计解决问题的方案、收集选用需要的材料、学习相应技能等过程，提升批判性思维、问题解决能力、团队合作能力、沟通交流能力。在日益强调培养核心素养和创新人才的今天，作为培养创新型、复合型、问题解决型人才的重要学习模式，项目式学习有助于教师积极应对正在发生的学习方式革命，引导学生开展真实情境下的综合实践学习，让学生成为立足当下、面向未来的高质素人才。

（三）作为一种教学模式的项目式学习

教学模式是在一定教学思想或理论指导下构建的相对稳定的教学程序。项目式学习是一种以学生为中心的教学模式，鼓励学习者大胆提出问题与假设，在真实的生活情境中主动探究，完成一系列诸如设计、计划、问题解决、决策、作品创建以及结果交流的学习任务，并最终达到知识建构与能力提升的一种教学模式[3]，或一种系统性或探究性的教学方法[4]。如美国巴克研究所把项目化学习定义为一种学生在一段时间内，围绕真实的、复杂的、能引起兴趣的驱动问题，精心设计项目作品、规划和实施项目任务，从而获得一定的核心知识

---

① Kokotsaki D，Menzies V，Wiggins A. Project-based learning：A review of the literature ［J］. Improving Schools，2016（13）：267−268.

② 董艳，张媛静，王宇，叶亮. 项目化学习的"非常1+7"模式［J］. 数字教育，2021，7（3）：66−72.

③ 柯清超. 超越与变革：翻转课堂与项目学习［M］. 北京：高等教育出版社，2018：129.

④ Guo P，Saab N，Post L S，et al. A review of project-based learning in higher education：Student outcomes and measures-science direct［J］. International Journal of Educational Research，2020，102（5）：1−13.

和技能的系统的教学方法。[①]虽然教师在组织项目式学习的过程中需要遵循一系列相对固定的流程，但项目式学习强调教师对知识本质和外延的价值理解，对知识与实践相结合的指导力，以及学科知识的跨学科统整能力。一般而言，教师对于教学模式具有高度的选择权。然而，教学模式的选择，在很大程度上会受到学校文化氛围的影响，如学校领导、年级组长、学科组长的教育理念会对教师选择何种教学模式产生较大影响。[②]因此，作为教学模式的项目式学习，能否在课堂教学中有效落地，需要学校相关人员认同项目式学习对于学生长远发展和深度学习的作用。

（四）作为一种课程形态的项目式学习

课程形态是由课程内容、教学方式、课程评价等多种要素形成的相对稳定的课程存在样态。从这个角度来看，项目式学习是一种新的课程形态、课程设计方法或课程组织方式，用项目主题、问题等作为系统的课程逻辑，选取有整合性的内容，形成独立于国家课程之外的新的项目课程，如体现学校文化特色的校本课程，是一种基于真实问题情境的、学科或跨学科的、特殊的探究活动课程，往往作为独立的自称逻辑的课程存在，具有自己独立的课程内容、开发和实施视角。从课程内容来讲，项目式学习主张整体看待学校和社会、学科和生活、学习和发展的关系；从课程开发的角度看，项目式学习主张知识与知识的整合、知识与事物的整合、知识与行动的整合；从课程实施的视角分析，项目式学习主张设计与实施创生型、生成性课程；从课程形态来看，项目式学习是基于知识整合的跨学科活动课程[③]。正如郭华定义的，项目式学习是一种综合性、活动性的课程形态[④]，在这种课程形态之下，学生可在已有知识基础上，综合运用学科或多学科知识进行自主探究、合作学习。此外，作为一种课程形态，项目式学习具有研究型学习、探究式学习、综合实践活动、研学旅行、劳动教育等课程形态的主要特征，并能够与这些课程形态之间形成紧密的联系。

① 巴克教育研究所. 项目学习教师指南：21世纪的中学教学法［M］. 教育科学出版社，2008：4.

② 叶碧欣，桑国元，邓英华. 项目学习能否提升大学英语教学成效——针对干预实验研究的元分析［J］. 中国高教研究，2022（7）：83-88.

③ 桑国元. 教师如何理解项目式学习的内涵［J］. 教师教育论坛，2022，35（10）：21-23.

④ 郭华. 项目学习的教育学意义［J］. 教育科学研究，2018（1）：25-31.

（五）作为一种实践形态的项目式学习

除了作为学习方式和教学模式之外，项目式学习还是课程设计的一种方式和更综合化的教育实践形态[1]，并将项目与课程开发工作相结合，将项目视作课程的主要组成部分，旨在让学习者掌握学科核心概念[2]，主张整合真实生活与核心概念知识，将原有课程内容项目化以形成包括课程内容、目标、实施、评价等方面重构的项目式课程，是一种整合了"以问题为中心"和"以学习者为中心"课程设计的混合或融合课程的实践形态。[3]

综上分析，五种核心视角下的项目式学习概念表达既有相同点也有不同点，其共同之处在于都采用了一些特征来描述项目式学习，差异之处在于对"项目"的解读和属性界定上，有必要整合多种视角以重新阐释项目式学习的概念。结合项目式学习的核心知识、驱动问题、真实情境、主动性、建构性、自主性、实践性等共性特征，以及国际上所倡导的主流项目式学习，如斯坦福大学的达林·哈蒙德教授[4]，学习科学领域的克拉斯[5]和巴克教育研究所等强调的素养时代项目式学习的关键特征；如核心知识的理解，在做事中形成专家思维，引发跨情境的迁移。在新时代背景下，我们将项目式学习的内涵具体理解为：新时代素养视角下的项目式学习是指在一段时间内，学生对与学科或跨学科有关的驱动性问题进行深入持续的探究，调动知识、能力、品质等创造性地解决新问题，形成公开成果，对核心知识和学习历程产生深刻理解，并能够在新情境中进行迁移。[6]值得注意的是，项目式学习的内涵具有整体性，无论是称之为"项目课程""项目教学""项目学习"或"项目"等，还是强调其中的

---

[1] 杨明全. 核心素养时代的项目式学习：内涵重塑与价值重建［J］. 课程·教材·教法，2021，41（2）：57-63.

[2] Chen J，Kolmos A，Du X. Forms of implementation and challenges of PBL in engineering education：a review of literature［J］. European Journal of Engineering Education，2020（4）：90-115.

[3] 张文兰，李梦雪. 基于系统性文献评价法的项目式学习内涵与有效性释要［J］. 电化教育研究，2023，44（2）：121-128.

[4]〔美〕琳达·达林-哈蒙德. 高效学习：我们所知道的理解性教学［M］. 冯锐，等，译. 上海：华东师范大学出版社，2010：9.

[5]〔美〕约瑟夫·S·克拉斯克，菲莉丝·C·布卢门菲尔德. 基于项目的学习［A］. R. 基思·索耶. 剑桥学习科学手册［C］. 徐晓东，译. 北京：教育科学出版社，2010：318.

[6] 夏雪梅. 在学科中进行项目化学习：学生视角［J］. 全球教育展望，2019（2）：3-14.

某一个内涵属性，都不能忽视其他内涵以及与各内涵之间的相互关联。此外，将项目式学习作为一种学习方式，而不是将其作为一门独立课程，更有助于学校从整体上围绕系列项目主题建构统整、立体、开放的课程体系，推动学校学与教方式的变革。

二、新课标背景下项目式学习的价值意蕴

项目式学习作为新时代培育核心素养的一种重要方式得到普遍重视，对世界各国的课堂教学、课程改革产生了极大的影响，深化了我们对项目式学习有助于发展学生核心素养的认识。从认知视角来看，项目式学习是一个问题解决的过程，以专家技能的形成为主线，以问题为驱动、制品为产出，在解决问题的过程中学习者经过同伴交互、个体反思和建模三种认知活动相互促进，实现认知图式的完善与发展，培养学习者沟通合作、批判创新、问题解决等高阶认知能力。[1]然而，目前很多中小学教师将大量的精力投入在项目实施上，对项目式学习所要承载的目标和育人价值关注较少，出现了部分本末倒置的现象。[2]鉴于"核心素养"作为当前全球教育改革中的重要议题，而且我国新课程和新课标（双新）明确要求，"发展学生核心素养以及学科核心素养"，我们有必要再次从方法论和育人价值等方面进一步深入讨论新时代背景下项目式学习的价值。[3]

（一）为新课标落地提供育人方式的选择

在新的历史时期，创新人才的培养和核心素养的提出对中小学校的育人方式变革带来了一定挑战。我国新课标凸显了以"以学生为中心"的价值理念，强调开展综合性的教学活动和"综合学习"，彰显了新时代背景下教与学方式的变革和综合学习方式全面进入我国课程改革的场域。而项目式学习作为一种综合性、整合性的学习方式，为新课标落地提供了符合时代要求的育人方式选择。

首先，项目式学习促进新课标育人理念的落实。在新课标中，多次强调

① 李梅.认知视角下的项目化学习解析［J］.电化教育研究，2017，38（11）：102-107.

② 滕珺，杜晓燕，刘华蓉.对项目式学习的再认识："学习"本质与"项目"特质［J］.中小学管理，2018（2）：15-18.

③ 杨明全.核心素养时代的项目式学习：内涵重塑与价值重建［J］.课程·教材·教法，2021，41（2）：57-63.

"以学生为中心"的教育理念，要求教学过程中注重学生的参与、体验和实践。而项目式学习是一种"以学生为中心"的教育理念，充分尊重学生的主体地位和作用，通过让学生在真实的问题情境中主动探索、尝试和反思，促进学生的自主学习和合作学习，激发学生的学习兴趣和动力，不仅有助于学生对知识的深入理解和应用，还能培养学生的创新思维和实践能力。同时，新课标也强调课程的综合性、实践性和结构化，加强课程内容的内在联系，探索主题、项目、任务等内容组织方式，要求学生在解决问题的过程中综合运用不同学科的知识，强化实践性要求。而项目式学习关注学科核心概念和跨学科学习，让学生在探究、实践中综合运用所学知识，促进学科之间的融合，形成大概念体系，有助于打破学科之间的壁垒，形成整体性的思维方式和知识体系，培养学生的创新能力和解决复杂问题的能力。因此，项目式学习与新课标的育人理念高度契合。

其次，项目式学习促进新课标学习方式的落实。在新课标中，首次提出秉承核心素养导向的"综合学习"，从过去课程改革关注"学习内容"向关注"学习方式"转型，凸显了学习方式变革的综合学习理念的全面渗透。所谓"综合学习"，代表了一种新的教育变革价值观，其实质是"联结"引领下的学习方式变革，表现为学科内的整合学习、跨学科主题学习和综合课程的学习三种具体的类型，以进一步加强课程内容与学生经验、社会生活的联系，强化了学科内知识整合、跨学科统整和跨学段联动。要进行综合学习，关键是要打破"从学科知识点入手"的学习方式，改为从"问题"或"主题"入手进行学习。而项目式学习强调综合性和实践性，可以实现综合学习的学习目标，打破了以往教学中存在的知识间割裂、知识与经验间割裂和知识与学生自我间割裂的问题，从而实现核心素养统领的知识的联结、知行合一和学思结合。因此，项目式学习深度体现新课标的"综合学习"的精神。

最后，项目式学习促进新课标教学方式的落实。在新课标中，"课程实施"的"深化教学改革"部分明确提出，要"积极开展主题化、项目式学习等综合性教学活动，促进学生举一反三、融会贯通，加强知识间的内在关联，促进知识结构化"，各学科课程标准也提出用项目的方式实施教学。此外，在《基础教育课程教学改革深化行动方案》的第二部分"教学方式变革行动"中，再次强调"落实课程方案和课程标准，全面推进教学方式变革"，并提出着力实施教学改革重难点攻坚，聚焦核心素养导向的教学设计、学科实践（实验教学）、跨学科主题学习等教学改革重点难点问题，探索不同发展水平地区和学校有效推进教学改革的实践模式。而项目式学习是基于学科又超越学科的综合性学习，是一种与真实世界和生活实际紧密联系的学习模式①，正处于核心素养取向的全面深化阶段。可以说，用项目式学习的方式实施国家课程成为新课标落地的一种重要选择，以深层次、系统性改变学生的常态学习体验和经历②，体现出的方法论特征有助于全面推进基础教育课程改革育人方式的转型。

（二）为发展学生核心素养提供重要载体

当今时代的课程改革是以发展学生的核心素养为追求的，世界各国也逐渐建立起以学生核心素养为中心的新课程体系。我国在新课标中明确提出并反复强调项目式学习的重要性，全面推进学习方式变革，提升整体育人能力，实现学生的核心素养养成和高阶思维发展，指向深度学习的发生和综合能力、跨学科能力。项目式学习的本质是以专家技能的获得为主线，围绕问题和制品两个核心要素，通过同伴交互、个体反思和建模三种探究活动实现认知图式的发展。可以说，项目式具有建构性、综合性和创新性的特征，是实现核心素养目标的必然诉求，有助于促进学生综合素养的发展。

其一，项目式学习一种建构性的学习方式，有助于实现深度学习。深度学习意味着学生通过整合和加深浅层的、基础性的知识而实现更高层次的认知和思维发展，把零散的概念通过深度加工形成具有内在关联性的"大概念"和知识群，这是所有学习活动应该追求的境界。而项目式学习鼓励学生主动探索、发现问题并解决问题。这种学习方式强调学生的主动性和自主性，使学生能够积极参与到学习过程中，从而更深入地理解和掌握知识。其二，项目式学习通常围绕真实世界中的问题进行。通过解决这些问题，学生能够将所学知识与实际情境相结合，形成更深层次的理解和应用，在做事中形成专家思维，引发跨情境的迁移。这种学习方式有助于培养学生的批判性思维和问题解决能力。其三，项目式学习要求学生不断反思自己的学习过程、策略和成果。通过反思，学生能够更好地监控和调整自己的学习行为，有助于培养学生的元认知能力，

① 桑国元，王佳怡.项目化学习在幼儿园活动中的实施［J］.教育理论与实践，2021（26）：61-64.

② 夏雪梅.国家课程的项目化学习：高质量的分类探索［J］.上海教育科研，2023，（3）：31-36.

即对自己认知过程的认知和控制能力。其四，项目式学习通常以小组合作的方式进行。在小组合作中，学生需要相互协作、交流想法、分享资源，共同完成任务。这种合作与交流的过程有助于学生相互学习、取长补短，从而更深入地理解和掌握知识，也有助于培养学生的沟通能力和团队协作精神。可以说，项目式学习通过其独特的教学理念和实施方式，强调学生的主动性、真实情境中的问题解决、跨学科整合、反思与元认知以及合作与交流，这些要素共同促进了学生对知识的深入理解和应用，有助于实现从"讲授"到"建构"的转变，为学生的深度学习发生奠定基础。

项目式学习是一种综合性的学习方式，有助于促进综合能力的提升。项目式学习强调以学生为中心，注重跨学科的知识整合与运用，让学生在真实的问题情境中主动探索、尝试和反思，有助于培养学生的创新思维、实践能力、团队协作能力等综合能力。其一，项目式学习通常涉及多个学科领域的知识和技能。学生在完成项目的过程中，需要将不同学科的知识进行融合和应用。这种跨学科的学习方式有助于打破传统学科之间的壁垒，使学生从多个角度、多个层面去理解和解决问题，从而提升学生的综合能力。其二，项目式学习强调实践性和综合性。在学习过程中，学生调动认知、动作、情感等多方面参与，进行观察、收集信息、记忆、讨论、设计、制作、汇报展示等学习活动。由此，借助项目式学习，分散的知识得以整合，知识、技能、情感态度等各领域得以打通，学生综合能力的提升就有了机会。其三，项目式学习以真实问题为驱动，引导学生进行深入探究和解决。在解决问题的过程中，学生需要运用所学知识和技能，进行分析、推理、判断等思维活动。这种问题解决的过程有助于培养学生的批判性思维和解决问题的能力。可以说，项目式学习是培养综合能力的有效途径，而综合能力的提升又有助于核心素养的发展。这三者之间相互促进、相辅相成，共同推动学生形成更全面、综合的能力体系。

其次，项目式学习是一种创造性的学习方式，有助于培养学生的跨学科创新能力。跨学科创新能力是21世纪学习的重要能力，被广泛认为是推动创新的最重要的因素，指"在某些创造活动中，凭借自身个性品质，利用已有的跨学科、跨领域的知识和经验，新颖而独特地解决问题，产生有价值的新思想、新方法和新成果的本领"[1]。跨学科创新能力作为一种复杂的综合性问题解决能

---

[1] 占小红，徐冉冉，符吉霞，宋蕊. 工程实践活动影响中学生跨学科实践创新能力的实证研究 [J]. 教师教育研究，2019，31（2）：65-74.

力，是在多学科融合背景下，对创造性思维、发现及解决问题的能力等方面的培养。而重视创造性的项目式学习关注"评价"与"创造"层次，是一种强调跨学科创造能力的重要学习方式。[①]一方面，在项目式学习中，学生是积极的探索者，不仅要接受教师所讲授的知识，而且要消化并积极应用学科或跨学科知识解决真实问题，由此发现知识的本质并建构新的意义，是培育学生跨学科创新能力的重要抓手。另一方面，跨学科创新能力包含构思问题、跨学科知识认知、方案实施（创建模型或原型）、收集分析与解释数据、交流与评价、优化设计等能力要素。而项目式学习是一个通过问题解决实现知识技能获取与迁移的过程，让学生在真实情境中，进行积极的认知活动从而引起概念的转变，实现与已有经验体系的融合；在问题解决过程中，获得生成假设、使用探究策略、形成问题、评价信息和做出决策等。可以说，跨学科创新能力的核心要素与项目式学习的目标和过程要素相一致。此外，项目式学习强调跨学科的知识整合、真实情境的挑战性问题、自主性与合作性的学习环境以及反思与实践的结合等，这有助于激发学生的创新思维、批判性思维和问题解决能力，为学生在未来的学习和职业生涯中应对复杂问题提供有力的支持。可以说，项目式学习是培养跨学科创新能力的重要方式，使学生的知识转化与创造能力在内化、社会化、组合化、外化的过程中得到不断的增强。

结合上述分析，随着我国教育改革的不断深入，我们已经触及了改革的"深水区"，面临着素质教育发展中的诸多难题。这些难题的解决，亟须我们在学习观和方法论上取得突破。而项目式学习，作为一种富有综合性、创新性和实践性的学习方式，为新课标落地提供了育人方式的选择，也为发展学生核心素养提供了重要载体。站在新时代背景下，重建项目式学习的时代内涵与育人价值，为新时代背景下基础教育的高质量发展提供了新的思路和选择，对我国基础教育课程改革的深化发展具有重要意义。当前，中国基础教育发展已达到历史高位，结合学生核心素养提升和创新人才培养的时代新要求，我国中小学项目式学习发展也逐步进入系统落地、高质量发展的新阶段。因此，中小学校有待进一步积极探索、深入实践项目式学习的新理念和新方式，充分认识与理解项目式学习、广泛探索与实践项目式学习、深入研究项目式学习的适应性

---

① 贺慧，张燕，林敏. 项目式学习：培育核心素养的重要途径［J］. 基础教育课程，2019（6）：7-10.

问题，这些是核心素养新时代背景下，提升项目式学习育人质量和促进项目式学习高质量开展的必由之路。

三、"智能+"时代下项目式学习的发展机遇

"智能+"时代以人工智能、大数据、云计算等技术为标志，正在深刻改变社会的生产、生活和学习方式。随之而来的是对教育领域提出了更新、更高的要求：不仅要向学生传授知识和技能，更要重视学生的综合素质培养、创新能力激发和终身学习能力的形成。新时代的育人要求不再局限于书本知识的掌握，而是更加强调学生对知识的理解、应用和创造。学生需要具备解决复杂问题的能力、批判性思维、跨文化交流能力以及团队合作精神。这些都是未来社会所急需的关键素养和能力。因此，传统的填鸭式教学已经难以满足现代社会对人才的需求，教育必须从教师中心转向学生中心，从知识传授转向能力培养，从单一学科学习转向综合跨学科教育。这种变革要求教师不仅是知识的传递者，更是引导者、促进者和设计者，为学生提供个性化、探究式的学习经历。

项目式学习在这一进程中具有独特的价值。它通过真实世界的问题来组织学习内容，鼓励学生主动探索、合作交流、反思总结，使学生在解决实际问题的过程中发展关键素养和综合能力，让学生能够跨越学科边界，将不同领域的知识和技能应用于具体情境，提升解决真实复杂问题的能力。同时，项目式学习的灵活性和开放性为满足个体差异化的学习需求提供了可能，有助于每个学生发掘自身潜能，实现全面发展。可以说，项目式学习是"智能+"时代教学方式变革的重要实践形式，对于促进新时代教育目标的实现和创新型人才的培养具有重大意义。通过项目式学习，可以有效地培养未来社会所需的创新者、思考者和领导者，为他们在未来的世界中取得成功打下坚实的基础。"智能+"时代为项目式学习提供了前所未有的新机遇。

（一）促进项目式学习精准个性

"智能+"时代的项目式学习更加精准和高效。随着大数据、人工智能等技术的发展，教育者可以通过收集和分析学生的学习数据，如作业成绩、在线互动记录以及学习习惯，深入理解每个学生的学习特点和需求。这种数据的深度挖掘和应用，使得项目式学习能够更好地适应每个学生的个性，实现真正的个性化教学。在项目式学习中，教师可以根据数据分析结果设计符合学生兴趣和能力水平的项目任务，提供定制化的学习资源和指导。例如，对于在某个领

域表现出浓厚兴趣的学生，教师可以提供更多相关领域的探究机会；而对于在某些技能上需要加强的学生，教师可以设计特定的练习项目来帮助他们提升。通过这样的个性化项目，不仅能够提高学生的学习动力和参与度，还能促进他们在特定领域的深入学习和创新。同时，智能技术还能够实时跟踪学生的学习进度，及时给出反馈和建议，帮助学生调整学习策略。学生也可以根据自身的数据反馈进行自我评估，明确自己的长处和不足，从而有针对性地改进学习方法，提高学习质量。总之，在"智能+"时代，数据驱动的个性化学习为项目式学习提供了全新的发展机遇。它不仅能够帮助学生获得更加贴合个人需求的教育体验，而且有助于激发他们的学习热情，培养其自主学习和终身学习的能力，最终形成适应未来社会需要的创新人才。

（二）推动项目式学习跨域协同

"智能+"时代的项目式学习得益于技术整合，极大地增强了跨域协同的能力，这为学习者带来了全新的机遇。随着信息技术尤其是互联网、云计算和人工智能的发展和应用，传统的时间和空间界限被打破，从而允许来自不同地区、不同文化背景的学生和教师在虚拟环境中共同合作，参与到同一个项目当中。其一，云平台使得资料共享和信息交流变得无比便捷。学生可以实时访问到位于世界各地的数据库和资料库，获取他们所需的信息。同时，通过在线协作工具，如文档共享与编辑、视频会议，团队成员能够及时沟通想法，共同制订计划，分工合作解决问题。这种即时的交流和协作模式有效地提高了团队的工作效率，也加强了团队成员间的联结。其二，人工智能和大数据技术的应用为项目式学习提供了强大的分析支持。它们可以帮助学生处理大量复杂的数据，识别出模式与洞见，以数据驱动的方式优化项目方案。此外，通过机器学习算法，系统可以根据学生的互动和反馈不断调整学习内容和难度，实现个性化的教学支持。再者，虚拟现实（VR）和增强现实（AR）技术的引入，为项目式学习增添了沉浸式体验的元素。通过这些技术，学生可以在模拟的环境中亲身体验到远程的场景，如同置身于项目发生地。这不仅增强了学习的趣味性和现实感，还促进了学生对项目的深入理解和投入。最后，"智能+"时代的项目式学习还鼓励学生主动探索和利用开源资源和社区。全球范围内的专家、学者及其他学习者的知识与经验可以通过网络社区共享，为学习者的探究活动提供灵感和帮助，使项目式学习成为促进知识传播和创新的有力工具。

（三）提升项目式学习育人成效

"智能+"时代为项目式学习带来了前所未有的新机遇，特别是在培养创新人才方面展现出强大的潜力。这个时代的标志性特征包括数据的大爆炸、人工智能的广泛应用以及互联网的全面渗透，它们共同构建了一个高度互联互通和智能化的学习环境。在这样的背景下，项目式学习不再受限于传统的教育模式，而是演变成一个充满活力、强调实践、跨学科融合的教育策略。通过这种学习方式，学生能够直接面对真实世界的问题，运用各种智能工具和平台，获取和分析数据，提出并测试解决方案。这不仅锻炼了他们的批判性思维和解决问题的能力，更重要的是培育了他们的创新意识和协作精神。"智能+"时代的项目式学习鼓励学生主动探索、自由发挥，不受既定课程框架的限制。学生需要学会如何自主地管理自己的学习进程，设定个人目标，这无疑有助于他们成为终身学习者。同时，通过参与跨学科的项目，他们能够理解和整合不同领域的知识，从而形成全面而深入的视角，这正是创新人才所必需的。此外，"智能+"时代的技术赋能让地理上相隔万里的学生和教师能够实时协作，分享想法，共同解决问题，这种跨域协同的经历极大地拓宽了学生的国际视野和文化敏感度。总之，在"智能+"时代下，项目式学习以其独特的教学理念和方法，为培养适应未来社会需求的创新人才提供了强有力的支持，为学生提供了培养创新能力的强大平台。它不仅促进了学生技能的全面发展，帮助他们学会整合不同学科的知识，以适应未来社会对复合型人才的需求，还提升了学生的解决复杂问题的能力，为他们将来在职业道路上持续创新和成功奠定了坚实的基础。

在"智能+"时代的浪潮下，项目式学习有广阔的发展未来。这个时代以数据驱动的精准个性化、技术赋能的跨域协同以及育人成效的全面提升为标志，为传统教学模式注入新的活力。第一，精准个性化是"智能+"时代下项目式学习的一大亮点。利用大数据分析和人工智能，教育者能够准确把握每个学生的学习需求和偏好，并据此设计符合个体差异的项目计划。这使得学习内容和路径能够灵活调整，最大程度地发挥每个学生的潜力，实现真正意义上的因材施教。第二，推动跨域协同则是项目式学习的另一大优势。随着云计算和互联网技术的普及，地理位置不再是学习交流的障碍。学生可以跨越时空限制，与全球各地的同伴一起协作解决问题，共同完成项目。这种跨界合作不仅锻炼了学生的团队协作能力，也增强了他们适应多元文化环境的能力，为他们未来在全球化舞台上发挥作用打下基础。第三，提升育人成效是"智能+"时代项目式学习的核心目标。通过结合虚拟现实（VR）、增强现实（AR）等技术，项目式学习能够提供沉浸式的学习体验，使理论知识与实践操作相结合，加深学生的理解和记忆。同时，这种互动性和参与性的学习方式更能激发学生的学习兴趣和创造力，从而提高整体的教育效果。展望未来，"智能+"时代的项目式学习将继续深化这些创新机遇，引领教育改革的新方向。随着技术的不断进步，项目式学习将更加智能化、个性化、和多元化，成为培养未来社会所需创新型人才的重要途径。教育者需要不断探索和实践，将先进的教学理念和信息技术融入项目式学习中，以培育出能够适应并引领未来变革的学生。

第二章

如何做好素养导向的项目式学习体系化实践

第一节 理论构建：学校项目式学习生态体系

21世纪，随着课程改革的深入，课程变革与实施进入复杂性、系统性的深化阶段。同时，也面临着全面提升学生核心素养、推动教学模式与方法创新、提升课程数字化水平、保障课程高质量实施、推动课程治理系统化等新要求、新挑战。面向核心素养的项目式学习逐渐成为我国助力新一轮课程改革与发展学生核心素养的重要途径，是世界基础教育领域的基本教学方式和课程取向之一。随着近些年全球范围内对项目式学习研究和实践的深入，项目式学习经历了从关注"有效实施"和"评价设计"向关注"核心要素"和"师生素养"转变的体系化构建阶段。当前，研究者越来越认识到学校项目式学习生态体系建构以及系统中的主体要素——"人"（如校长、教师和学生）的素养提升的重要性，这成为当前我国中小学项目式学习关注的焦点。但从已有研究来看，单纯探讨项目式学习在学科教学实施应用的研究还占据主流，亟须从生态学视角出发，构建指向高质量项目式学习生态体系。这将有助于学校进一步理解新时代背景下社会发展对教育改革和人才培养需求的变化，厘清教育理念和学习方式变革与时代发展的关系。

生态系统理论由布朗芬布伦纳（Bronfenbrenner）于1979年提出[1]，旨在以生态系统的要素关系隐喻各主体与环境之间的复杂关系，强调"主体之间相互依赖"和"主体与环境的相互作用"，按层次结构分为微观、中观和宏观三个

---

[1] 刘杰，孟会敏.关于布朗芬布伦纳发展心理学生态系统理论［J］.中国健康心理学杂志，2009，17（2）：250-252.

层面的生态系统。其中，微观层次侧重于分析系统中的个体行为；中观层次强调某种集合思想，形成面向用户的解决方案；宏观层次往往站在国家或更高层次上，关注系统的结构性问题，为系统的创新活动营造良好外环境。[①]教育生态学植根于生态系统理论，逐渐融合教育学、社会学、心理学等形成一门交叉学科，关注从生态学视角出发对教育领域的问题进行阐释，如教师专业发展问题、课程建设问题、学校管理、学生发展，解决了教育领域出现的多重问题。这在一定程度上意味着生态学在指导教育发展中发挥着越来越重要的作用。随着我国中小学项目式学习进入系统化发展阶段，有必要从生态学的视角出发，解构学校项目式学习生态要素和作用关系，促进项目式学习的高质量发展，更好地实现素养与人价值。

学校项目式学习生态体系是课程改革的重要文化场域，是学校整体育人生态的核心组成部分，确保形成持续的课程改革活力，改进学生素养发展的机制。同时，这一过程也促使教师角色转变，从知识传递者成为引导者和协作者，进一步推动学校育人方式的系统化转型。我们以生态学视角，从宏观、中观和微观三个角度对学校项目式学习生态进行分析，回应"做什么"和"如何做"等核心问题。生态学视域下，学校项目式学习生态可以看作由多种生态因子通过相互联系、相互作用组成的复杂生态系统。借鉴生态系统的层级结构，结合不同生态因子间的相互作用、交流的密切程度，可将该系统由内而外分为人员层、项目式学习层、学校层、社会层四个层面，分别对应本体、微观系统、中观系统和宏观系统（图2-1）。

其中，本体是学校项目式学习生态体系中的核心要素，既是项目式学习开展的出发点，也

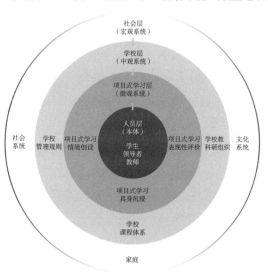

图2-1　学校项目式学习生态实践的理论框架

---

① 赵放，曾国屏.多重视角下的创新生态系统［J］.科学学研究，2014，32（12）：1781-1788.

是落脚点，包含学生、领导者与教师的知识、能力和素养等，如学生终身学习力、校长课程领导力、教师教学胜任力，这是面向核心素养的项目式学习开展的基础。微观系统是项目式学习层，具体落脚到关键性的项目式学习策略，如情境创设、表现性评价、具身沉浸，这是面向核心素养的项目式学习开展的基点。中观系统对应学校层，学校系统化的项目式学习组织氛围，如课程体系、管理规则、教科研组织，是面向核心素养的项目式学习开展的基本保障。宏观系统对应社会层，家庭、学校与社会协同育人之间应当建立协同关系与协同机制，实现互动联结，这是面向核心素养的项目式学习开展的外部保障。各层级要素以及之间的协同联动将成为学校项目式学习生态韧性发展的关键。在第二节和第三节将围绕这些关键要素的内涵价值与实施机制，为面向核心素养的项目式学习高质量发展提供理论基础，助力新课标落地和学生核心素养的提升。

第二节　实践聚焦：重点做什么

在加快建设高质量教育体系、全面提高创新人才自主培养能力的背景下，我国核心素养本位的基础教育课程改革进入系统深化阶段，需要学校课程体系全面创新和变革。课程是教育思想、教育目标和教育内容的主要载体，是学校教育教学活动的基本依据，是学校的育人蓝图，在人才培养各环节具有统领作用。[①]而学校的课程改革是一项复杂的系统工程，具有动态复杂性的特点，需要多方面力量的积极参与和支持。[②]项目式学习在中小学校的课程改革开展中亦是如此。20多年来，项目式学习已从部分地区、学校先行试点到全国范围内推广，国家课程的项目式学习已成为落实素养育人取向的新课程落地的关键方式，带动了一批中小学校的整体变革，取得了显著育人成效，为全面深入推进新课标落地和素质教育发挥了重要作用，经历了从关注设计与实施向关注核心要素和人的素养发展转变的系统深化阶段。但从已有研究来看，单纯探讨项目

---

① 柳夕浪.深化基础教育课程教学改革的战略行动［J］.人民教育，2023（Z3）：92-94.
② 廖辉.基础教育课程改革：中国经验与治理逻辑［J］.中国教育学刊，2021（8）：61-66.

式学习在学科教学中的实施应用的研究还占据主流，亟须从"人"这一主体性视角出发，有效提升校长的课程领导力、持续发展教师的教学胜任力，深度培养学生的终身学习力，为构建高质量的项目式学习生态赋能。

基于此，我们立足学校项目式学习生态体系的核心——"本体"子系统，构建了包含校长课程领导力、教师教学胜任力和培养学生终身学习力要素的三力模型（图2-2），以赋能学校项目式学习生态体系可持续高质量发展，为学校面向核心素养的项目式学习落地提供重要保障，推动项目式学习在中国基础教育领域的根植，为新时代面向核心素养的项目式学习的高质量发展奠定理论与实践基础。

图2-2 赋能学校项目式学习生态体系的"三力模型"

其中，校长课程领导力是深入落实学校课程改革、建设学校课程体系的关键，也是学校课程发展、教师专业发展与学生素养提升的重要保障。而如何确立中小学校项目式学习中教师和学生的"主角"身份，如何让他们演绎好自身角色并发挥其应有活力，如何真正发展课堂教学场域下的师生素养及其在教学活动中的相互作用，如何促进教师专业自主发展和学生自主学习并激发出彼此"教"与"学"的活力，正是赋能学校项目式学习生态"三力模型"迸发创新活力的关键，这背后折射出校长如何开展项目式学习的课程体系顶层规划的智慧，反映出教师如何开展项目式学习教学的创新思维，也同时孕育并发展着学生的终身学习力，这将为深入落实新课标的素养育人理念保驾护航。

一、有效提升校长课程领导力

校长在推动课程改革和构建高品质的学校课程体系中扮演着重要角色，既是学校课程发展的引领者，也是促进学校创新发展和转型变革的核心。提升校长的课程领导力，能够确保学校课程体系不断适应社会变化，满足未来社会对学生能力和知识的要求，同时支持教师的专业发展和职业成长，促进学生核心素养的提升，满足各类主体对教育的需求。[①]而从项目式学习视角探讨校长

---

① 吕立杰，丁奕然. 中小学校长课程领导力构成要素及作用机制研究——基于PLS-SEM的实证研究［J］. 华东师范大学学报（教育科学版），2022，40（3）：20-29.

课程领导力的内涵及其发展路径，具有促进学校课程理论创新和推动课程改革实践探索的双重价值。[①]项目式学习视域下聚焦校长课程领导力有效提升这一重要命题，是推动学校课程改革深入实施、完善三级课程管理制度、建设高质量课程体系、培育学生核心素养的动力来源，也是推动学校创新发展和转型变革的关键。课程领导力一般涵盖对课程变革的引领、课程整合规划以及学校课程评价体系的完善。学者们对于校长课程领导力的核心要素有着不同的解读和分类，这取决于他们的研究视角。一般而言，课程领导力包含了课程的组织规划、执行管理，以及评估与反馈等关键组成部分。[②]这些元素是构成有效课程领导的基石，它们协同作用，确保学校课程的顺畅运行和持续进步。以项目式学习视角探讨校长的课程领导力，能够丰富校长课程领导力的理论内涵。

首先，凸显课程领导力的专业属性，强化项目式学习的定位，注重课程愿景的引领。课程体系是学校课程决策的价值选择和目标定位，反映的是学校课程的哲学立场和未来想象，是校长课程领导力专业性的集中表现。可以说，项目式学习课程体系的构建是学习校长课程领导力的核心内容，是校长在项目式学习领域发挥课程领导力的关键要素。一个清晰、富有远见的课程体系能够指引学校教学活动的方向，确保教育活动与学校的长期目标和教育理念保持一致。校长在这个过程中扮演着关键角色，他们需要运用自身的专业洞见来构建、传递并实现这一愿景，从而提升学校课程的整体育人效果。

其次，兼顾课程领导力的行政属性，重视项目式学习课程规划的统筹。校长的课程领导是在学校组织体系框架下开展的，对学校发展具有整体性影响。从这个意义上来说，以项目式学习作为学校课程改革的关键方式，校长的项目式学习课程领导力即校长根据学校育人目标进行项目式学习的课程体系创新和顶层规划的战略布局。设计项目式学习课程的宏观规划对于实现学校的发展战略和促进整体课程改革具有至关重要的作用。在这一过程中，校长需要充分发挥行政管理资源的效能，完善学校课程、教学、教研、科研等相关制度，积极实施以"合作、授权、共享"为核心的分布式领导策略。这种全面的课程领导方法将有助于营造一个协同的学习和教学环境，从而有效实现学校的课程目标

① 王牧华，邱钰超.学习机会视域下校长课程领导力的提升路径［J］.中国教育学刊，2022（10）：81-86.

② 高博铨.课程领导的理念与策略［J］.教育研究月刊，2001（89）：59-65.

和发展愿景，为学生提供富有成效的学习体验，并支持教师的专业成长。

再次，体现课程领导力的变革属性，重视对项目式学习的转化，强调项目式学习课程实施的创新性，实现学校项目式学习课程创生的"自在自为"发展状态。①学校课程创生是绽放"解放理性"的期盼，需要学校建构与完善项目式学习课程创生的内部"能量系统"的同时，也需要学校建立健全课程创生的外部"支持系统"。如校长要充分发挥学校自身优势、充分激发课程团队的创造力，在全面、理性审视学校项目式学习课程实践的基础上，驱动组织自主运行，创造性地开展学校项目式学习课程实践。同时，还可以围绕课程实施与创生目标的生成、调整、反馈、评价四大路径，配合实践完善，逐步物化相关研究成果，优化、调整课程内容与实施方式，有助于学校形成内外部资源，借助相关课程创新与发展项目的落实和经验提炼，优化学校项目式学习课程结构，提升课程整体育人效能。

最后，遵循课程领导力的实践属性，强调对项目式学习效果的监测和课程评价的反馈。校长课程领导力并非仅停留在抽象概念或理论认知层面，它更具体地体现于积极的实践活动和深入的实践探索中。可以说，校长的项目式学习课程领导力是推动学校项目式学习课程开发、规划、实施和评估的动力源泉。其中，项目式学习的效果和课程评价在课程领导的整个流程中扮演着关键角色，包括对需求的诊断、对过程的监控以及对结果的反馈等。建立一个多元化的评价体系，明确评价的方向，开发相应的评价工具，完善评价方法，并将评价结果进行反馈，这些都是促进实践向前发展的重要手段。通过这样的评价机制，校长能够更准确地把握课程的实际成效，从而对课程实践进行必要的调整和优化，确保教学活动能够高效地响应学校的教育目标和学生的学习需求。

总之，校长的项目式学习课程领导力具备课程建设的任务指向与育人指向的双重目标。校长的课程领导行为不仅是对外的教学管理表现，也是其内在认知与意识觉醒的体现，通常是在"觉醒—认知—行动—反思"这一连续的实践过程中逐渐形成的。从管理学的角度，使用"投入—产出"模型来理解，校长的项目式学习课程领导力是校长基于对课程深刻洞察后的一系列实践，包括规划、管理和评估等，而这些都旨在实现有效的育人效果和学校发展，促进学校

---

① 沈建民.教师课程创生"三状态"的哲学思考［J］.教育发展研究，2014，33（2）：57—61.

课程全面进步和有效教学的实施，以及教师的职业成长和学生的发展，推动学校育人文化全面转型。因此，项目式学习视域下中小学校长课程领导力的构成要素可以分解为校长在项目式学习方面的课程意识、课程规划能力、课程管理能力、课程评估能力、课程领导效能等，体现在学校课程体系的顶层规划、教师教科研训系统推进、多元评价体系的统筹设计等方面。相关内容的路径突破将在本章第三节中做具体阐述。

二、持续发展教师教学胜任力

随着21世纪教育目标的更新，培养学生的创新思维、批判性思考、解决问题能力及团队合作精神等核心素养已成为全球教育界的共识。项目式学习作为实现这些目标的有效途径，强调通过解决实际问题或完成具体项目来促进学生对知识的建构与技能的发展，是一种深度、主动和协作的学习方式。在这一过程中，教师的角色发生了深刻转变，他们不再仅仅是信息的传递者，而成为引导者、合作者和支持者的角色，这对教师的教学胜任力提出了全新的要求。而教师所具备的教学胜任力是项目式学习高质量实施、取得可观教育成效的先决条件。项目式学习教学胜任力较高的教师，一方面可以设计并实施高质量的项目式学习，从而促使学生更深入地理解和应用所学内容，增强学习动机和参与度，进而提升整体教学效果；另一方面，也有利于推动教师不断反思自己的教学实践，拓展学科知识与跨学科视野，促进其个人专业成长与发展。因此，在项目式学习中持续发展教师的教学胜任力既是教育改革发展的必然要求，也是提高教育质量和促进教育公平的重要手段，对于建设高素质的教师队伍和培养符合时代需求的新型人才具有深远意义。

目前较多研究关注到了如何通过项目式学习培养学生的核心素养与高阶能力，却较少讨论教师在设计与实施项目化学习的过程中应当发展的素养与品质。而教师所具备的教学胜任力是项目式学习高质量实施、取得可观教育成效的先决条件，反之，高质量的项目式学习也需要以教师自身的素养发展水平作为内在基石。教师在开展项目式学习的过程中也经历着身份与工作方式的转变，有必要从教师视角出发，关注项目式学习中教师的教学胜任力。一般而言，教师教学胜任力产生并服务于学生的学习需要，是教师能够在恰当的场景中合适地运用的一系列不可分割的整体素养，即知识、能力与态度的综合，它可以体现在课程设计与教学设计、组织、实施、评价及调整等多个环节中。[①]
而专业素养作为教师专业发展提升的主要抓手，指明了教师专业发展的方向，
如信息素养、技术素养、评价素养、反馈素养、跨学科素养、数智素养和信息
化素养。[②]我们借鉴已有的项目式学习教师素养框架[③]，从项目式学习的学习素
养（理念）、设计素养、协作问题解决素养（实施）与评价与反馈素养四个层
面阐述项目式学习中教师教学胜任力的内涵和必要性。

首先，学习素养。学习素养是指教师拥有独立的价值观和判断力，能够
根据当前的需求、条件和资源，将新的情境创新性地转变为自己熟悉的问题，
进而进行知识与意义的再创造。在项目式学习中，教师的学习素养主要体现在
以下三个关键方面。其一，成长性思维是教师学习素养的关键。这种思维方式
使教师在项目式学习中更好地支持学生，培养他们面对不确定性的挑战时的自
信与积极性，进而促进学生的全面发展。其二，实践能力在学习素养中占据重
要地位。项目式学习基于证据的研究逻辑，从实际问题着手，通过观察、调研
和阅读资料等手段寻求解决方案，创造成果，并利用反馈进行持续改进。这种
不断探索的过程体现了学习素养的核心情感和心理素质。其三，能动性在学习
素养中扮演着至关重要的角色。相较于传统的教学模式，项目式学习要求教
师迈出舒适区，投入额外的时间和精力来应对教学中的挑战。在这个过程
中，不仅是知识和情境得到了重新构建，而且教师需要展现创新思维，以
适应教学需求的持续变化。这种主动探索和适应性是有效实施项目式学习
的关键要素。

其次，设计素养。在设计项目式学习时，教师必须兼顾"项目线"和"学
习线"，运用设计思维，精通其核心环节，关注学习的认知发展脉络，深入理
解跨学科的核心概念，并具备整合课程的能力。（1）从核心概念出发。优质
的启发性问题往往与核心概念息息相关，而这些概念并不直接反映在教材或课
标中，而是要求教师超越单一单元和学科边界，挖掘更广泛主题的问题。核心

---

① 王潇晨，张善超. 教师核心素养的框架、内涵与特征［J］. 教学与管理，2020（3）：
8-11.

② 董艳，罗泽兰，杨韵莹，王宇. 教育信息化2.0时代视角下的教师反馈素养研究［J］.
电化教育研究，2021，42（8）：35-42，58.

③ 叶碧欣，桑国元，王新宇. 项目化学习中的教师素养：基于混合调查的框架构建［J］.
上海教育科研，2021（10）：23-29.

概念起到黏合剂的作用，将知识、经验等连接起来，帮助教师聚焦复杂性问题的解决。为将项目式学习与教学内容有效结合，教师应将其拆解为各学科的核心概念，构建学科概念体系和知识图谱。（2）应用设计思维。在项目式学习的设计过程中，教师可能会面对诸多挑战，如课程规划、教学文化塑造及支持架构建设。掌握设计思维的策略能够帮助教师更有效地解决这些难题。可以说，通过运用设计思维，教师能够将复杂的教学内容和学生的认知发展紧密结合，创造出既激发学生思考又满足学科要求的学习体验，更好地整合和构建知识体系，促进学生的深度学习，从而进一步提升项目式学习的有效性和实践价值。

再次，协作问题解决素养。项目式学习中的教师协作问题解决素养，包含组建团队与整合资源、为学生提供支持、使用数字技术三个方面。（1）要组建团队并整合资源。教师可以独立实施项目式学习，并通过交流学习成果与经验，扩大项目式学习在校园内的影响，提高个人声誉和得到广泛认可。这样逐步发展成一个专业的项目式学习实践社群。同时，通过引入校外和跨领域的资源，共同促项目式学习的发展。（2）为学生提供支持。良性的师生关系是协作学习的基石。教师须有能力培养协作的课堂文化，让学生在互相协助中进步，并重视同伴的意见和经验。在项目式学习过程中，学生之间的理解水平和学习进度不一是必然的。这时，教师要提供情感支持和必要的教学支架，如进探究、评估知识、深化概念、塑造文化[1]，确保每个学生都能收获积极的学习体验，从而在学习中取得成长。（3）使用数字技术。为增强项目式学习的实施效能，教师需要有效利用数字化的技术工具。数字技术拓宽了学习的时空边界，教师对人工智能、自适应学习和先进数字环境的熟练程度，将显著影响项目式学习的效率和质量，如跟踪学习进度和提供个性化指导。

最后，评价与反馈素养。教师评价素养的关键在于建立明确的评估准则，重视评估的公正性和道德标准，运用多元化的评估工具，并且具备从多方面进行评价的意识。通过有效的评价，教师可以促进项目的持续改进。（1）教师需要明确评价的目的，利用评价指导学生进行学习和自我反思。这种评价意识帮助学生理解如何通过评价来提升自己的学习成效。（2）教师必须设计表现性评价任务，这要求教师了解学生之间的学习差异，制定多元而灵活的评价标准，并具备创建表现性评价任务的技巧。这样的评价能更真实地反映学生的学习表

---

① 夏雪梅.项目化学习中"教师如何支持学生"的指标建构研究［J］.华东师范大学学报（教育科学版），2023，41（8）：90-102.

现和进程。（3）面对复杂多变的项目式学习情境，教师应采用适应性强的评价方案，包括选择恰当的评价技术和量规。为全面了解学生在项目式学习中的进展和变化，教师可以运用观察、访谈、视频分析等多种手段。更重要的是，为了真正实现引导学生学习的自我调节、监控与评估，以及促进项目产品迭代的评价目的，教师的反馈素养也十分关键。由于项目式学习的最终产品需要面向公众展示，教师也要引导学生正确地对待不同群体，如同伴、家长、社会人士的评价，并给予相应的反馈。高水平的师生反馈素养能促进师生协同进阶、认知—情感—行为多维均衡促进，推动师生内生动力的发展。

教育改革的一致性确保了基础教育变革与教师教育价值观念的同步更新，而教师素养直接影响学生核心素养的育人效果。尽管项目式学习带来了明显的学习收益，在实施项目式学习时，教师仍面临诸多现实困难，教师需要重新审视自身在项目式学习过程中的角色，并培养相应的能力与策略。项目式学习中的教师教学胜任力充斥着专业性和时代性等特殊内涵，把握这些特殊内涵对于提升教师教学素养、促进教师专业发展具有重大意义。未来有待进一步从"观念—行动—反馈"的态演变视角出发[1]，从纵向连续的视角对教师项目式教学胜任力进行分析，厘清项目式学习中教师教学胜任力的发展与深化过程，多角度引导教师认知项目式学习以培育教师的项目式学习认知力，多途径拓展教师教学实践以提升教师的项目式教学实践力，多渠道深化教师教学反思来提高教师的专业更新力，由此系统发展教师的项目式学习教学胜任力。

三、深度培养学生终身学习力

学生终身学习力是21世纪社会对人才需求的一个重要导向，也是学习者为适应素养时代所必需的能力。如何培养学习者的终身学习力已成为当代社会和新课程改革关注的核心问题。项目式学习作为一种素养育人的学习形态，纳入学生的视角能够使学生更主动地参与学习并为其带来更深度的学习体验，从而有助于学生终身学习力的提升。[2]但有研究表明，并不是所有的学生都适应项

① 张啟胜. 中学教师教学胜任力的内涵要义、逻辑架构与发展路径［J］. 教育理论与实践，2022，42（8）：22-26.

② Larin，H. M.，Buccieri，K. M. & Wessel，J. Students' perspectives on problem-based learning in a transitional［J］. Journal of the Scholarship of Teaching and Learning，2010（3）：128-144.

目式学习，而且当项目式学习进入学科教学中，对于一直在传统讲授式课堂中学习的学生而言，是一种很大的冲击。[①]为了更好地发挥项目式学习在素养育人方面的效能，需要在项目式学习过程中培养学生的终身学习力，它是指一个人在生命的全过程中，持续不断地获取、处理和应用知识的能力，一种自我驱动、自我发展的能力，能够帮助个体适应不断变化的社会环境，实现个人成长和自我价值，体现为学生元认知、学习动机和学习参与等高阶能力。[②]而终身学习力是学生持续学习、适应变化的核心能力，它推动学生在项目式学习中不断探索和创新。在项目式学习中，深度培养学生的终身学习力，加强学生对元认知、学习动机和学习参与的重视，可以实现项目式学习育人价值的内在追求。

首先，元认知。1976年，心理学家弗拉威尔（J.H.Flavell）首次提出"元认知"的概念[③]，认为元认知指个体在认知过程中所形成的知识以及在学习的过程中学习者对所学的知识进行积极主动的管理，对学习行为进行监控，调整学习策略及协调学习行为来达到预期的学习效果的认知过程，由计划策略、监控策略以及评估策略组成。在项目式学习中重视提升学生的元认知，有助于培养学生自主学习的能力，激发学生的主动性与创造性。具体来看，项目式学习强调学生在真实或模拟的情境中，通过探究和解决问题来获取知识与技能。在这一过程中，元认知作为个体对自己认知过程的监控与调节能力，扮演着重要角色。它包括了对学习任务的认知、策略的选择与运用以及对学习效果的评价与反馈，有助于学生形成自我驱动的学习模式，增强学习的持久性和深层次。可以说，项目式学习在提升学生元认知方面发挥着重要作用。一方面，通过参与项目式学习，学生需要在实际问题解决过程中进行自我计划、监控和评估，促使学生主动反思自己的学习策略和认知过程，从而增强元认知意识；另一方面，项目式学习鼓励学生之间的合作与交流，这种社会互动不仅有助于知识共建，还为学生提供了观察他人思维过程和学习策略的机会。通过比较和借鉴，学生能够更全面地认识自己的学习方式，进而调整和优化自己的元认知策略。因此，在项目式学习中，教师应引导学生进行反思和自我调节，培养其元认知

---

① 夏雪梅.在学科中进行项目化学习：学生视角［J］.全球教育展望，2019，48（2）：83-94.

② 李芒，时俊卿.论学生终身学习能力的培养［J］.现代教育论丛，1998（2）：25-27.

③ Flavell J H. Metacognition and cognitive monitoring：a new area of cognitive developmental inquiry［J］. American Psychologist，1979（10）：906-911.

能力，实现深度学习的目标。

其次，学习动机。学习动机是学习科学的重要概念，也是影响学生能否顺利进行项目式学习的至关重要的因素，较高的学习动机有助于促进学生在项目式学习过程中培养自己的终身学习力。[①]（1）兴趣驱动的项目主题选择。在项目式学习中，学生的兴趣是学习的最大动力。教师在选择项目主题时，应充分考虑学生的兴趣和需求，让学生参与到项目的选题过程中。通过调查、讨论等方式，了解学生的关注点，从而确定既有趣又有教育意义的项目主题。（2）实践中的及时反馈。在项目进行过程中，教师应给予学生及时的反馈，让他们了解学习进度和成果。这种反馈应该是具体的、有针对性的，能够帮助学生明确自己的优点和不足。同时，反馈还应该是鼓励性的，能够激发学生的学习热情和自信心。通过及时反馈，学生可以及时调整自己的学习策略和方法，更好地投入项目学习中。（3）成果展示的价值体现。成果展示作为项目式学习的重要环节，其价值不仅在于对学生学习成果的总结和呈现，更在于对学生学习动机的激发和维持。通过这一环节，学生能够将自己在项目实践中所获得的知识和技能进行系统化、结构化的展示。在这个过程中，学生不仅能够感受到自己的付出得到了同伴、教师和其他利益相关者的认可，从而增强自信心和成就感，更能够通过与其他同学的交流和互动，汲取他人的优点和经验，有助于培养学生的批判性思维、创新思维和解决问题的能力，促进学生的终身学习力。

最后，学习参与。学习参与是学生学习和发展领域中的重要概念，其核心是学生在学习与发展过程中的主动性，从结构上可以分为行为参与、情感参与、认知参与和社会参与。[②]其中，行为参与包含了学生的学习行为表现；认知参与包含了学生在学习过程中使用的策略，这些策略引发不同层次的思维活动；情感参与包含了学生在学习中的情感体验。[③]学习参与在项目式学习中至关重要，不仅是学生主动建构知识的关键环节，更是培养其实践能力、创新思维和解决问题能力的重要途径。（1）项目式学习强调学生主体地位，鼓励学生

① 周勇，董奇.学习动机、归因、自我效能感与学生自我监控学习行为的关系研究［J］.心理发展与教育，1994（3）：30-33，15.

② 卢国庆，刘清堂，谢魁.情境投入纵向研究的理论、测量及分析方法的发展研究［J］.远程教育杂志，2023，41（2）：82-94.

③ 郑丽萍.小学生英语课堂学习参与行为与教师课堂管理行为的关系研究［J］.教学与管理，2016（33）：22-25.

积极参与项目设计、实施和评价全过程。这种学习方式赋予学生更多自主权，激发他们的主人翁意识，从而使其更加投入地参与学习。通过自主选择项目主题、制订实施方案，学生能够感受到学习的意义和价值，增强学习动力。（2）项目式学习注重真实情境和问题解决，将知识与实际生活紧密联系。这种学习方式能够激发学生的学习兴趣和好奇心，促使他们主动探索未知领域。在解决问题的过程中，学生需要运用所学知识进行实践操作，这种亲身体验让他们更加深刻地理解知识，提高学习效果。（3）项目式学习倡导合作学习，鼓励学生之间的交流与协作。通过小组讨论、分工合作等方式，学生能够相互学习、取长补短，共同完成项目任务。这种学习方式不仅能够培养学生的团队协作精神和沟通能力，还能够让他们在互动中拓展思维、激发创新火花。可以说，项目式学习通过强调学生主体地位、注重真实情境与问题解决以及倡导合作学习三个方面，有效地促进了学生的学习参与，有助于培养具有创新精神和实践能力的高素质人才，提升学生的终身学习力。

在当前快速变化的社会背景下，教育不再仅仅是知识的传递，而是更侧重于学生终身学习力的培养。项目式学习作为一种以学生为中心的学习方式，能够激发学生的学习兴趣，增强学习动机，提高学习的主动性和参与度，从而深度培养学生的终身学习力。具体而言，元认知、学习动机和学习参与是提升终身学习力的三个关键方面。元认知能力的提升有助于学生认清自身的学习状态，有效地规划和调整学习策略，从而提高学习效率。学习动机是推动学生持续学习的内在动力，它能够激发学生的好奇心和探究精神，使学习变得更加有意义。学习参与则体现为学生对学习活动的投入程度，高度的参与性能够促进学生对知识的深入理解和应用。综上所述，项目式学习通过深度培养元认知、学习动机和学习参与，不仅能够提升学生的终身学习力，更能够实现教育的内在育人价值，帮助学生适应未来社会的挑战。

第三节　行动探索：关键路径如何突破

学校作为一个项目式学习的生态系统，其内部的组成与相互联系会直接作用于整体的教育活动。学校可以视为一个项目式学习生态体系，其内部的多样性和互动关系对于整体育人效果的影响至关重要。为了增强学校项目式学习生态的韧性和可持续发展，我们将以学校项目式学习生态实践的理论框架为基础，从三个不同的层面——中观系统、微观系统和宏观系统——来剖析和强化项目式学习的质量发展路径。首先，从中观系统的角度看，需要构建一个有韧性的学校项目式学习生态，这涉及创新核心素养的育人体系——课程体系、教科研训系统和多元评价体系等。接着，从微观系统的视角，我们将关注项目式学习的关键要素，如学生的具身参与。这意味着我们需要创造条件让学生能够全身心地投入学习过程中，通过实践、探究和反思来深化学习体验。最后，从宏观系统的角度，我们强调家校社三方的合作。通过联动家庭、学校和社会的力量，打造一个开放性的协同育人机制，这将有助于形成一个支持性的环境，让学生在校园内外都能够接触到丰富多样的学习资源和经历。通过这三个层面的综合考量和策略实施，讨论如何在学校层面上系统化地开展项目式学习，以推动以核心素养为中心的项目式学习向高质量发展迈进。

一、构建学校项目式学习生态，创新核心素养育人体系

对于整个学校项目式学习生态而言，学校中观系统是连接微观和宏观系统的中介，也是优化学校项目式学习育人体系的核心，扮演着至关重要的桥梁角色，它串联起微观系统的个体实践与宏观系统的教育政策，成为推动学校项目式学习优化的关键枢纽。首先，课程规划必须根植于学校的具体情境。校长作为领导者，需要深入理解学校的文化、资源和学生需求，以此为基础来设计具有挑战性和相关性的项目式学习课程体系，满足学生的学习兴趣和个性化发展，确保项目目标与学校的愿景和育人目标保持一致性。其次，教师的专业发展是推进课程实施的关键。校长应该创造条件让教师参与到课程设计和实施的全过程中，提供必要的培训和支持，使教师能够更好地理解项目式学习的理念和方法。通过教师的专业成长，更有效地引导学生进行项目式学习，同时不断提升自己的教学胜任力。最后，评价体系应紧密结合学生的成长。评价不仅仅是对学生学习成果的衡量，更是对他们成长过程的记录和反思。校长需要引导教师建立多元化的评价体系，关注学生的参与度、创造力和协作能力等非认知技能的发展。通过这样的评价，学校能够更准确地把握项目式学习的效果，及时调整和优化教育策略。

由此，学校能够构筑一个更加坚实和有效的项目式学习生态系统，这不

仅能够促进学生的全面发展，还能够为他们的终身学习和未来成功奠定坚实的基础。

（一）学校课程体系顶层规划

学校课程体系受到特定教育价值观的引领，精心构建课程元素以确保其和谐统一地推进既定教学目标。作为培养人才的平台，它对教育品质的提升至关重要。核心组成部分包括明确定义的课程目标、优化配置的课程结构与设置、高效执行的课程实施和全面的课程评价。其中，基于学生、教师、方案三因素互动的课程实施过程理论[①]，学校项目式学习课程体系的发展分三个层次细化：第一，根据学校的育人文化，综合国家课程要求、实践活动及校本特色，制定全面的学校项目式学习课程规划和实施方案。第二，针对每学期或教学模块，拟定学科课程安排，并草拟相应的学期课程大纲。第三，针对具体单元或课时，设计详尽的教学计划，确保学生学习成效。这三级项目式学习课程规划紧密相连，自上而下逐步具体化，反映项目式学习过程的复杂性和目标的一致性。

学校课程体系的构建和发展是一个综合性和动态的过程，它需要立足于国家课程标准，并融入学校的教育理念与特色。这一过程中，学校的课程愿景起到核心的指导作用，不仅要体现学校的独特性，还要响应国家教育政策的改革方向。具体来看，顶层规划课程体系可从以下方面着手。

首先，在构建项目式学习课程愿景时，学校需要精确把握课程标准的核心理念，并深入探究其内容规范，对标准的深刻理解是规划项目式学习课程群建设的基础。课程群，有时也被称为"课群"或"课程群落"，是系统论思想在学校课程系统设计中的直观体现，也是深化课程改革、优化课程设计的一种有效途径。学校课程群是相关课程按照一定逻辑被统整为结构清晰、层次分明的课程集合，分为学科课程群和主题课程群（综合课程群），一般是指在学校课程体系下，以促进学生核心素养的达成为目标，应用学校的课程自主权，通过将具有关联性的学科或课程模块进行重新组织，形成结构合理、衔接有序的课程组织。

其次，为了实现这一愿景，学校必须全面实施国家规定的必修课程，并积极开发选修课程，将项目式学习的方法应用于教学之中。这种做法有助于优化

---

① 崔允漷.学校课程实施过程质量评估［M］.上海：华东师范大学出版社，2017：59-62.

学校课程结构，使其更加开放和多元，同时也强调了学习机会的多样性和可获取性。学校应整合各种教育资源，无论是校内还是校外，为学生提供丰富的学习机会，满足他们不同的学习需求，并扩展他们的学术视野。

再次，有效的课程规划还需要学校基于自身的具体情境来制定。这意味着校长和课程领导团队需要考虑如何将项目式学习与学校的整体课程相结合，以促进学生的全面发展和终身学习。在此过程中，课程规划的领导应当包含多个利益相关者，如教师、家长和教育研究人员，以确保决策的科学性和多元性。同时，学校文化的理念应被融入课程规划中，使隐性的文化价值显性化，并通过具体的教育活动得以实践。此外，课程资源的整合是课程规划不可或缺的一部分，学校应充分挖掘各种资源的潜力，以立德树人为核心，实现课程改革的目标。

归纳而言，学校课程建设必须平衡统一标准与个性创新的双重需求。学校应致力于打造一个既能培养学生的基本素质、个人特长，又能提供扎实学科教育的平台，以为学生今后的成长和进步提供了稳固的出发点。为了更好地发挥课程整体育人功能，协调项目式学习课程建设中的分科与统整、数量与质量、统一与特色的关系，学校应将项目式学习课程群的构建作为当前新课程改革落实的重要任务。中小学校可以围绕项目式学习的学科特征或研究主题，将与学科或研究主题具有逻辑联系的若干课程在知识、方法、问题等方面进行重新规划、整合构建，形成学校的有机项目式学习课程群系统，提供一种跨学科的、多元互联的学习体验。这种方法突出了课程之间的相关性和连贯性，使学生能够在更加宽广的知识视野中建立各种联系，从而更有效地实现课程的整体教育价值。这样的课程体系不仅有助于学生在学术上取得成功，而且能够促进他们的批判性思维、创造力以及解决实际问题能力的提升，为学生的个人发展和终身学习奠定坚实的基础。

（二）教师教科研训系统推进

在当前教育改革的大背景下，教师教科研训对于推进项目式学习的高质量发展具有举足轻重的作用，不仅是提升教师的项目式学习教学胜任力的关键平台，更是推动教育创新和实现学生全面发展的重要保障。所谓"教科研训一体化"，就是在教师研训中以"科研引领、培训提升、信息支持、教研发展"

为理念，集教研、科研、进修及信息技术于一体的教师专业发展研训方式。[①]
教师教科研训系统推进可以通过为教师提供深入的项目式学习理论培训、实践
指导和资源支持，确保教师能够准确理解和有效实施项目式学习的教学策略。
这种路径的建立，有助于形成一个持续学习和自我更新的教师专业发展环境，
鼓励教师在教学实践中积极探索、创新，并及时总结经验、反思问题。同时，
教研活动和交流平台也促进了教师之间的协作与共享，提高教育教学的整体水
平。可以说，教师教科研训系统是推动项目式学习高质量发展的核心力量。它
通过构建一个全面、系统的教师专业发展框架，不断提升教师的教学能力和研
究水平。

首先，教科研训一体化旨在提升教师的项目式学习课程实施能力，唤醒教
师的专业发展意识，鼓励他们积极参与课程改革，以全面提升教学水平。教师
需要根据课程标准进行项目式学习课程建设，创造性地开展项目式学习，并将
预设课程转化为学生的真实学习机会。通过参与项目式学习课程开发，教师能
够根据学校的课程规划和实际情况进行课程建设。此外，提升教师的课程开发
能力也是关键，因为这有助于教师的持续专业成长。其次，提升教师的教研、
科研能力。这包括支持教师学习共同体的建设和建立高效的合作机制，以推动
教师专业发展的进程。校长致力于推动教师专业学习社群的生成以及协同学习
机制的发挥，提升教师的项目式学习课程胜任力。教师作为知识生产者和教育
变革的关键人物，需要通过分析、探索项目式学习实践中的核心问题，提出解
决问题的思路和方法，总结教学规律，并将实践中的经验上升为系统的教育理
论，形成以校为本的项目式学习研究制度。最后，强调提升教师在数字技术与
课程整合方面的能力。随着"互联网+"时代的到来，数字技术与课程的整合
已成为课程改革的重要趋势。教师需要开发数字化的项目式学习课程资源，提
高数字化的项目式学习教学能力。同时，教师应重视营造数字化教学环境，提
升自身的数字素养，并有效结合线上资源与线下教学，开展灵活的线上线下混
合式学习方式，为学生提供泛在的学习体验，达成学生核心素养的培养目标。

教科研训一体化体现了教学、研究、培训、发展这四项核心职能的紧密结
合。只有当这四个领域融合为一个有机整体时，学校才能在推进项目式学习的

---

① 胡莉英."教科研训一体化"服务思政教师专业发展——以太仓市小学道德与法治教
师队伍建设为例［J］.中学政治教学参考，2021（3）：89-90.

过程中最大限度地发挥其教学研究、教育科学探索、教师专业提升以及个人成长等多方面的潜能，从而促进项目式学习课程的持续进步和发展。实现学校管理层面的功能整合，关键在于明确教学、科研、培训和教师发展之间的相互联系。这种整合不仅是教育科学研究的重要课题，也是其研究对象。因此，我们必须投入智慧和精力，深入探讨教科研训一体化的可能路径、不同形式和多种实现方式。通过实践探索作为研究手段，我们才能为学校在教科研训一体化进程中创造出崭新的未来。在实践中，这意味着学校需要不断尝试和创新，找到最佳的教科研训一体化模式。这可能包括跨学科团队合作、校内外专家资源的共享、教师间的互助学习社群，以及利用数字技术搭建平台以促进知识和经验的交流。这样的一体化进程不仅能够提高教师的专业能力，还能激发他们的创新精神和热情，最终带来教育质量的整体提升。总之，教科研训一体化是一个多维度、动态发展的过程，它要求我们在实际操作中不断探索和实验，以确保学校在教育改革和教师发展方面始终保持领先地位。通过这种全方位的融合，学校将能够在培养未来一代的同时，也为教师自身的成长和发展提供坚实的支持。

（三）多元评价体系统筹设计

评价系统在面向核心素养的项目式学习实施过程中扮演着关键的引领和优化角色，对于项目式学习课程的构建和发展方向具有显著的指导意义。在项目式学习中，评价不仅是成果生成和反馈的关键阶段，也是教学改进的重要推动力。学校需要采纳多样化的评价方法，包括基于表现的评价、过程性评价以及增值性评价，以此来关注和促进学生的核心素养发展。为了更好地实现这一目标，学校应当设计一套全面的评价体系，该体系能够贯穿学生学习的全过程，从课程开始到结束，持续跟踪学生的进步和成长，确保学生的学习体验与核心素养的发展紧密相连，使学生能够在项目式学习中获得深刻的理解和实践能力。通过这样的评价体系，学校能够为学生提供及时、有效的反馈，帮助学生认识到自己的长处和需要改进的地方，从而激励他们不断前进，实现自我超越。

首先，着眼学生全面发展，促进学生高阶思维能力。促进学生全面发展是课程改革的核心目标，评价应以学生发展为中心，应遵循学生身心发展的内在规律。核心素养的培育要求培养学生的高阶思维能力，因此，学校要加强构建针对复杂思维能力培养的表现性评价体系。过程性评价重视学生能力的发展，巩固学生的中心地位。校长领导教师采取贯穿于学生学习始终的过程性评价，检验学生与学校丰富的学习情境之间交互作用的有效性，建立对个人学习机会生成情况更加直观的记录，全面促进学生高阶思维能力发展。

其次，助推学生实践能力培养。将测评焦点从知识获取中心扩展至兼顾学生创新精神与实践能力的培育情况，这有利于直观反映学生学习机会与学习体验的变化轨迹。新课程改革鼓励学生敢于批判质疑，探索解决问题，勤于动手，善于反思；倡导学生自主学习、合作学习、探究学习、体验学习；新课程改革注重培养学生的自主发展能力和沟通合作能力。因此，迫切需要发挥课程评价的监测和反馈作用，助力学生核心素养提升。

再次，关注学生项目式学习体验，对学习体验的感知程度与对课程实施效果的认同度是评价指标建构的重要参考依据。（1）将学生学习体验作为评价的重点，可以为学生的学习过程提供明确的方向。通过收集和分析学生的学习体验，并将这些直接的体验与国家课程标准及学校设定的项目式学习愿景相对照，我们能够有效地评估学生在项目式学习中的收获。这种以学习体验为出发点的评价方式，增强了评价的针对性和实用性。学生被鼓励根据评价结果，结合自己的当前状况和发展目标，积极寻找项目式学习中的潜在机会。这样的策略不仅加强了学生对自己学习主体地位的认识，也激发了他们在课程评价过程中的积极性，进而实现核心素养的发展目标。（2）将学生学习体验作为评价的焦点，也为教师的教学提供了指导。当评价关注学生的体验时，校长能够更清晰地识别项目式学习实施中的问题，并据此确定未来课程实施中教师和自己应改进的方向，从而优化项目式学习的设计。这样的做法为确保项目式学习能够高质量地构建，并最终转化为学生的核心素养提供了有力的保障。可以说，将学生的学习体验放在评价的中心，不仅有助于为学生的学习指明方向，还可为教师的教学提供指导。这种评价方法能够确保教学活动更加贴近学生的实际需求，同时激发学生和教师在课程评价中的积极参与，共同推动项目式学习的发展，实现学生核心素养的全面提升。

二、把握项目式学习关键要素，深度促进学生具身参与

具身认知（Embodied Cognition）是第二代认知科学的核心概念，起源于20世纪80年代，跨越哲学、心理学、人机交互、认知科学和神经科学等众多学科，主张通过身体行为来形成知识和概念——是推动学习的强大驱动力，它催生了新的学习方法，表明基于具身的学习方式能够提升学习效果。[①]在具身学习的核心理念中，行动与反思是至关重要的。这种学习方法不仅要求学习者全身心投入，还强调了对个人在特定环境中的行为、情感、思维和体验进行深思熟虑的重要性，可以被看作一个循环往复、逐步提升的过程，即在行动中学习和反思，在反思中进一步实践，在实践中构建知识和技能。

实践导向的项目式学习与具身学习本身就有内在一致性。第一，基于真实情境的驱动问题。项目式学习发生在真实的、情境性的问题解决场景之中，教师需要引导学生将真实生活经历与课堂中所学习的知识建立起认知交汇的桥梁。第二，学习者的深度参与。项目式学习是一种凸显主体驱动性与社会文化限定性的学习形态，它与学习观念的转型存在深刻的内在关联。第三，重视表现性评价。基于表现的评价方法在项目式学习中至关重要，尤其是关注学生的知识积累与思维发展，以及多样化项目作品的呈现，通过评价促进学生反思。可以说，具身参与是项目式学习有效实施的关键。项目式学习中的具身参与是指学生通过身体力行的方式参与到学习过程中，通过亲身实践、体验和探索来获取知识和技能，这种学习方式强调学生的主动性和参与性，可以有效激发学生的学习兴趣，学生只有通过亲身体验才能真正理解和掌握知识，培养了学生的实践能力、创新能力和解决问题的能力，促进学生综合素养的提升。因此，通过把握高质量项目式学习的关键要素，可以促进学生的具身参与。

从具身认知的观点看，身体、体验、认知和反思成为具身学习的四大要素。[②]具身学习涵盖了个体基于身体感知的自我导向学习过程，以及学习者之间的互动学习过程。在个体自我学习的构建中，身体与认知的紧密结合显现出其学习上的重大意义，同时个体的体验和反思在学习过程中扮演了桥梁的角色。而在交互学习的构建中，不同学习者间的相互作用凸显了其价值，体现在通过观察、模仿、对话等身体参与活动促进学习的方式上。这两种学习过程都依赖于具身学习的环境，它们既植根于此环境，同时也会受到环境的影响和反馈。根据具身学习理论，设计具身参与的目的并非仅仅是为学习者提供操作性的步骤，而是为了激发更多的身体动作、体验、反思和认知活动，从而为学习

---

① 杨南昌，刘晓艳.具身学习设计：教学设计研究新取向［J］.电化教育研究，2014，35（7）：24-29，65.

② 宋耀武，崔佳.具身认知与具身学习设计［J］.教育发展研究，2021，41（24）：74-81.

创造条件。具身学习作为一种将身体动作与认知过程紧密结合的教育模式，强调了身体参与在知识构建中的核心作用。在项目式学习的背景下，设计具身参与时须聚焦以下几个关键维度。

首先是心身统一的具身动作设计。具身学习理论认为，认知与身体动作之间存在双向互动关系，即认知能够指导身体动作，同时身体动作也能够促进和改变认知。因此，在项目式学习中，设计心身合一的具身动作至关重要。教育者需要深刻理解学习者的身体经验和心理活动如何相互作用，并在此基础上创建活动，使学习者得以通过身体行为来探索世界并构建知识。这样的设计应保证具身动作与学习内容的内在一致性，让学习者在身心协调的体验中更深入地吸收和掌握所学内容。

其次是结构化反思的设计。具身学习不仅关注身体的动态参与，也强调对这种参与的深层反思。在项目式学习中，通过引入结构化的反思环节，教育者可以引导学习者进行有目的的思考，帮助他们在体验后进行意义建构，从而推动认知水平的提升和学习的深入。结构化反思可以通过组织讨论、提供问题指引等方式来实现，进而帮助学习者系统化整理信息、解决认知冲突，并提高认知效率。此外，利用信息技术工具可以扩大反思的范围，减轻认知负担，增强反思的深度，使学习者能更好地整合新知识和已有知识结构。

最后是交互性具身环境的设计。一个有效的具身学习环境应该支持和促进学习者的身体与心理互动，并提供实时反馈。在项目式学习中，创设具有高度互动性的学习环境意味着提供一个丰富的物理和虚拟交流空间，让学习者能够持续地进行身心互动，与其他学习者协作，共同推进知识的构建和技能的提升。总之，具身学习作为一种创新的教学策略，在项目式学习中通过精心设计的心身统一的具身动作、结构化的反思过程以及交互性的学习环境，促进了学生的全面参与和深层次理解。这种综合方法有助于构建一个有效的项目式学习生态系统，不仅加深学生的知识理解，还促进了他们的认知和素养发展。

三、联动校家社多方参与力量，打造开放性协同育人机制

在教育领域，学校教育、家庭教育和社会教育被视为三个不可或缺的子系统。它们在整个学校项目式学习生态体系中各自扮演着独特的角色，但唯有当这三者紧密协作、相互交融时，才能产生深远的育人效果，共同促进学生的全面发展。近年来，这种家校社协同育人的理念和实践越来越受到广泛的重视。

在某种意义上，家校社协同育人是指家庭、学校和社会三方合作形成教育合力，促进学生全面发展的教育模式。[①]其中，家庭、学校和社会各自承担着不同的教育责任和角色，在学生的成长过程中都发挥着不可或缺的作用。学校作为项目式学习的主要场所，承担着传授知识、培养各项能力和塑造学生品格的重要职责；而家庭则是孩子成长的摇篮，家长们以身作则，为孩子树立榜样，培养他们的品德、习惯和价值观；社会则为学生提供了更为广阔的成长空间，各种社会机构和力量都在为学生的全面发展提供资源和支持。在家校社协同育人的子系统中，家长们有机会更深入地了解学校的办学理念，特别是项目式学习这一创新教育模式在学校中的实施情况，也能充分发挥自己的专业优势和特长，积极参与到项目式学习的研究中来，为孩子们的学习提供有力的支持。这种协同育人的方式不仅有助于提升教育的整体效果，更能促进孩子们的全面发展，为他们的未来奠定坚实的基础。推进家校社协同育人，其落脚点同样在于要探究家校社之间是通过什么样的机制实现协同育人的。因此，在学校项目式学习生态这一视域下，家校社协同育人应构建以确立家校社协同育人理念为内在动力，明晰家校社三者之间职责和关系为必要前提，建立明确具体的教育制度为根本保障，探索家校社协同育人的主要路径为核心任务的家校社协同育人机制。

首先，确立家校社协同育人理念。理念是人们心中升华至理性层面的信念，是推动和引导个体及集体行动的内在动力。然而，反观我国当前的教育实践，家庭、学校乃至社会所秉持的教育价值观却常常偏离了理想的轨道，陷入功利化的泥沼。这种价值观的分化不仅导致了教育领域的种种乱象，更在国家、家庭、学校和社会之间制造了难以调和的矛盾，使得各方力量难以汇聚成推动教育发展的合力。更为严重的是，这种功利化的教育取向背离了教育最本质的目标——促进人的全面发展。它不仅破坏了教育的生态平衡，加重了学生和家长的身心负担，更成为阻碍社会进步和文明发展的重要因素。因此，在项目式学习高质量发展的阶段，确立以人的全面发展为核心的教育价值观，对于家校社协同育人来说至关重要。各方应深刻认识到协同育人的紧迫性和必要性，任何单一的力量都无法独自承担起培养全面发展人才的重任。只有家庭、

---

① 唐汉卫. 交叠影响阈理论对我国中小学协同育人的启示［J］. 山东师范大学学报（人文社会科学版），2019，64（4）：102-110.

学校和社会紧密合作，形成教育合力，才能为学生的成长提供更为广阔的空间和更加丰富的资源。

其次，建立具体明确的制度保障。制度是规定人们行为的规范和准则，对于保障家校社协同育人的有效实施具有至关重要的作用。为了推动这一育人模式的顺利进行，我们必须加强相关教育政策和法律制度的建设与完善。在项目式学习深化落地的阶段，落实家校社协同育人实践，制定一套明确且具体的制度是首要任务。这套制度需要详细规定家庭、学校和社会三方的责任与义务及其协同工作的具体方式和流程。只有这样，才能确保协同育人工作能够有条不紊地进行，真正落到实处。

再次，建立畅通的沟通渠道也是项目式学习家校社协同育人中不可或缺的一环。学校、家庭和社会之间需要保持密切联系，及时交流学生的学习情况、遇到的困难和问题，以及各方的建议和意见。为此，学校可以定期举办家长会、开放日等活动，邀请家长走进校园，深入了解学校的教育理念和教学方式。同时，教师与家长的交流会、家长驻校等机制也应得到落实，让家长能够更加深入地参与到孩子的教育过程中来。此外，利用现代科技手段如家校微信群等，可以实时反馈学生在项目式学习课堂中的表现、作品和进步情况。这样不仅能够增强家长的参与感和满意度，还能帮助家长更好地了解每个项目的学习目标和意义，从而形成家校共同育人的强大合力。

最后，探索协同育人核心路径。在立德树人、构建高质量教育体系、完善终身学习体系的大背景下，如何让家庭、学校和社会三者形成合力，共同育人，已成为教育的核心议题。项目式学习作为一种创新性教育方式，强调以家庭教育为基础、学校教育为核心、社区教育为纽带，构建协同育人的新体系。（1）为实现这一目标，我们首先需要建立专门的管理机构，统筹家庭、学校和社区的教育资源，以整合现有资源，推动三方协同行动。（2）要找准需要家校社共同解决的关键问题。我们需要通过深入的交流和实地调研，找到那些真正需要三方合力解决的问题，从而提高协同教育活动的实效性。（3）为了深化家校合作，我们应积极鼓励家长参与学生教育，提升家庭教育水平。学校可以定期举办家长培训和经验分享会，让家长了解项目式学习的影响及学校的教育理念。同时，我们应充分利用家委会和博物馆、科技馆等社会资源，为学生提供丰富的实践机会。（4）要实施分层次的协同育人策略，提升协同育人的专业性。学校应对收集到的问题进行归类整理，然后组织针对性的教育活动。同时，不能仅将家校社协同育人视为行政任务，而应从提高专业性的角度出发，制订明确的教育计划，明确各方职责，确保计划的顺利实施。（5）还应建立评估体系，对协同育人的过程和效果进行定期评估，以不断改进和提升协同育人的质量。在这个过程中，家庭、学校和社区应充分发挥各自的优势，共同为学生的全面发展创造更加优质的教育环境。

在学校项目式学习生态的宏观系统中，学校、家庭、社会三者如同相互交织的网，共同承载着培育下一代的重任。近年来，家校社协同育人的理念逐渐深入人心，其实践也日益受到重视。这种育人模式强调学校、家庭和社会三方紧密合作，形成教育合力，以促进学生的全面发展。（1）为有效推进项目式学习中的家校社协同育人，首先需要确立明确的教育理念。在此基础上，家庭、学校和社会应明确各自的职责和关系，构建相互尊重、平等合作的伙伴关系。（2）制度保障是实现家校社协同育人的关键。应建立一套明确具体的制度，详细规定三方的责任与义务，以及协同工作的方式和流程。同时，建立畅通的沟通渠道也至关重要，以确保信息的及时交流和问题的有效解决。

总之，在探索协同育人的核心路径方面，应充分利用家庭、学校和社区的资源优势，共同为学生的全面发展提供支持；积极鼓励家长参与学生项目式学习，充分利用家庭、社会资源，为学生提供丰富的实践机会；建立评估体系，对协同育人的过程和效果进行定期评估，以不断改进和提升项目式学习中协同育人的质量，推动这一育人模式的深入实践，为学生成长创造更加优质的教育环境。

第三章

项目式学习的多主体担当

第一节　新课标背景下松岭项目式学习的实践样态

一、松岭项目式学习的源起

鉴于当前学情和时代背景，传统分科式教学已无法满足新时代的人才培养需求。项目式学习以学生为中心，赋予学习者更多的自主权和责任，旨在培养学生主动探究问题和解决实际问题的能力。在全球范围内，项目式学习已广泛应用于各教育阶段，部分国家甚至已从小学至大学构建了一套相互衔接的课程体系，我国教育界亦致力于在基础教育阶段探索项目式学习的应用，以期通过此方法培养学生的核心素养和发展其综合能力。

近年来，全球范围内对"素养"培育的研究和实践不断深入，项目式学习作为一种有效培养学生核心素养的方法，受到了广泛关注和快速发展。基于此，青岛市崂山区松岭路小学将项目式学习作为课堂教学改革的重要抓手，探索出面向核心素养的项目式学习的育人道路，松岭项目式学习自此发源，为课堂教学注入源源生机与活力。面向核心素养的松岭项目式学习对学生提出了更高层次的要求，要求学生不仅要掌握理论知识等文明成果，还须具备解决实际问题的能力，以拓展人类文明的边界。在松岭项目式学习中，学生们参与真实的问题解决活动和实践活动，通过沟通合作、批判思考、解决问题等学习活动进一步提高了高阶的认知能力，因此，松岭项目式学习作为传统课堂教学的重要补充，为发挥学生的自主学习、团队合作和实践探究等铸造了坚实基础。

二、松岭项目式学习的发展

（一）松岭项目式学习的发展阶段

松岭项目式学习的发展可以分为四大阶段，分别是初期阶段、深化阶段、整合阶段以及拓展阶段。

1. 初期阶段：项目探索与启航（2019—2020年）

在松岭项目式学习的初期阶段，学校注重发掘学生项目式学习的潜力，并精心设计项目式学习的导入。教师在此阶段起主导作用，根据学生的学习目标和课程要求，结合学科知识结构，筛选出适合的项目主题。学校制订了系统的项目计划并制定了评估标准，确保学生在调研、分析、设计及实施四个阶段中能够全面参与。通过引导学生探索问题、收集信息、合作解决问题，最终产出具有实际意义的项目成果。这一阶段的实践表明，项目式学习有效激发了学生的主动性和参与度，培养了他们解决的问题能力和批判性思维。

2. 深化阶段：自主与协作的深化（2020—2021年）

随着松岭项目式学习的深入推广，学校进入了深化阶段，学校以教育部课题"生活中STEAM的实践与探索"集中推动项目式学习的研究，先后推出了"火箭的秘密""智能家居"等精品课程，完善课程的导入设计，重视评价在学科项目化学习中的设计与实施，确保学生的学习效果和质量得到科学评估。在这一阶段，教师的角色逐渐从主导者转变为指导者和学生的学习伙伴。学校鼓励学生自主选择项目主题，并提供必要的指导和支持。学生在项目中扮演更加积极的角色，通过自主学习和合作学习，不断提升解决问题的能力和创新思维。

3. 整合阶段：跨学科融合之路（2021—2022年）

在整合阶段，松岭项目式学习开始探索跨学科的项目设计。学校以"健康饮食——你是一个合格的小吃货吗""拯救小鱼儿的家""小小非遗代言人""不可思议的服装'show'"等项目为例，展示了跨学科项目式学习的实践成果。这一阶段强调项目式学习活动与课程内容、学科知识的紧密结合，进一步扩大真实复杂问题的跨学科学习空间。通过跨学科项目设计，学校将不同学科的知识和技能有机融入项目中，教师协同教研，解决了开展跨学科教学时遇到的"学生合作分工""给予学生支架""切实提高学生的信息归纳能力"等实践问题，促进了学生的跨学科学习经验积累和高阶思维发展，为实现学生的核心素养培育奠定了坚实基础。

4.拓展阶段：项目式学习生态构建（2022年至今）

在拓展阶段，学校系统梳理了松岭项目式学习的实践成果，并不断完善和优化项目式学习生态。首先，学生的项目选择变得更加多样化和个性化，学科项目式学习、跨学科项目式学习以及超学科项目式学习课程群体系建设日益完善。其次，学校针对学生的年龄特点，制订了螺旋上升的项目式学习计划。学生可以根据自己的兴趣和特长选择项目主题，教师在提供个性化资源和指导的同时，鼓励学生展示自己的项目成果。最后，学校在评价设计方面持续发力，理论和实践结合开发完善项目式学习的评价量规，让评价驱动混合式、探究式的项目式学习深度发生。通过不断拓展和优化项目式学习，学校为学生创造了一个更加开放、多元、创新的学习环境，有力促进了学生们全面发展。

综上所述，松岭项目式学习的发展历程体现了从教师主导到学生主导、从特色课程到课程体系、从单一学科到跨学科整合、从课堂改革到生态建构的转变。通过项目式学习，学生在实践中培养了解决问题的能力和创新思维，提高了学习的主动性和积极性。未来，学校将继续深化和完善项目式学习，为学生的全面发展创造更多机会和平台。

（二）松岭项目式学习实践成效

1.提升了教师的教学胜任力

在松岭项目式学习的推进过程中，教师们遵循"学习研究—实践反思—复盘成长"的发展路径，其问题意识、学习意识、生活联系意识、课程开发意识以及团结协作意识得到有效提升，松岭项目式学习实践有力地推动了教师的专业化成长。

2.推广了项目式学习成果

松岭项目式学习成果逐渐受到区、市、省等各级教育管理和研究部门的关注。例如，迟晓琳老师的"松岭牌奶茶"项目在青岛市崂山区科学现场会上展示，陈婷婷老师的"PBL在英语教学中的探索及尝试"在青岛市英语教学现场会上分享经验，林先锋校长的"STEM项目式课程推动学生全面提升"在中国互联网学习区域青岛区域会议上进行介绍，毕吉伟副校长在全区业务干部会议上分享经验，宋祥玉老师在全区语文学科培训中进行经验介绍。此外，林先锋校长主持的"基于互联网过程性评价的项目式学习有效推进学生核心素养的研究"项目已顺利结题。

2023年，我校教师在项目式学习方面取得了更多成绩。辛显雯老师的"虎头帽"项目荣获青岛市"一师一优课"一等奖。同年，由毕吉伟副校长主持，宋祥玉、辛显雯、姜艳、董倩、何晓杰、张国庆等老师参与的"我是小小非遗代言人"项目被推送为青岛市精选案例，同时获评山东省典型案例。

3. 生成松岭项目式学习样态

如今，松岭项目式学习已成为学校普遍的教学方法，教师们立足于学科核心素养，以学生真实需求为驱动，进行真探索、真实践，得出真结论，构建出了面向核心素养的松岭项目式学习课程体系。随着教育改革的深入和技术的发展，松岭项目式学习将在未来继续发展。

三、松岭项目式学习的未来

展望未来，我校将创新构建松岭项目式学习生态，建立以学生为中心的项目式学习体系，致力于培养具备综合素养和创新思维的新一代人才。在这一愿景中，学校教育将不再局限于知识与技能的传递，而是通过松岭项目式学习实现课堂由"知识教学"转向"素养教学"、由"教为中心"转向"学为中心"、由"学科认识"转向"学科实践"，通过松岭项目式学习，让学生在实践中掌握知识、培养技能，并运用所学解决现实世界中的问题。

未来，松岭路小学将持续打造开放的松岭项目式教育生态，学校、家庭和社会共同参与松岭项目式学习的设计与实施。学校提供项目学习环境和资源，家庭成为学生学习的后盾与参与者，社会为实践提供机会和资源。学校、家庭和社会齐心协力，助力学生提升综合素质，为未来发展奠定坚实基础。

在松岭项目式学习生态中，松岭学校将关注每个学生的兴趣、需求和潜力，为他们提供个性化的学习路径和项目选择。学生将有更多的自主权和决策权，能够根据自己的兴趣和目标选择参与的项目，并与其他学生组成团队，共同完成项目，并在项目中发挥自己的才能和创造力，从而培养问题解决能力和团队合作能力。在项目实施的过程中，学生需要发挥团队合作和创新精神以应对诸多挑战与问题。因此，松岭项目式学习旨在培养学生核心素养导向的终身学习力，使他们能够适应未来社会的需求，成为真正意义上的未来学习者。

在松岭项目式学习生态中，教师的角色发生了显著变化，他们不再仅仅是知识的传授者，而是项目设计者、项目管理者、学习促进者与行动研究者。教师在设计与实施项目式学习的过程中，充分发挥学习素养、设计素养、协作问题解决素养、评价与反馈素养，为学生的项目式学习提供必要的支持与引导，助力学生攻克难题，最终实现教学相长。

此外，现代科技也将助力学生学习。互联网成为学生获取资源和信息的平台，各种工具和资源助力学生开阔视野。技术不仅成为学生学习的工具，更是他们交流的媒介，助力项目式学习更上一层楼。

第二节　学校视角：如何规划进阶性、体系化的项目式学习

一、松岭项目式学习的育人理念

（一）学校育人理念

扎根中华大地，松岭路小学确立了"以中国智慧创造未来美好生活"的办学理念，致力于把学生培养成能够传承中国文化与智慧、具有为公精神，能选择和创造未来美好生活的现代小学生。实践学校办学理念的关键在于正确理解"中国智慧"与"生活"。

1. 中国智慧

中国智慧既是一种生存智慧，也是一种生活智慧，体现在人与自然、人与社会、人与自我的关系处理中。我校立足中国传统文化，在教育中贯彻"天人合一""知行合一""心物合一"的中国智慧，引导学生正确处理人与自然、社会、自我的关系。其中，"天人合一"思想是中华文化宝贵的精神财富，强调自然和谐、可持续和辩证联系，这是认识和利用自然的智慧。"知行合一"思想则是关于学习与行为的智慧，提倡实践与学习相结合、生活与教育相统一，这是中国文化在处理人与社会关系方面的智慧。"心物合一"思想强调通过终身学习在对世界的贡献中实现个人价值，修身齐家治国平天下，这是中国哲学的精神智慧。

综上，所谓"中国智慧"，即在传承中国传统文化的基础上，在学习和运用现代科学思维的同时发展中国哲学思维，为创造未来美好生活奠定坚实基础。

2. 生活教育理念

杜威提出"生活即教育"的理念[1]，这一理念是现代教育的基础。陶行知在教育实践及教育思维活动中形成了生活教育理念，重视大众教育、终身教育以及全面教育。[2]生活教育的核心思想在于将教育融入生活，让学生在实践中学习，并在教育中持续发展终身学习力。在生活教育理念基础上，我校进一步探索和创新了生活教育的内涵，即通过教育丰富个体的精神世界，提升个人生活的品质。每个人的美好成就都将助力他人的美好成就，进而实现国家的富强和民族的复兴。我校生活教育理念有两方面内涵：一是将生活融入学校，将外部世界的事物作为教育素材，使学校知识生活化和趣味化；二是让学校教育接受生活的检验，在真实世界中实践学校所学到的知识、经验、方法和能力。

（二）松岭项目式学习的育人理念

自2019年起，我校立足生活教育理念，以项目式学习为抓手，在教学设计、课程体系规划、课程实践管理等方面进行深度探索，扎实推进项目式学习生态体系的建设与完善，探索形成了松岭项目式学习的理论与实践体系。

松岭项目式学习是以解决学生真实生活中的真问题为研究目的，在研究过程中主动探索并获得解决问题所需要的学科知识和技能，深度理解相关概念，在探索研究的过程中，提升学生的批判性思维、问题解决能力、合作沟通能力、创造能力等核心素养，最终发展学生的终身学习力。

1. 松岭项目式学习的育人目标

松岭项目式学习课程旨在聚焦学生核心素养发展，培养具有适应未来发展的正确价值观、必备品格和关键能力的人，即培养能在特定情境中综合运用包括知识、技能、情感、态度等各类资源来应对和解决复杂问题的人，培养学生的批判性思维和问题解决能力、通过关系网络进行协作的能力和通过影响力进行领导的能力、灵活性和适应性、主动性和创新性、有效的口头和书面沟通、获取和分析信息的能力、好奇心和想象力。松岭项目式学习将助力实现知识本位转向素养本位，分科学习转向学科整合，学用分离转向学用合一，被动学习转向能动学习。

---

① 唐斌，朱永新. 杜威"教育即生活"本真意义及当代启示［J］. 中国教育学刊，2011（10）：84-87.

② 漆新贵. 陶行知生活教育理念的现代价值［J］. 西南民族大学学报（人文社科版），2003（9）：120-122.

基于上述理念，我校逐步实践确定了松岭项目式学习育人目标体系（图3-1），即通过构建项目式学习，联合五育并举，最终实现将学生培养成能够传承中国文化与智慧、具有为公精神，能够选择和创造未来美好生活的现代小学生的育人目标。基于此，我们确立了德智体美劳方面的具体目标体系。

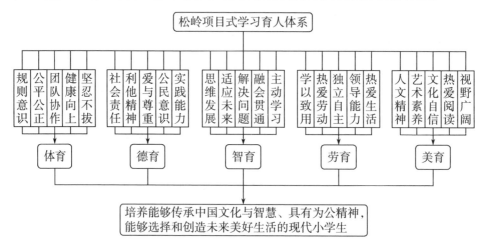

图3-1　松岭项目式学习育人目标体系

2. 松岭项目式学习的育人功能

松岭项目式学习以学生为中心开展项目研究，从学生真实需求出发，对接现实世界，家、校、社协同，让学生从课堂走向生活，从学校走向社会，从知识学习走向核心素养，打通学生知识经验、现实生活、社会实践的联系，使学生用学科素养和跨学科思维解决现实问题，发挥浸润育人以及全面育人的功能。首先，松岭项目式学习"做中学""浸润式"学习的特点，让学生在学习过程中充分发挥主体性，从而有效实现育人目标。其次，在松岭项目式学习实践中，项目式学习会涉及多种活动策划、任务分工、小组汇报、教师引导、评价等环节。学生需要利用课外时间，完成项目式学习中所设计的任务。这种学习方式能够帮助学生发展多方面的能力，包括批判性思维、团队协作、项目管理等。同时，它也能帮助学生培养自信心和解决问题的能力，培养社会责任感，养成正确的价值观；能够有效地促进学生的全面发展，提升学生的素养，发展其学习力。

3. 松岭项目式学习的育人导向

松岭项目式学习以培养学生的终身学习力为核心的育人导向，主要体现在以下三个方面。首先，元认知导向真实学习的发生。基于学生的兴趣和真实生活情境开展项目式学习，鼓励学生主动解决问题，尝试创造性地解决问题，形成学习成果，这有助于培养学生的自主学习能力和自我管理能力，培养学生的创新思维和批判性思维。其次，松岭项目式学习的育人导向是以学生为中心，注重学习动机激发，引导学生关注社会问题，增强社会责任感，促进学科知识的综合运用与迁移过程的发生，从而深度激发学生学习兴趣以及提高内在学习力。最后，松岭项目式学习强化学生参与，培养学生的团队合作与问题解决能力，通过设计合作学习任务，培养学生的团队合作能力和沟通技巧，将社会问题和社会责任融入其中，引导学生在实践中将理论知识与实际操作相结合，从而培养社会责任感。

二、松岭项目式学习的整体架构

（一）松岭项目式学习课程体系的设计思路

项目式学习在一线学校备受欢迎，遍地开花，但是很多学校的项目式学习不成体系，各个学科都在开展项目式学习的实践，这使得项目式学习的课程体系边界模糊，未能最大化发挥项目式学习的"减负提质增效"的实践效果。由于指向综合高阶能力培养的项目式学习涉及的知识、技能往往是跨学科甚至是超学科的，因此，学科、跨学科和超学科项目式学习是实现学校教育目标的有效途径。

为充分发挥松岭项目式学习的育人功能，学校以"培养适应未来的学习者"为课程育人愿景，以"发展传递专业的学科知识"与"培养学生适应未来的关键能力"为设计理念主轴，顶层设计项目式学习课程体系，以学习情境、学习问题、学习内容的学科属性为界限，规划建设松岭项目式学习课程群，使项目式学习体系化、系统化地全面推进。

（二）松岭项目式学习的"1+3"课程群建设

松岭项目式学习课程群的建构采用"1+3"的思路，"1"是指一个整合，即德育和教学的整合，这意味着在设计项目式学习方案时，应明晰知识目标及能力素养，一个整合的项目既能实现学科知识与技能的自主习得，同时又能实现能力素养与育人目标的达成。"3"是指学科内、跨学科、超学科三个交集式项目式学习课程群，这三个课程群在自身运行的同时又互相融合，共同实现"聚焦学生核心素养发展，培养具有适应未来发展的正确价值观、必备品格和关键能力的人"的目标（图3-2）。

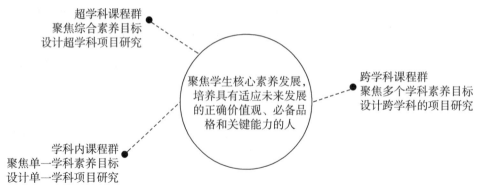

超学科课程群
聚焦综合素养目标
设计超学科项目研究

聚焦学生核心素养发展，
培养具有适应未来发展
的正确价值观、必备品
格和关键能力的人

跨学科课程群
聚焦多个学科素养目标
设计跨学科的项目研究

学科内课程群
聚焦单一学科素养目标
设计单一学科项目研究

图3-2　松岭项目式学习课程群

1. 学科内课程群

学科内课程群是指在某一学科领域内，将具有内在逻辑关联和互补性的多个课程模块进行重新组织和整合，形成一个结构清晰、层次分明的课程集合。这种课程群的设计旨在深化该学科领域的学习，优化课程设计，促进学生核心素养在该学科内的全面发展。通过学科内课程群的学习，学生能够系统地掌握学科知识和技能，形成对该学科的全面理解和应用能力。

2. 跨学科课程群

跨学科课程群是指打破学科壁垒，将不同学科中具有共同主题或研究方法的课程进行整合，形成一个综合性的课程集合。这种课程群的设计旨在培养学生的跨学科思维和综合能力，通过不同学科之间的交叉融合，使学生能够运用多学科的知识和方法解决实际问题。跨学科课程群注重学科之间的互补和协同，旨在培养学生的创新精神和综合实践能力。

3. 超学科课程群

超学科课程群是指超越传统学科界限，以培养学生核心素养和创新精神为核心目标的课程集合。这种课程群的设计不局限于特定的学科领域，而是根据学生的兴趣和需求，将不同学科的知识、方法、技能等进行整合和创新，形成具有独特性和前瞻性的课程。超学科课程群强调学生的主体性和自主性，注重学生的实践体验和探索创新，旨在培养具有全球视野和跨学科素养的未来人才。

（三）松岭项目式学习课程实践框架

松岭项目式学习课程群聚焦学生核心素养发展，以培养具有适应未来发展的正确价值观、必备品格和关键能力的人为目标，以各个学科为支撑，主要以学科内课程群、跨学科课程群、超学科课程群进行梯度构建（图3-3）。学科内课程群主要实现学科知识的学以致用、学科素养的提升；跨学科课程群与超学科课程群主要实现德育与教学的化整为一，提炼学科知识、学科素养，借助项目进行学科与学科间的整合、德育与教学的整合。

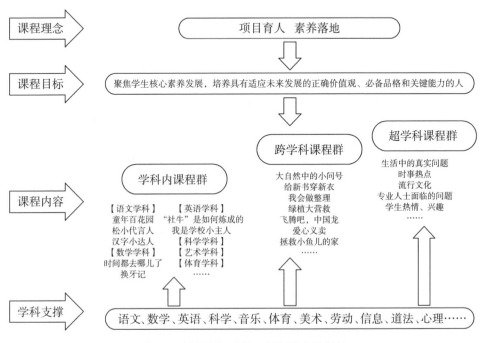

图3-3　松岭项目式学习课程群实践框架

三、松岭项目式学习的组织规范

（一）研精致思，为项目式学习保驾护航

一项研究的起步，从打破惯性思维、输入新理念和激发研究热情开始。学校从立制、培训、提供资源等多方面保障项目式学习研究工作的推进。

1. 成立研究团队

学校成立了以执行校长林先锋为组长，副校长毕吉伟为副组长，以语文、数学、英语、音乐、体育、美术、科学、信息技术等多学科教师共同参与的研究团队，从人力方面确保研究顺利推进。

2. 确定学习内容

理念的持续更新对于实施者和参与者能否成功实施项目式学习改革至关重要。在专家指导方面，我们邀请北京师范大学的李玉顺教授团队全程参与并指导项目式学习研究活动，现已在线开展了10余次的专家培训与指导，指导团队成员中的研究生更是直接进驻学校，深入参与项目式学习的实践。在理论学习方面，组织教师们精读《项目式学习设计：学习素养视角下的国际与本土实践》，在线学习PBL自习室中的报告和案例，并在每月的松岭读书会中，结合授课实践进行分享交流会。这些举措确保了教师们对项目式学习的要素、课程设计以及学生认知发展特点等有了全面而准确的理解。

3. 固定教研时间

项目式学习的教研过程主要包括问题梳理与反思阶段以及集备与教研阶段。我们将每周五下午结课后的时间设定为问题梳理与反思时段，届时教师需将所遇到的问题及反思提交给组长。而每周一下午定为统一集备与教研时间。在集备教研过程中，研究团队的教师重点围绕周五结课后记录的问题、下次开课活动的目标、为学生提供的思维支架、活动具体流程、评价方式的多样性以及可能出现的问题进行研讨。此外，教师还要在开课前进行说课，以确保活动流程清晰、准备工作到位。

4. 提供物资保障

项目的成功启动和实施，离不开充分的材料、资源及支架等准备工作。在此过程中，学校后勤及其他学科教师的积极参与和协助，为确保项目式学习的顺利进行提供了有力保障。

5. 科学规划绩效考核

学校科学规划绩效考核旨在全面评估学校在教育、科研、管理及服务等方面的综合实力，通过对各项指标的细致分析和客观评价，促进学校不断提升教育教学质量，推动科研创新能力的不断发展，同时确保管理水平与服务质量的优化。在此过程中，充分调动各方的积极性和创造力，营造有利于学生成长、教师发展、学校进步的良好氛围，为培养高素质人才和促进社会和谐发展奠定坚实基础。

（二）关注生活，为项目式学习做好铺垫

项目式学习是从生活或学习中所遇到的热点问题或亟待解决的问题出发，从学科、跨学科或超学科的角度引导学生以小组为单位进行活动、探究，让学生通过学习、实践、展示完成项目。

1. 着眼世界看问题

我校以联合国可持续发展目标为依据进行项目主题设计，开阔学生的国际视野，从小培育学生的"大格局"观。比如，健康饮食主题下的"你是一枚合格的小吃货吗"是以联合国可持续发展目标中的"消除饥饿、良好健康与福祉"为依据确立的，水污染和水净化主题下的"拯救小鱼儿的家"是以联合国可持续发展目标中的"清洁饮水、水下生物"为依据确立的。

2. 聚焦生活来驱动

项目式学习五大关键要点中的第一点就是：建立项目与现实生活的联系。只有源于学生实际生活中的真实问题，才能激发学生探究的欲望。当学生学习的知识贴近现实生活时，他们便能更好地投入学习。项目初始，在学生层面充分进行调查，参与度达到了100%，再经研究团队研讨，最终确定研究主题及驱动性问题。

（三）学科融合，让学生学会学以致用

项目式学习五大关键要点中的第二点告诉我们，项目式学习并不意味着背离课程标准。老师给学生设计的项目要与学习目标保持一致，要与课程内容相契合，不能脱离学科知识内容而进行。因此，要重点做到以下两点。

1. 统整核心知识

研究团队以各科课程标准为依据，对年级各科教材中的核心知识进行梳理，依据项目对核心知识进行精简、调整、统合、补充，使学生在项目式学习中能够灵活运用相关知识解决问题。如在"健康饮食——你是一枚合格的小吃货吗"这个项目中，老师们梳理了如何基于语文学科的运用"先……再……然后……最后……"等表示顺序的关联词介绍自己的作品；基于英语学科的运用"apple/banana/peach/pear/orange/grape/tomato..."说一说自己食谱中的食物；基于数学学科的运用"元、角、分知识"采购食材；基于科学学科的根据食物中营养成分来搭配健康食谱等。这些学科知识其实是"潜伏"在整个项目中的，学生在合适的时候自然而然地进行运用。

2. 明确核心素养

研究团队以学校育人目标及中国学生发展核心素养为主要依据，根据具体项目，梳理并确定每个项目中的核心能力。如在"拯救小鱼儿的家"这个项目中，老师们梳理了"沟通与合作""设计思维""创新""团队协作""问题解决""动手操作""口语表达""公民责任感"等核心能力，在项目活动中有意识地对核心能力进行关注与评价。

（四）资源开发，助推学生具身投入研究

1. 开发探究支架

针对不同年级学生的年龄特征与心理特点，结合项目式学习，由研究团队在集备教研时开发使学生具身投入学习与研究的支架，指导学生深入学习相关知识，并运用创生所学知识，更好地解决驱动性问题。

2. 引进专家系统

在研究项目式学习的过程中，往往会探究到专业性较强的领域，比如在进行超学科项目式学习"聊聊'株'背后的故事"时，学校遇到的一个挑战，即关于新冠病毒研究与中医影响的专业知识。由于教师们在这些领域的专业素养有限，为学生提供的指导也不够深入。为了突破这个困境，我校引入了专家系统，并邀请中医专家莅临学校，为学生提供专业讲解并解答他们提出的各类问题，从而使项目探究得以更加深入地进行。

（五）方式变革，助力学生综合素养提升

1. 课时安排变

在单周内采用4天+0.5天的时间安排，即4天国家课程，0.5天项目式学习课程，给学生足够的探究活动时间，进行问题研究与解决。

2. 课堂结构变

打破传统单一的学习模式，倡导合作探究的新型学习方式。我们的教学策略遵循"组内异质，互为补充，组间同质，适度均衡"的原则。具体而言，我们将根据学生的个性特征、兴趣爱好、学习能力以及性别比例等因素，对他们进行科学合理的分组。在小组内，成员们明确分工、共同合作，以确保项目式学习的高效进行。此外，引入教师参与机制，每位教师搭配另一位教师共同负责两个班级，确保每个班级都拥有多元化的教学风格。两位负责教师来自不同学科，具有不同的教学风格，这有助于激发学生的创新思维，培养他们运用多元化方法解决问题的能力。

3. 学习方式变

松岭项目式学习方式主要有以下几个特征：其一是问题性，项目的确定源于学生生活中的问题，以解决生活中的实际问题为研究目的；其二是实践性，项目式学习把学生带到鲜活的现实生活当中，学生在亲身参与问题的选择、研究与解决的实践过程中学习；其三是综合性，项目式学习超越了传统的课堂、学科评价，是跨学科、超学科的综合运用，所涵盖的内容涉及自然、社会、文

化以及人类自身；其四是开放性，项目式学习的开放性一方面表现在学习资源、学习场地是开放的、不受局限的，另一方面表现在解决问题的方式方法上也是开放的。

4. 师生关系变

在项目式学习中，教师转变为学习者与合作者，与学生共同探究问题、研究解决方案。在这一过程中，教师与学生地位平等、相互尊重，充分尊重学生的独特见解。项目式学习是一种多边合作模式，师生之间、学生之间相互学习，取长补短，共同成长。这种多边合作不仅促进了学生的学习能力，也是他们学会协作的重要途径。

（六）多元评价，助力学生多元发展

学校基于课程标准、学校育人目标及中国学生发展核心素养，为了推动学生实现深度学习，对项目式学习的多元评价量规进行了探讨和研究。

1. 评价量规多维度

评价量规的制定，不仅关注学生在解决问题过程中对知识的运用，更注重其综合素质和可持续发展能力的提升。我校项目式学习主要从以下八个维度展开通用型评价量规的设计：合作、沟通、问题解决、创新思维、批判性思维、信息素养、艺术鉴赏以及学习品质。针对具体项目，我们会进行相应任务型的评价量规设计。

2. 评价方式多元化

从学生自评、生生互评、教师评、家长评等多角度进行评价，松岭项目式学习评价的主要目的是，通过对学习过程中的评价，促进学生探索水平的不断发展和提高。

四、松岭项目式学习的设计框架

松岭项目式学习主要有启动项目、建构知识、形成作品、复盘结项四个步骤（图3-4），通过一步步地深入研究，最终使教师、学生均得到提升。在启动项目阶段，导入情境，界定问题，引导学生思考问题解决。在建构知识阶段，开展小组合作以及资源支架支持的学习。在形成作品阶段，形成作品方案，进行作品设计。在复盘结项阶段，进行创意表达展示与评价反思。

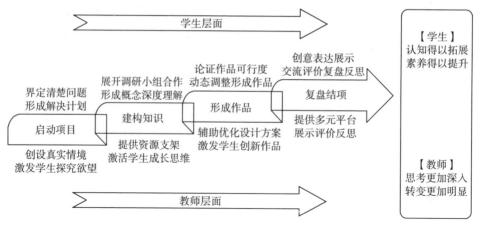

图3-4　松岭项目式学习的设计框架

（一）学科项目式学习设计框架

学科项目式学习设计包括五个阶段：梳理学科核心知识与核心素养、创设学生感兴趣的驱动性问题、确定该学科项目式学习的大概念及项目总目标、分解项目阶段目标、引导学生经历高阶认知历程从而制作与发布学习成果（图3-5）。

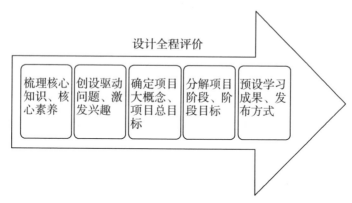

图3-5　学科项目式学习设计框架

（二）跨学科、超学科项目式学习设计框架

在跨学科、超学科项目式学习设计时，需要经历六大设计阶段（图3-6）。首先，从真实生活中发现需要解决的问题；其次，将真实问题转化为能够激发学生研究兴趣的驱动性问题；然后，根据要解决的问题，梳理所需学科及相关的核心知识、核心素养；随后，确定该项目的大概念及总目标确保学生能够经历高阶认知历程；此后，将项目分解为一个个阶段，确定每个阶

段的目标，确保研究的可持续性；最后，预设学习成果及发布方式，最终能够解决生活中的这一真实问题，并实现核心知识的学以致用以及核心素养的提升的项目目标。

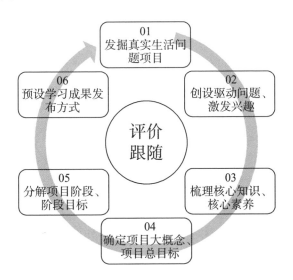

图3-6　跨学科、超学科项目式学习设计框架

（三）松岭项目式学习设计的关键问题

1. 项目式学习设计的出发点

学校总结在项目式学习设计与实施中的经验，借鉴巴克教育研究院在《项目式学习指导手册：每个教师都能做PBL（小学版）》中的相关内容[①]，提出了学校在项目式学习设计中应该关注的几个要点。

（1）课程单元重构法

从现有学科课程中选取合适的单元，通过重新设计，整合项目式学习的核心要素，使之转化为一个具有探究性和实践性的项目。这种方法既可以在学科内实现项目式学习，也可以跨学科融合，激发学生的创新思维。

（2）社区问题发现法

引导学生关注社区（或其他环境）中的真实问题，如环境问题、社会问题，通过项目式学习的方式，探究问题的成因和解决方案。这种方法有助于培养学生的社会责任感和解决问题的能力。

---

① 美国巴克教育研究院项目式学习计划. 项目式学习指导手册：每个教师都能做PBL（小学版）[M]. 来赟，邢天娇，译. 北京：中国人民大学出版社，2023.

（3）时事热点与兴趣驱动法

结合时事热点、流行文化以及学生的兴趣点，设计具有时效性和吸引力的项目。通过引导学生关注和分析这些话题，激发他们的学习热情和参与度。

（4）专业人士问题引入法

邀请专业人士分享他们在工作中遇到的问题和挑战，引导学生通过项目式学习的方式，寻找解决方案。这种方法有助于开阔学生的视野，增强他们解决实际问题的能力。

（5）师生共同兴趣挖掘法

关注师生的共同兴趣和热情，以此为出发点设计项目式学习。通过引导学生参与自己感兴趣的项目，增强他们的学习动力和投入度。同时，这种方法也有助于建立师生之间的良好互动和合作关系。

综上所述，构思项目式学习的途径包括课程单元重构、社区问题发现、时事热点与兴趣驱动、专业人士问题引入以及师生共同兴趣挖掘等。

2. 创设驱动性问题

项目式学习的核心始于"具有挑战性的问题或疑问"，这一问题不仅是学生探索的指南针，也是教学过程中的关键驱动力量。问题的措辞设计尤为关键，不仅要聚焦项目的核心目标，还要能够激发学生的参与热情。有效的驱动性问题应遵循以下标准。

吸引力：问题应引起学生的兴趣，具备启发性，避免陈词滥调，并与学生的日常生活紧密相关，从而激发其责任感和参与意愿。

开放性：问题应允许多种解决方案，鼓励学生发挥原创性，并需要他们运用批判性思维、信息收集等技能。

目标对应性：问题应与项目的学习目标紧密相连，确保学生在解决问题的过程中，能够掌握关键知识和能力。

3. 设立学习目标

学习目标是项目式学习的基石，它围绕核心知识、大概念和能力素养展开。

核心知识：明确项目所涉及的核心学科知识，并参考国家标准，确保学生能够达到预期的知识掌握水平。

理解大概念：强调学科的核心观点和核心概念，帮助学生建立对学科的宏观理解，把握知识之间的内在联系。

能力素养：项目设计应着重提升学生的关键能力，如批判性思维、问题解决、团队合作，但每个项目应聚焦一两项主要能力进行培养。

4.项目时间的设定

项目时长应根据项目主题、学科特性、项目性质及主要成果来确定。项目式学习通常涵盖短期、中期和长期项目（表3-1），具体时长应根据实际情况灵活调整。在设定项目时间时，应充分考虑学生的学习进度、任务的复杂性以及资源的可用性，以确保项目的高效完成。

表3-1　项目时间设计

种类	项目时长	特征	注意事项
短期项目	3~5天/5~8小时的课时量	迷你项目，项目聚焦1~2个目标，设定简单的作品 单学科项目	适用于所有学科
一般项目	3~5周/12~25小时的课时量	教师指导的大多数项目 跨学科项目	大部分项目任务在课堂上完成
长期项目	6周以上/超过25小时的课时量	聚焦于大概念、复杂问题和多种作品的项目 高阶项目，超学科项目。	学生在课堂、课外都需要为完成项目而准备

5.明确项目式学习的阶段

项目式学习是一个有序的过程，涉及启动、构建、形成与展示四个核心阶段。

（1）启动项目

通过引入活动和驱动性问题，激发学生的好奇心和探究欲望。明确问题框架，提出解决方案的初步构想。

（2）构建知识

组建项目学习小组，围绕驱动性问题展开深入探究。在此过程中，构建核心知识体系，提升关键能力素养。教师设计支架体系以辅助学生掌握和运用知识，制定评价量规确保学习成效。

（3）形成作品

依据评价量规，学生运用所学知识形成解决问题的方案或作品，并在实践中不断修正和完善。

（4）复盘结项

聚焦成果发布和项目复盘，学生公开分享其项目作品，展现学习成果。同时，通过反思提升个人终身学习力。

6.成果发布的重要性与策略

项目式学习的重要特征之一是学生的公开分享。成果发布不仅是对学习目标的检验，也是对学生研究能力和创造力的展示。成果形式多样，如活动、服务、演示、报告、发明。在规划成果时，须考虑其证据性、可行性和创新性。同时，明确个人与团队创作的成果，并为学生提供选择的空间。在展示环节，应预留时间让学生阐述选择理由、探究过程和学习收获，以促进深度反思与知识内化。

五、松岭项目式学习的实施策略

（一）松岭项目式学习的实施步骤

项目式学习教师层面主要有选择项目、制订项目方案、项目开课、复盘总结四个步骤（图3-7）。

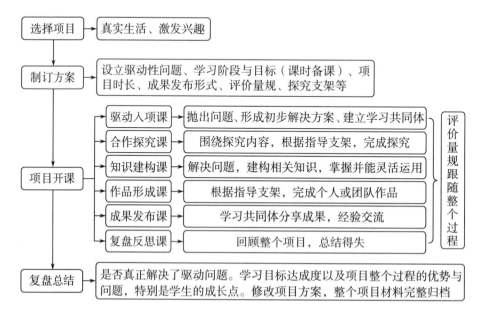

图3-7　松岭项目式学习的实施步骤

1. 选择项目

项目选题应源于学生的生活实际，具备挑战性和建构性，可由学生、教师单独或共同提出。选题过程中，应确保项目能够激发学生的探究兴趣，同时促进他们在解决问题过程中构建知识体系并发挥潜能。

2. 制订项目方案

在制订项目式学习方案时，须充分融入项目式学习的核心要素，并遵循基本设计原则。方案应涵盖驱动性问题、合作探究、知识建构、作品形成、成果发布及复盘反思等关键环节。备课过程中，应细化每个课时的内容与活动，确保实施的流畅性和有效性。

3. 项目开课

（1）驱动入项课

通过抛出驱动性问题，激发学生探究欲望。引导学生深入分析问题，构想初步解决方案或作品，并共同制订研究计划，明确任务分工和时间安排。

（2）合作探究课

设计具体的探究任务，制定评价量规，搭建探究支架，以促进学习共同体的深度合作与成长。备课中需精心策划探究目标和支架体系，确保探究活动的针对性和实效性。

（3）知识建构课

明确关键大概念和核心知识，细化到各相关课时。制定教学支架和评价量规，确保学生掌握核心知识并能灵活应用，实现深度学习。

（4）作品形成课

聚焦于学生作品的创作过程和质量。通过集体备课和研究，制定作品评价量表，鼓励学生参与制定过程，提升自我评价和反思能力。

（5）成果发布课

学生完成作品后，组织多样化的成果发布活动，如展览会、报告会。提前制定评价量规，以促进学生的学习和成果的展示。

（6）复盘反思课

项目结束后，进行全面性总结与反思。通过梳理研究计划实施过程，总结经验教训，提升学生的可持续发展能力。教师提供必要的支架，引导学生深入思考。

4. 复盘总结

项目结束后，教师须对整个项目进行深入的反思与总结，分析问题解决程度、学习目标达成情况以及学生成长状况。在此基础上，优化项目方案，整理归档项目资料，为后续教学提供参考。

（二）项目式学习评价

项目式学习旨在培养适应未来的学习者，采取基于学生综合素养发展的双评价模式，即素养评价和专用评价。素养评价对应指标为解决问题能力、批判性思维、合作能力、创造力、沟通能力、语言表达能力、信息提取能力等。专用评价针对具体项目形成具体评价量规。

素养评价采取A（优秀）B（良好）C（初级）三个等级进行评价，适用小学低、中、高三个学段，计入评价系统，每学期形成学生能力数据库，将其作为小学阶段素养发展的参考数据（表3-2、表3-3、表3-4）。

表3-2 小学低段（一、二年级）素养评价表

评价维度	具体表现描述		
	C级（初级）	B级（良好）	A级（优秀）
解决问题能力	能够发现问题	能够发现问题，并能动脑筋有意识地解决问题	能够发现问题，开动脑筋，提出解决问题的办法
批判性思维	针对某个（某些）观点，能够提出疑问（质疑）	针对某个（某些）观点，能够从不同角度提出疑问（质疑）	针对某个（某些）观点，能够从不同角度提出疑问（质疑），并能说出提出疑问的原因
合作能力	具有和小伙伴一起做成事的意识	能够较好地按小组合作分工一起完成任务	能够很好地按小组合作分工一起完成任务
创造力	有好奇心，能奇思妙想	有好奇心，喜欢奇思妙想	有好奇心，喜欢奇思妙想，敢于大胆创意
沟通能力	能倾听，尝试表述自己的观点	会倾听，喜欢表述自己的观点	会倾听，能够较为清楚地表述自己的观点
语言表达能力	敢于表达自己的观点	能够比较清晰地表达自己的观点	能够比较清晰地表达自己的观点，并且听者能听明白
信息提取能力	能够从短文或书本中提取信息	能够从短文或书本中提取自己想要的信息	能够准确地从短文或书本中提取自己想要的信息

表3-3 小学中段（三、四年级）素养评价表

评价维度	具体表现描述		
	C级（初级）	B级（良好）	A级（优秀）
解决问题能力	能够发现问题，并积极想办法	能够发现问题，想到解决问题的办法	能够发现问题，想到解决问题的办法，尝试解决问题
批判性思维	针对某个（某些）观点，能够从不同角度提出疑问（质疑），并能说出提出疑问的原因	针对某个（某些）观点，能够从不同角度提出自己不同的观点与看法	针对某个（某些）观点，能够从不同角度提出自己不同的观点与看法，能够初步进行分析式表达
合作能力	按照分工，积极参与合作	按照分工，积极参与合作，面对合作中出现的问题，能够较好地协商解决，基本完成合作任务	按照分工，积极参与合作，面对合作中出现的问题，能够很好地协商解决，很好地完成合作任务
创造力	有好奇心，喜欢奇思妙想，试着提出自己的设想	有好奇心，喜欢奇思妙想，较清楚地提出自己的设想	有好奇心，喜欢奇思妙想，能够清楚地提出自己的设想
沟通能力	会倾听，能够较为清楚地表述自己的观点	会倾听，能够清楚地表述自己的观点	能够听取关键信息，能够清楚地有条理地表述自己的观点
语言表达能力	能够清晰地表达自己的观点，让听者能听明白	能够运用一定的表达技巧，较为流畅、有逻辑地表达自己的观点，听众能够理解	能够运用一定的表达技巧，流畅、有逻辑地表达自己的观点，听众能够理解
信息提取能力	能够比较准确地从文章或书本中提取自己想要的信息	能够准确地从文章、书本、网络、资料、别人的对话中提取自己想要的信息	能够精准地从文章、书本、网络、资料、别人的对话中提取自己想要的信息

表3-4 小学高段（五、六年级）素养评价表

评价维度	具体表现描述		
	C级（初级）	B级（良好）	A级（优秀）
解决问题能力	能够发现有价值的问题，想到解决问题的办法，尝试解决问题	能够发现有价值的问题，想到解决问题的办法，较好地解决了问题	能够发现有价值的问题，想到解决问题的办法，很好地解决了问题
批判性思维	针对某个（某些）观点，能够从不同角度提出自己不同的观点与看法，能够初步进行分析式表达	针对某个（某些）观点，能够从不同角度提出自己不同的观点与看法，能够较好地进行分析式表达	针对某个（某些）观点，能够从不同角度提出自己不同的观点与看法，能够很好地、有理有据地进行分析式表达
合作能力	按照分工，积极参与合作，面对合作中出现的问题，能够较好地协商解决，较好地完成合作任务	按照分工，积极参与合作，面对合作中出现的问题，能够很好地协商解决，很好地完成合作任务	按照分工，积极参与合作，面对合作中出现的问题，能够很好地协商解决，很好地、创造性地完成合作任务
创造力	有好奇心，喜欢奇思妙想，能够提出自己的设想	有好奇心，喜欢奇思妙想，能够清楚地提出自己的设想，尝试运用所学初步完成创新作品	有好奇心，喜欢奇思妙想，能够清楚地提出自己的设想，尝试运用所学完成一个创新作品
沟通能力	能够听取关键信息，能够清楚、有条理地表述自己的观点	有耐心地、有肢体动作地回应别人的讲话，与他人进行互动，流畅表达自己的观点	有耐心地、有肢体动作地回应别人的讲话，与他人进行互动，关注他人的情感体验，流畅表达自己的观点，实现沟通目的
语言表达能力	能够运用一定的表达技巧，流畅、有逻辑地表达自己的观点，听众能够理解	能够运用一定的表达技巧，流畅、有逻辑地表达自己的观点，借助语气语调变化、肢体语言动作等让听众理解	观点组织流畅、有逻辑；表达方式得体，语气语调正式；表达方式不拘一格、令人印象深刻，富有创造性，能引起听众的共鸣
信息提取能力	能够精准地从文章、书本、网络、资料、别人的对话中提取自己想要的信息	能够从海量资源中提取出与主题相关的信息，并能够分辨有用信息与无用信息，将有用信息提取出来	能够从海量资源中提取出与主题相关的信息，并能够分辨有用信息与无用信息，将有用信息提取出来，并对提取的有用信息进行创造性使用

校长谈：项目式学习学校教改经验

首先，校长是课程的引领者和推动者。课程改革能否走入学校、走进课堂，在很大程度上取决于校长对课程改革的理解、认同，以及对实施改革的积极领导。校长不仅需要理解和认同课程改革，还需要积极领导和推动课程改革的实施。

其次，校长是学校发展的引领者和推动者。校长的课程领导力是在国家课改要求下，坚持以人为本的原则、以校为本，领导教师创造性地实施新课程，全面指引、统领和推进课程改革在学校中的实践和创新过程，提升教育质量的能力。这其中包括学校对课程的建设、决策、管理、组织、引领和评价等，通过它能够提升学校团队专业能力和实现学生的全面发展。

此外，校长还需要通过发掘教师的潜能，从而不断优化教育教学工作，促进学生的全面发展。同时，校长还需要积极推动教师团队的专业发展，提升教师的课程实施能力和教学水平。

总而言之，校长在学校课程改革中扮演着至关重要的角色，发挥着举足轻重的作用。推动课程改革实施是提升教育教学质量，促进教师专业发展，实现学生综合素养提升与全面发展的重要途径。

（一）课程改革的觉醒之思

崂山区松岭路小学2019年建校时就确立了"以中国智慧创造未来美好生活"的办学理念，在这个理念的指导下，我们对育人目标的定位是把学生培养成能够传承中国文化与智慧、具有为公精神、能够选择和创造未来美好生活的现代小学生。我们希望学校能够为每一个学生打造一套属于或者适合他们自己的课程，希望学校能够服务于个体，让学生的个性得以发展，因此我们对学校的定位是个体服务、个性发展。

如何通过个体服务实现个性发展，把学生培养成能够传承中国文化与智慧、具有为公精神、能够选择和创造未来美好生活的现代小学生呢？这就需要课程的开发与实践。我们推动四大工程，第一大工程是体育工程，我们希望每个学生都有健康的体魄，都有积极向上的阳光心态，这是基础中的基础。第二大工程是公益劳动，我们希望每个学生都有利他精神，能够做好自己的事，不给他人添麻烦的同时，还能为他人、为社会做一份贡献，这是精神追求。第三大工程是项目式学习，我们希望每个学生面对问题时都有想办法解决问题的能力，而不是逃避或放弃。第四大工程是读书工程，我们希望每个学生都能养成每天阅读的习惯，让读书成为生活中不可或缺的一部分。

本着培养能够选择和创造未来美好生活的人这样的育人目标，项目式学习这一工程非常重要，项目式学习是以解决学生真实生活中的真问题为研究目的，在研究过程中主动探索获得解决问题所需的学科知识和技能，深度理解相关概念，在探索研究的过程中，提升学生批判性思维、问题解决能力、合作沟通能力、创造能力等综合素养。项目式学习就是为学生将来进入未知的不断变化的世界中时，能够有的放矢地自主学习，不断思考，运用多种思维模式去解决问题、创新生活。

学校从2019年开始启动项目式学习工程，虽然项目式学习不是一个新生事物，在国际上，包括国内一些学校，已经做过很多年的研究了，但是在青岛崂山区学校中开展研究的并不多，因此衍生出一个个难题，比如，老师们不了解项目式学习的理念、项目式学习课程体系该如何构建、教师队伍如何培养、如何把项目式学习的思维和学校文化契合起来。面对诸多问题，我们也茫然过，幸运的是，我们遇到了李玉顺教授，李教授通过线上线下多种途径给老师们解惑答疑，并将他的研究生团队带到松岭路小学进行深度参与式实践研究，让我们充满了继续做下去的信心与力量。

（二）项目式学习的认知嬗变

认知改变行为，因此，学校做的第一件事，也是最重要的一件事，就是改变教师们的认知。每一次改革，其实就是认知的变革，当教师们的认知达到一定的水平之后，就会内化外显到行为上。

针对项目式学习开展理念培训。聘请专家进行深入解读，同时为教师们购买相关书籍、案例开展自主学习，就学习内容进行沙龙、头脑风暴等一系列理论联系实际的操练活动，让教师们对项目式学习有深入的了解。在开展培训、实操的过程中，教师们发现在做项目式学习的时候，自己往往会被学生的一个个问题问倒，这个时候，教师们就体验到学生是在进行主动思考的，而这才是学习的本质。教师们意识到了项目式学习的价值之所在，由知识本位转向了素养本位，分科学习转向了学科整合，学用分离转向了学用合一，被动学习转向了能动学习。

在项目式学习过程中，学生的成长让教师们感受到项目式学习对学生一生的重要意义。我们有一个超学科项目式学习，主题是"拯救小鱼儿的家"，这个项目是研究水污染日趋严重，海洋生物无家可归甚至面临生命的消逝，继而去深入研究环境保护和污水的净化。有一个家长在与学校教师沟通的时候说，项目式学习对孩子的影响是深远的，她家的孩子到海边游玩，看到海边的垃圾便主动去捡拾。妈妈问她："你这样做可能微不足道，一个人的力量太小了，你何必非要去做呢？"她说："你不做，我不做，没有人做，环境会越来越差，海洋生物可能真的会无家可归。"妈妈不再说什么，而是和她一起捡拾海边的垃圾。学生的这种行为，不是我们刻意去教或者说刻意教就能教出来的，这是深化至内容的一颗种子，在不经意间就会慢慢生根发芽、长大。也就是在这一刻，教师突然深刻地感受到了项目式学习对学生未来的影响力是多么的深远，理念认知得到了层级式的跃迁，在后面的项目式学习课程开发中，教师们能够克服各种各样的困难，迎难而上，动力很足。

（三）课堂教学改革的行动引领

要做好项目式学习，需要从学校育人发展的目标上做整体规划。

在管理方面，学校成立了以业务副校长为组长的专门的研究引领团队和服务团队，团队成员为教学部门的干部、各个教研组的组长。大家集思广益，出谋划策，一起从服务、研究、成长的角度做好管理。

在教研方面，学校分别以学科项目式、跨学科项目式、超学科项目式这三种不同的项目开展不同层面的集备教研工作。学科项目式由学科组共同教研，跨学科项目式由项目所涉猎的几个学科组共同教研，超学科项目式由所在年级的所有学科教师共同教研。在教研过程中，每个组都有自己固定的教研时间、固定的教研模式，每一次教研大家都围绕教研目标各抒己见，最终制订出项目式学习的落地方案。

在教学方面，学校的研究引领团队深入课堂当中，发现问题、发现亮点，教研的时候服务其中。为了借助项目式学习更好地开展课堂教学，学校研发了几种课型，如驱动入项课、合作探究课、知识建构课、作品形成课、成果发布课、复盘反思课，让教师有课堂教学的抓手，从而尽最大可能落实好每个项目的目标，让学生的素养得到提升和发展。

在评价方面，学校从两个方面入手，一个是对教师的评价，一个是对学生的评价。对教师的评价旨在助力教师们突破传统教学，致力于项目式学习的研究，并且能够将项目式学习的思维运用到自己的学科教学、班级管理当中。因此，每个寒假、暑假，教师们都会进行新一轮的项目式学习培训，并自主研发项目，学校组织优秀项目的评选。学生评价，注重过程性评价和终结性评价相结合进行，一个是围绕核心素养进行评价，再一个是围绕具体项目进行评价，我校的评价量规根据不同项目进行调整，通过评价让教师、学生都得到成长。

在科研方面，学校将项目式学习研究申报了市级课题，通过课题研究，将其做深入、成体系，形成一套科学的实践模型，便于新入职的教师及兄弟学校参考使用，助推学生核心素养的有效落地。

（四）未来项目式学习生态愿景

未来，学校希望全校教师、学生，包括其他职工，都能具备项目式学习思维模型，能够运用这种思维来学习知识、解决问题。因此，未来学校期望构建的样态是"基于问题—自主（合作）学习—运用创生—解决问题—攀升跃迁"。学校是学生走上社会、走入生活的练功场，学校不能一味地传授知识，面对未来社会，学校必须转型以培养迎接未来的人。因此，希望借助项目式学习，打造教师、学生的核心竞争力、未来可持续发展力，这样，教师和学生才能以饱满的热情迎接未来。

第三节　教师视角：如何胜任真实性、综合化的项目式教学

项目式学习对教师而言，代表着一种教学方法和教学理念的革新。相较于传统教学模式偏重知识传授和考试评价，项目式学习强调使学生通过解决实际问题和参与实践活动，培养主动探索、合作、创新及解决问题的能力。对教师来说，项目式学习意味着角色转变，从传统的知识传递者转变为项目引导者和支持者。教师在项目中负责指导学生规划、实施和评估学习过程，提供资源、协助设定学习目标、解决问题及组织合作，以促进学生学习。

在项目式学习中，教师与学生共同参与项目活动，展示学习方法、问题解决思路和技巧，教师要能激发学生学习兴趣，鼓励他们勇于尝试和探索。在项目进行过程中，教师适时提供支持和指导，协助学生克服困难，并给予反馈以促进学生进步。教师可以采用个别会谈、小组讨论或评估等形式，与学生共同评价项目成果，实现教师与学生的共同成长。项目式学习促使教师注重实践教学，倡导个性化学习，培养具有综合能力的人才。教师在项目式学习中的积极

参与和指导会对学生的学习成效和发展产生积极影响。

2022年新课标的颁布，说明了教育教学改革既要注重继承我国课程建设的成功经验，也要充分借鉴国际先进教育理念，进一步深化课程改革；强化课程综合性和实践性，推动育人方式变革，着力发展学生核心素养；凸显学生主体地位，关注学生个性化，多样化的学习和发展需求，增强课程适宜性；坚持与时俱进，反映经济社会发展新变化、科学技术进步新成果，体现时代性。项目式学习恰好是学生综合运用多学科学习进行综合性、活动性的教育实践形态。项目式学习已经成为学校教育必不可少的"美味佳肴"之一，是落实新课程标准、实现育人目标、培养核心素养的重要手段。因此，对于一线广大教师而言，了解项目式学习、深入学习项目式学习，在自己的教育教学中科学合理地应用项目式学习将会是教育教学改革的有效途径。

相较于平常的课堂，项目式学习中的教学目标、教学内容、学习方式以及教师与学生之间的关系都发生了比较大的转变。在新课标颁布之后，怎样基于新课标，基于当前教育资源、教育素材进行项目式学习的开发，如何探索项目式学习具体实施、组织，如何实现教、学、评一体从而更好地引导学生开展项目式学习的探究，提升学生的学科核心素养，必定是中小学广大一线教师践行新课标理念、推动新课标落地实施的重要途径。

一直以来，中小学教师对"教师讲—学生听"的课堂模式已经习以为常，教师对学生学习以及课堂上的小组活动都进行一定的掌控，这种教育生态与项目式学习所强调的学生为中心、驱动学生自主学习探究的模式是不相符合的。传统教学思维让很多老师偏爱设计教学，有时在开展项目式学习的过程中，也往往会主导问题提出、方案选取、成果发布等整个过程，这种现象依然是典型的教师本位思想，并没有完全理解项目式学习的本质意义，而是变成为了项目而项目。因此，要让教师能够承担并与学生一起设计，完成一个高质量的项目，教师必须让自己从理念更新到项目设计再到问题解决等诸多素养水平得到一个新高度的提升。简而言之，教师，将是确保项目式学习高质量开展，教育成效有所保障的软实力或者首要条件。

教师在项目式学习中起着至关重要的作用，教师是教练，是学生的学习共同体，是评估者、反馈者，也是设计师，教师对项目式学习的理解是否深刻，将直接决定项目的成败，因此教师在项目式学习中是否足够专业尤为重要，为此我校针对教师层面开展了系列赋能措施。

一、阅读铸魂——更新教师项目式教学观念

一个能够坚持阅读与学习的教师，是具备学习力的人。只有具备学习力，教师才能不断学习和掌握教育教学改革创新所需要的知识和技能，才能真生领会项目式学习的本质意义，以便开展高质量的项目式学习活动。

崂山区松岭路小学在赋能教师转变理念方面，首先是建立了以教师自主学习为主、交流分享为辅的阅读模式。学校为教师规定必读书目与选读书目，以便使其更好地实现理念层面的转变与落实。学校为教师推荐了夏雪梅关于项目式学习的系列图书《项目式学习的实施：学习素养视角下的中国建构》《项目式学习设计：学习素养视角下的国际与本土实践》《跨学科的项目式学习："4+1"课程实践手册》等，以及其他有关项目式学习的书籍《项目式教学》《跨学科项目式教学》《项目式学习指导手册》《项目式学习工具》《追求理解的教学设计》等。教师通常利用寒暑假进行深度阅读，利用开学前的教师培训时间，通过松岭读书会进行头脑风暴，教师之间结合自己的工作实际，彼此进行读后碰撞与交流，以加深对项目式学习的认识。这使教师们更好地了解了国内外教育领域的最新动态和先进经验，开阔了他们的教育视野。教师还经常阅读优秀的教育专著、学术期刊和教育媒体，从中借鉴其他地区和学校的成功经验，提高自身对项目式学习的教学水平和教育观念，从而更好地实现理念的革新。

二、科研引领——提升教师项目式教学信念

科研对学校和教师来说具有重要意义，它不仅是教师个人专业发展的动力和平台，也是提高教学质量和推动教育改革创新的关键因素。因此，崂山区松岭路小学将"基于新课标的小学项目式学习研究"进行市级课题申报，以创新项目立项，通过课题研究为教师提供了一个深入研究教育问题、探索教学方法和策略的机会。学校成立课题研究项目组，由教研组长及骨干教师参与，辐射至全体教师。学校教师通过参与项目式学习课题研究，不断拓展自己的学术视野和知识储备，提高了自身的教学水平和专业素养，激发了创造力和求知欲，学校的学术氛围积极热烈，形成了一个积极、创新的学术环境，教师的学术热情和合作精神被激发。

科研引领下，学校项目式学习课程体系完成建构，对项目式学习课程群建

立的目标、构建思路、整体框架、实施流程、课型选择、评价量规等均进行了
整体规划，形成闭环管理，整套体系对帮助教师理解"什么是项目式学习""为
什么要做项目式学习""怎样做项目式学习""做到什么程度"有一个直观且深
刻的认识。课程群库中的课程资源对教师开展项目式学习提供了积极的辅助作
用，有的项目可以直接借鉴使用，有的项目可以根据学生实际、社会教育实
际，进行科学创新使用，让项目式学习变得越发有意义。

三、研修赋能——培养教师项目式教学素养

培训学习对教师的成长具有重要意义。通过培训学习，教师可以不断更
新自己的教育观念，跟上教育领域的发展变化，了解最新的教育政策和教学理
念，开阔教育视野，掌握最新的教学理念、教育技术和教学方法，不断提高自
己的教学水平。有目标地培训可以帮助教师深入了解相关专业知识，掌握教学
内容的核心要点，并教会教师如何有效地传授知识给学生。

崂山区松岭路小学也是如此，教师对项目式学习的深刻理解与认同，除了
借助自主学习之外，更重要的是专家引领。学校聘请了北京师范大学教育学部
博士生导师李玉顺教授，华东师范大学高等教育学教授、博士生导师、教育领
导研究中心主任戚业国为指导专家，定期针对项目式学习开展线上、线下培训
与指导。北京师范大学李玉顺教授的研究生团队也参与到学校的整个项目式学
习的研发过程中，让教师们从理论到实践都得到提升与发展。同时，学校在假
期利用远程研修，认真学习夏雪梅关于项目式学习设计逻辑的讲座，并及时进
行研讨，已落实至学校的教育教学中。

教师自主学习、专家引领最终都是为了更好地落实到教学实践中。崂山区
松岭路小学有一项规定性动作，那就是假期中的"一人一项目"活动，每个假
期，松岭路小学的每位教师都要在研读课标、教材的基础上，独立设计一个学
科、跨学科或超学科的项目式学习方案，从项目背景、项目简介、项目目标、
项目具体实施步骤与流程、项目工具及评价量规等方面进行设计。完成设计
后，开学初的教师学习与培训时段，开启一人一项目活动交流分享，在具体交
流中教师采取"分散—集中—分享—再集中—再完善"的交流流程。首先，教
师根据年级、学科分为六人一组的小组，每位教师先在各自小组中分享自己的
项目设计方案。其次，在小组内进行碰撞交流，选出每个小组中最优秀的一个
项目，集合全组组员的共同智慧进行修改完善。然后，将完善修改后的项目面

向全体教师进行分享。接着，在全体教师范围内再进行一轮头脑风暴。最后，进行分享的教师集全体教师智慧修改完善自己的项目方案。通常进行分享的优秀项目方案会有四至五个，再修改完善之后，这些优秀的项目方案将会放至学校项目式学习课程群库中，作为新学期项目式学习的备选方案。

经过一轮两次的碰撞、交流，教师对项目式学习的认识在不断深入，为每学期真正的付诸实践打牢基础。

四、实践提质——完善教师项目式教学实施

崂山区松岭路小学2020年就开始了项目式学习课程的探索与研发，直至今日，通过对项目式学习的不断研究，发现项目式学习的内涵与国家"双减"政策以及新课标的颁布意义不谋而合，这更加坚定了崂山区松岭路小学师生坚持实践的决心，目前，项目式学习在我校已经常态化实施。

（一）建立学习共同体，智慧碰撞，让项目更专业

教师学习共同体指的是在专业知识和教育实践上进行合作、分享和持续学习的教师群体。它的核心思想是通过教师之间的合作与互动，促进教师的专业发展和教师素养的提升。教师学习共同体可以促使教师进行深入的教学交流和反思。通过与他人的交流和讨论，教师可以更好地了解自己的教学问题，并寻求解决的方法。同时，教师学习共同体也提供了一个反思的空间，让教师能够对自己的教学进行反思和评估，进而推动整个教育体系的改进和创新。

项目式学习要得到真正深入的有效落地，除了教师在实践方案中的研讨交流之外，在践行的过程中，同样需要通过建立教师学习共同体，坚持研讨、交流、修改、完善执行的项目方案与具体课时方案。松岭路小学建立了以教研组为研究团队的学科项目式学习共同体，以多学科教研组为研究团队的跨学科项目式学习共同体，以年级学科教师为研究团队的超学科项目式学习共同体。每一个学习共同体都有主要负责人，专门就项目式学习实践过程中的研讨进行统筹。各学习共同体通常采取"定时研讨+草根研讨"方式进行。定时研讨，即每周固定时间、定好目标、定好主题、定好发言人围绕开课及开课中出现的问题进行深入研讨，以实现目标的有效达成。草根研讨，即随时随地随机开展研讨，以解决一些亟待解决的问题。

项目式学习共同体的建立使得教师在项目式学习研究过程中的深度与专业度得以保证，让每一个项目的开启更加专业，让每一个项目在研究过程中，走

得更实，目标的达成度变得更高、更精准。

（二）在反复论证中诞生项目实施方案

为了确保项目式学习实施方案的科学性、可行性和合理性，并确保目标高达成度，在一个项目开始之前，学校将会进行多番论证，只有经过充分的论证和全面的评估、推演，才能不断修改完善直至方案科学有效。学习共同体在反复论证中，能够找出方案中存在的问题和不足，并通过不断地辩证和推敲，逐步完善方案，使其更加科学合理和有效。通过反复论证，可以吸纳教师科学合理的意见和建议，形成共识，便于更好落地。

1. 论证项目实施关键阶段

关键阶段是在某个过程或发展阶段中具有决定性作用的特定时期或环节，在项目式学习生命周期中同样存在着一些关键阶段，例如项目的启动阶段、项目阶段分布、时间规划、评价量规、成果发布方式。只有项目的关键阶段科学、合理，方能使项目目标真正落地。

论证阶段包括从新课标中提取学科核心素养以及项目总目标、联系具体教材确定项目大概念及相关任务、基于语文学科特点细化项目关键阶段三个子阶段。在论证过程中，教师学习共同体会将自己当作学生，运用逆向思维，以终为始倒推每一个关键阶段的设计是否科学合理、是否符合新课标背景下核心素养的要求以及能否达成目标等。

2. 论证项目实施进程管理

每一个项目都会产生一个属于自己的实施进程以及对应的实施课时安排，这个实施进程如同参加一场马拉松比赛者，要想完成比赛，就需要进行管理，比如以3000米为一个阶段，设置10个或多个阶段性目标，则会让比赛更为轻松。项目式学习特别是超学科项目式学习，往往需要进行管理，这样更有利于教师与学生共同完成这场时间周期长的项目式"马拉松"。以超学科项目式学习"拯救小鱼儿的家"为例，该项目在实施进程管理论证中，教师学习共同体，从大的进程到每一阶段角色设定，再到具体的周次安排，均进行了多次反复论证，最终确定了实施进程（图3-8），并在项目实施过程中，按照此推进，当然，如遇突发问题，则根据实际情况进行论证修改与调整。

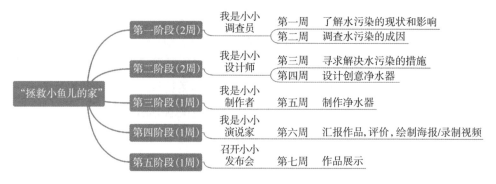

图3-8　"拯救小鱼儿的家"实施进程

3. 论证项目实施所需清单

项目清单是项目实施的有力保障，如同学校的后勤部门。俗话说，兵马未动，粮草先行。一份科学的项目清单会使整个项目式学习的探究过程变得更加顺畅。夏雪梅在其著作《项目式学习的实施：学习素养视角下的中国建构》中就为广大教师提供了两个核查清单的工具（表3-5），在这里一并附上，供教师们学习使用。

表3-5　项目清单核查工具

工具1：教师实施准备清单
1. 我做好了项目的设计书并听过了同伴和代表学生的意见。 2. 我对每一个阶段的项目的检核点都清楚。 3. 对于学生最后将要产生的成果及如何评判其质量我是清楚的。 4. 我对学生如何分组心中有数。 5. 我准备了过程中的学习支架以支持不同类型和水平的学生。 6. 我有简略的课时计划。
工具2：学生实施准备清单
学生的行为准备： 1. 学生对这个问题充满好奇。 2. 学生对解决这个问题跃跃欲试。 一般性的项目实施能力的准备： 1. 学生会和他人协作。 2. 学生知道如何搜索有用的资料。 3. 学生会与别人沟通和交流想法。

学生的认知准备：

1. 学生了解项目式学习是一种探究式学习，需要自己主动发现问题、解决问题。

2. 学生对即将要开始的项目主题有日常的生活经验或有自己的想法。

3. 学生知道项目过程中要提出问题，要努力寻找资源，要与他人合作。

（三）在真实情境中驱动学生入项探索

项目式学习的启动阶段，即"入项"，至关重要，因为它直接关系到学生是否能够对整个项目产生浓厚的兴趣和内在驱动力。只有当学生对某个问题产生强烈的好奇心和探索欲望时，他们才会在项目式学习的过程中表现出主动、积极的探索态度。因此，成功的项目式学习首先要有一个精心设计的入项环节。

项目式学习的核心在于解决真实的问题，因此，入项的设计必须根植于真实的生活情境。只有真实的情境才能使学生与项目建立紧密的联系，从而全身心地投入其中，进行深入的探索和研究。在我校的项目式学习实践中我们发现，一个成功的入项除了具备"真实性"这一核心要素外，还需要满足以下两个条件。

首先，入项必须能够引起学生的情感共鸣。当学生对项目产生情感共鸣时，他们对项目的兴趣和内在驱动力将被极大地激发。情感共鸣不仅能增强学生的投入度，提高他们对项目的关注度和探究力，还能深化他们对项目的理解和认知。这种情感共鸣将促使学生更加积极地反思自己的观点和行为，进而影响他们的价值观和行为方式。因此，项目式学习的更深层次价值将通过情感共鸣得以实现。

其次，入项必须与学生的个体生活紧密相连。一个成功的入项应该能够与学生的日常生活产生紧密的联系，甚至可以将项目视为生活本身。这样的设计能够使学生自然而然地融入项目中，从而使他们的探究更具价值和意义。

综上所述，一个成功的项目式学习入项不仅需要具备真实性，还需要能够引起学生的情感共鸣并与他们的个体生活紧密相连。这样的入项设计将为学生提供一个充满趣味和动力的探索空间，推动他们在项目式学习中取得更好的成果。

五、反思增效——优化教师项目式教学效果

学校很多教师在项目式学习的探索与研发过程中获得了成长，迟晓琳老师

及其科学学科学习共体研发的学科项目"'松岭牌'奶茶"在全区进行公开课例展示，陈婷婷老师及其英语学科学习共体研发的"PBL在英语教学中的探索及尝试"在全市进行经验介绍，项目式学习在助推教师成长的同时，学校也通过松岭读书会、教育教学沙龙等活动促进教师之间相互学习，项目式学习也日渐成熟。

分享学校一位年轻的项目式学习"骨干"顾慧童老师在项目式学习探索和研究中的心路历程。

迷雾，是阳光照进来的地方

●独上高楼，望尽天涯路

初次接触项目式学习是我在硕士研究生毕业后的第一年，那时候还没有进入公立学校工作。当时的我进入了青岛市最早成立的私立学校——白珊学校。这是一所老牌的国际学校，有着先进的IB课程①。2017年，白珊学校首次将IB课程引入小学部，成立了"超学科"课程。我觉得那时候的我，就像图中的1号小人，紧紧抓住树干想要跟上节奏。作为刚毕业的新教师，

我对语文学科教学都没有弄明白，怎么去进行"超学科"这种综合性、实践性很强的教学呢？当时的我压力很大，也很头痛，没有信心，但我仍想尽我所能去做好。

还记得在开学前，超学科负责教师带领全体教师进行超学科培训——那是我第一次接触这样的培训。教师们按小组就座，负责教师由一个视频导入话题，接着提出问题。带着对问题的思考，教师们以小组为单位进行想法互换、生成海报、小组展示、小组互评。如果把项目式教学生涯比作一朵花，那么那一天的培训，就是这朵花的种子被埋进了土里。那天的培训深深地震

---

① IB课程，即国际文凭课程（International Baccalaureate Diploma Programme），是一项专为16~19岁学生举办的国际性教育课程，IB课程旨在培养学生的学术能力、社会意识和全球视野，帮助他们为未来的大学生活做好准备。该课程涵盖了广泛的学科领域，包括语言文学、数学、科学、艺术、社会科学等。学生需要在6个学科中选择至少一门科学课程、一门数学课程、一门语言文学课程，以及其他与自己兴趣相关的课程。

撼了我——直到现在，我还经常在教学设计时回忆那天的情景，希望用有趣的方法激活学生的思维，带给他们不一样的体验。

于是，我就带着一点点期许和更多的迷茫开始了我的项目式教学生涯。还记得，我做的第一个超学科主题是六年级的"宗教"主题。这个主题从入题到成果展示会，总共进行了两个半月的时间。截止到2023年，我总共参与了大概10个项目式学习的教学设计和教学实践。五年过去了，这第一个"宗教"主题的研究给我留下了深刻的印象。还记得这个主题的教学是从"制作创意神话图腾并表述内涵""使用拼图对应的方法认识世界三大宗教"几个方面进行的。学生上台时的侃侃而谈，表达自己所思所想和创意时灵光闪动的眼神都令我印象深刻。那时是每周三下午两节课固定进行项目式课程，每周开课前也会为了这件事苦思冥想，有时候没有思路就给负责的老师打电话一起研讨，寻找思路。最令我难忘的是这个项目最后的成果展示会，这个展示会将全体老师和家长邀请至班级，由学生独立组织策划、布置教室、制作邀请函、排演节目。那时，我的思维还没有从"教师主导、学生主体"的模式中解放出来，还停留在老师说一步、学生做一步的阶段，那天学生们着实给了我惊喜。那天的成果展示会下午一点半开始，在12：40时，我走进教室，发现他们还在不紧不慢地布置教室，我当时的状态可以用"炸毛"两个字来形容，我在想，还有不到一个小时，家长就要进来了，这桌子没摆好，作品没放上展示，连舞台、黑板字都没布置，这可咋办？就在我焦头烂额之时，肖主任走过来，对我说了一句话："这不是学生自己的事情吗，你放手让他们自己去做吧！"当时的我并没有领悟这句话的意思，但我的内心似乎没有那么焦躁了，开始和学生一起布置教室，指挥打扫……等我们忙活完了，我已经出了一头汗。可是，展示会马上就要开始了，学生还没有排练！这时，一个小男孩走过来，拍着胸脯自信满满地说："老师，你就放心吧，这些我们都有经验，绝对不会'砸场子'的。"我半信半疑。成果展示会开始了，家长们进教室后开始环视学生项目式学习成果，学生分小组自信大方地介绍着他们作品的思路、心路历程……节目的展示也异常精彩、顺利，他们把平时项目式课堂展示更细化了，也更加熟练，效果出奇的好。我的一颗心也终于放进了肚子。成果展示会圆满成功。

直到现在，我仍在思索这第一个项目，究竟是怎样的力量，让学生从被动接受到主动地探索、热情地表达、自信地展示，项目式学习究竟有怎样神奇的能量，可以让一群人发生这样大的转变。

●衣带渐宽终不悔，为伊消得人憔悴

2019年，我来到松岭路小学，开启了一段新的教师生涯。2020年，松岭路小学在青岛市崂山区率先开启了项目式学习课程的探索，那时的我，就像6号小人。当时我对项目式学习的理解就是学生合作完成一项任务，然后展示交流评价就可以了，形式非常单一，局限性大。从学生的状态来看，他们有迷茫，有焦虑，并不是那么享受学习过程。于是我开始反思究竟是哪里出现了问题。

2020年，松岭路小学引进了北京师范大学李玉顺教授的团队进行项目式学习研究的支撑，团队中的一位老师和我一起进行了"拯救小鱼儿的家"这个项目式学习主题的教学。在这个项目中，我看到学生的脸上又重新焕发了光彩——他们为小鱼在家被环境污染后死伤无数而伤心落泪；他们做水净化实验时跃跃欲试，百折不挠；项目结束后，他们为小鱼换水、喂食，每日照

料，始终如一。看到他们的改变，我就在思考，我的项目式学习研究理念究竟哪里出现了问题。在这个项目中，我逐渐认识到驱动问题和评价量规的重要性。此时的我就像图中的11和12号小人，有了团队，有了专业研究人员的指导，每个学期开课前，我们会用整整一个假期和开学后一个月的时间进行充分教研，快乐而幸福。

2022年4月，新课标颁布。令人惊喜的是，新课标中明确肯定了项目式学习，我希望运用项目式学习的形式让学科教学得到发展。松岭路小学对项目式学习的探索已进行了三年！这三年来，我们已经走在了前进的路上。此时，越来越多的学者开始关注项目式学习，市面上也出现了大量的关于项目式学习研究的新书。于是，我开始了"买买买"。买来书后，我并没着急去看，但是当我在项目式教学中遇到困惑时，
我就开始细细品读起来，希望能从中找到答
案。2022年的这个春天，我开始了大量的探
索，甚至每一节语文课，我都在用项目式
学习的方式来上。我大量设计支架，给学生
足够的时间小组进行合作、交流，用大量的
时间让学生小组展示，我发现，学生乐在其
中，非常享受这一过程。为了记录探索的过
程，我特意注册了一个微信公众号，用来记
录每一节项目式学习的课堂和学习反思，期望能与更多教育同仁共同探讨。
但在这个春天，我也发现了一个问题，项目式学习似乎对学业成绩较好、能
力较为突出的学生更有锻炼的价值，而那些"潜能生"，经常处于跟不上、直
接"摆烂"的状态。此时，我就产生了新的问题：究竟如何让每个学生都能
在项目式课堂上得到适合他"最近发展区"的发展呢？这个时期的我，应该
是7号和13号小人，有时沉浸在项目式教学课堂的快乐中埋头耕耘；有时也会
苦苦思索和迷茫，看不清楚前方的路。

●众里寻他千百度，蓦然回首，那人却在灯火阑珊处

2022年9月，我有幸成为四年级项目式学习的教学组长。在这个秋天，我
带领组员一起进行了以"云游青岛"为主题的项目式学习。经历了两年的摸
索，现如今，无论是教学前教师的合作备课还是学生的合作学习，都积累了
一定的经验，流程进行起来十分顺畅。教师们教研时，会逆向出发，先把自
己当成学生，想想这一部分最终呈现的结果
是什么，再从结果向上推：如果学生想要这
样一个结果，教师该为学生准备哪些支架，
创设哪些情境，提供哪些资源？每课时开课
前教师们都会提前两周进行集中教研，不仅
会提前吃透为学生准备的书籍资料，还会提
前联系相关领域的专家，接受科学的指导。
这一时期，我们教研组吸取之前的教训，不
再滥用支架，我们明白了，支架只是其中一

种学习方式，我们正在探索更多种项目式学习方式。迷茫的时候，我会带领组员一起读书，《追求理解的教学设计》《未来教室的项目式学习设计》《50个工具玩转项目式学习》……我也带领组员们共同更新教育理念，提升项目式教学技能。这一阶段，我应该是快乐的10号小人，站在大树的C位，拨开了小小的迷雾，有了些小小的成就感，但仍然希望自己站得更高。

2022年底，我们共同经历了一场无声的战役。大家对健康、养生的关注达到了前所未有的高度。也许，灵感的产生就在一瞬间，我突然想在春天里，带领组里的老师和学生进行一场科学防疫与健康生活方式的保健主题的项目式研究旅程。说干就干，通过校级培训教研、四年级项目式学习教学组多次集体教研，我们最终把驱动式问题定为：在大病毒时代，如何科学防疫和健康生活？但我们并没有把驱动式问题直接告诉学生，而是通过视频引导、资料启发等方式，教师和学生一起通过头脑风暴在课堂中制定出驱动式问题，这一过程非常考验教师的组织能力，但提升了学生的思维能力。

在这个项目中，最终的公开成果是制作不同功效的中药端午香囊用于"六一"义卖，为更多的人传递健康理念。高明的教师善于提问，智慧的教师善于让学生自己提出问题，问题是解决问题的开端，我们团队的教师使用刚刚从书本中学习的KWL表①，引导学生提出问题。整整三个月，学生们先是通过"病毒大作战"这一学习阶段，了解和研究病毒攻击人体的过程，他们创意无限，用创意漫画、情景剧、口袋海报等多种形式，呈现出他们对这一问题的理解。接着，他们通过自主设计调查问卷、分析数据、撰写微型研究报告的方式，完成了第二阶段"小小调查员"的学习。通过这一阶段的学习，学生们总结出了科学防疫和健康生活的方法，这让他们欣喜不已，驱动式问题也迎刃而解，这样的学习流程形成了研究的闭环，为学生将来进行自己感兴趣领域的研究提供了范式与方法。那么，有了健康生活的方法，该如何在生活中实践呢？第三阶段我们

---

① KWL表是一个三列图表，其中K代表关于阅读或学习的主题已经知道的内容（Know），W代表想要学到的内容（Want to know），L代表学习到的内容（Learned）。

引入校外中医资源，入校为学生讲解中医理论与养生方法及常见中药材，为最后制作中药香囊做好准备。

这一阶段的我，就像15号小人，拥有更多的经验，向世界挥手，希望能遇见更多优秀的项目资源，更热爱生活，更希望从生活中获取灵感。

●你当像鸟，飞往你的山

项目式学习改变了我的教学思维模式，让我在教学时，考虑更多的是与实际生活相结合以激发学生的兴趣；还有这个项目的社会现实意义，学生的成果能不能推动社会的发展，让这个世界更美好一点。通过项目式教学，我拥有了更宽阔的视野。还记得做教师之前，还在读师范的时候，我的教育箴言是：通过语文，让学生看见更大的世界。现在我想改一改这句话：通过项目式学习，让学生拥抱更大的世界。

教师谈·项目式教学个人成长经历

（一）项目式教学观念的更新

1.真实学习的发生

教师更新对学习发展的理解，注重高阶思维与关键能力的培育。相较于平常的课堂，项目式教学中的教学目标、教学内容、学习方式以及教师与学生之间的关系都发生了比较大的转变。在新课标颁布之后，怎样基于新课标、基于当前教育资源和教育素材进行项目式学习的开发，如何探索项目式学习具体实施、组织，如何实现教学评一体从而更好地引导学生开展项目式学习的探究，提升学生的学科核心素养，必定是广大中小学一线教师践行新课标理念、推动新课标落地实施的重要研究内容。

长期以来，我国中小学教育体系中，教师讲授为主、学生被动接受的教学模式已根深蒂固。在这种模式下，教师对学生学习内容和课堂小组活动均有较大程度的控制权。然而，这与项目式学习所倡导的学生为中心、激发学生自主探究能力的核心理念相悖。受传统教学理念影响，许多教师在实施项目式学习时，仍会不自觉地主导问题的提出、方案的选择以及成果的展示等整个流程。这种现象实质上仍是以教师为本位，未能深刻领会项目式学习的真正内涵，导致项目式学习流于形式，未能发挥其应有的教育价值。

为确保项目式学习的高质量实施及其教育成效，教师必须从教学理念、项目设计到问题解决等多方面进行自我提升。具体来说，教师需要更新教学理念，明确自己在项目式学习中的角色定位；提升项目设计能力，确保项目的有效性和针对性；同时，还须增强问题解决能力，以应对项目实施过程中可能出现的各种挑战。

综上所述，在项目式教学中，教师的角色转变至关重要。他们需要摒弃传统教学中的权威地位，转变为与学生共同探索，成为学生学习的合作伙伴和指导者。这意味着教师需要激发学生的学习兴趣，培养他们的高阶思维和关键能力。同时，教师还需要不断更新对学习发展的理解，从单纯关注知识掌握转向注重学生的全面发展和成长。这样的转变将有助于教师在项目式教学中更好地发挥引导作用，支持学生的学习过程，从而实现教育目标。

2. 学生学习方式的变革

项目式教学的实施确实带来了教师教学观念的更新，并对学生的学习方式进行了变革。项目式教学对学生学习方式的变革主要体现在以下几个方面。

学生成为学习的主体。项目式教学将学生置于学习的中心地位，激发他们的主动性和自主学习的意愿。在传统的教学方式中，学生更多是被动地接受知识；而在项目式教学中，学生通过参与项目活动，成为学习的主体。他们需要主动探究和解决问题，从而培养学习兴趣和能力。

强调跨学科和综合能力。传统的教学往往侧重于单一学科的知识和技能的教授；而项目式教学强调跨学科的综合应用。学生通过参与项目活动，整合多个学科的知识，运用不同的技能和工具来解决实际问题。这样的学习方式能够帮助学生培养跨学科思维能力和综合应用知识的能力。

鼓励合作学习和社会交往。在传统的教学中，学生的学习往往是独立的，单独完成作业或考试。而在项目式教学中，学生需要通过团队合作来完成项目任务，这要求他们与其他学生进行积极的合作和交流。这样的学习方式不仅培养了学生的合作能力和团队精神，还促进了他们的社交技能和沟通能力。

培养解决问题和创新的能力。传统的教学往往侧重于教授知识和技能，而项目式教学更加注重培养学生解决问题和创新的能力。在项目中，学生会面临一系列的挑战和问题，需要通过分析、思考和实践来解决。这样的学习方式培养了学生的批判思维和创新意识，使他们能够更好地应对未来的挑战和问题。

项目式教学对变革学生学习方式起到了积极的作用。它使学生成为学习的主体，培养了他们的主动学习能和探究能力；强调跨学科和综合能力的培养，帮助学生将学科知识应用于实际问题中；鼓励合作学习和社会交往，促进学生的社交技能和沟通能力。作为教师，我们应该积极地倡导和实践项目式教学，以更好地促进学生的学习和发展。

3. 教学评一体化设计

项目式学习教学评一体化是指将教学设计和教学评估的过程有机地结合在一起，相互促进和支持，以提高学生的学习质量和深度。在项目式学习中，学生通过参与真实的项目活动来获得知识、技能和社会交往能力。教师在项目设计中既是学生的指导者和评估者，同时也是项目的组织者和支持者。对教师而言，项目式学习教学评一体化的设计是项目式学习高质量实践的基础。教师在项目设计之初，要明确项目的学习目标和评估标准，并将其融入项目的各个阶段和任务中。通过这种方式，提高学生的参与度与自主性，学生能够清楚地知道他们将学到什么以及如何被评估，从而使学习更有方向性和动力。

通过参与项目活动，学生的学习变得更加有趣和具有挑战性，他们有机会展示自己的才华和创造力。然而，教师也意识到项目式学习教学评一体化的设计在实践中可能面临一些挑战。首先，教师需要投入更多的时间和精力来设计和实施项目，这对于一些有经验有限的教师可能是一项任务。其次，评估项目式学习的成果可能较为主观和复杂，需要教师具备一定的专业知识和评估能力。最后，项目式学习的评估结果可能不仅仅依赖于学生的书面作品，还可能包括口头展示、演示或其他形式的表现，这对于教师的评估技能也提出了要求。

项目式学习教学评一体化的设计对于提高项目式学习的质量和效果起到了关键作用。虽然它可能带来一些挑战，但通过不断的实践和研究，相信未来教师可以更好地利用这种设计来促进学生的学习和发展。

4. 项目学习共精进

教师学习共同体指的是教师在专业知识和教育实践上合作、分享和持续学习的群体。它的核心思想是通过教师之间的合作与互动，促进教师专业发展和教师素养的提升。教师学习共同体可以促使教师进行深入的教学交流和反思。通过与他人的交流和讨论，教师可以更好地了解自己的教学问题，并寻求解决的方法。同时，教师学习共同体也提供了一个反思的空间，让教师能够对自己的教学进行反思和评估，进而推动整个教育体系的改进和创新。

项目式学习要得到真正深入的有效落地，除了教师在实践方案中的研讨交流之外，在践行的过程中，同样需要通过建立教师学习共同体，坚持研讨、交流、修改、完善执行的项目方案与具体课时方案。

（二）项目式学习教学设计与实践能力的提升

1. 从模仿到创变

（1）第一阶段：模仿

在刚开始接触项目式学习时，教师往往会通过模仿他人的范例来进行教学设计。教师可能会参考一些已有的项目案例，如其他教师的教学经验、教科书或教育资源网站上的范例，以了解项目式学习的方法和要点。通过模仿，教师可以逐渐熟悉项目式学习的基本理念、教学策略和技巧。

（2）第二阶段：理解

随着对项目式学习的积极参与与研究，教师逐渐理解和领悟项目式学习的核心要素和原理。教师开始明白项目式学习是一种基于实际问题或情境的学习方式，通过让学生进行实际的项目活动来促进他们的学习和发展。在理解阶段，教师开始思考如何将项目式学习与学科教学内容和目标相结合，将学生的学习与实际问题紧密联系起来。

（3）第三阶段：深化

随着理解的加深，教师能够更加熟练地运用项目式学习的方法和策略，并能够根据学生的需求和学科特点，选择合适的策略来组织项目式学习过程。在这个阶段，教师开始思考如何设计具有挑战性和深度挖掘的项目主题，如何引导学生进行团队合作和社会交往、如何评估学生的学习成果等。教师开始关注学生的学习过程，注重培养学生的学习策略和问题解决能力。

（4）第四阶段：创变

在深化的基础上，教师可以开始进行创新和创造，系统设计并实施学校特色的项目式学习课程。教师能够根据自己的实践经验和专业知识，结合学校的教育理念和课程目标，设计具有独特特色的项目。在这个阶段，教师可能会创造性地整合不同学科的知识，创设更加真实和有挑战性的学习情境，激发学生的思维能力和创造力。

需要强调的是，这些阶段并不是严格线性的，一个教师可能在某个阶段停留更久，或者在不同的阶段中反复前进和回溯。教师的成长是一个渐进的过程，需要不断学习、反思并实践，以提高教学设计的质量和效果。

2. 从探索到生成

（1）第一阶段：框架

在项目式教学实践的初始阶段，教师通常从"专家"的视角出发，设计课程时侧重于自己的知识和教学经验，并进行紧密的引导。教师可能会预设好一个项目的框架，包括学习目标、任务以及评估标准等，并在项目进行过程中，倾向于告诉学生应该如何做以及怎样完成任务。

（2）第二阶段：引导

随着对项目式教学实践的积累与反思，教师和学生逐渐转变为从"学习者"的视角思考，并开始注重学生的思维和能力的引导。教师更加关注学生的学习过程和学习方法，鼓励学生主动思考、合作探索，并培养他们的自主学习能力。在这个阶段，教师会更加强调问题解决和思维发展的过程，促进学生的批判性思维、创造性思维以及合作与沟通能力的提升。

（3）第三阶段：生成

在项目式教学实践的深入研究中，教师和学生开始从学习和研究的视角思考。教师通过对学科知识和学生情况的了解，精准地找到学生思维的生长点，并设计相应的学习任务和项目。在这个阶段，教师实现了课堂学习文化的变革，从传统的教师中心课堂向学生主导的学习环境转变，激发学生的学习兴趣和动力。

值得注意的是，项目式教学实践的成长阶段是一个渐进的过程，每个教师可能会在不同的阶段上停留不同的时间，并且可能会反复前进和回溯。教师的成长需要不断地学习、反思和实践，并结合自身的实际情况进行调整和改进。同时，教师也需要关注学科的新发展和教育理论的突破，以提升项目式教学实践的质量和深度。

（三）从学科项目式到跨学科项目式

项目式学习是指学生通过参与项目活动来获得知识、技能和社会交往能力。在项目式学习中，学生可以选择一个感兴趣的话题或主题进行深入的研究和学习，并最终展示他们的成果。而跨学科项目式学习则是在项目式学习的基础上，强调学科之间的整合和交叉学习。跨学科项目式学习要求学生能够将不同学科的知识、概念和技能应用到项目中，解决实际问题。

跨学科项目式实践面临着一些难题和挑战。首先，跨学科项目式教学需要教师具备跨学科的知识和能力，能够整合不同学科的教学资源和内容。这对教师来说可能需要更多的时间和努力来进行学科之间的沟通和合作。其次，跨学科项目式可能需要更多的资源和支持。教师可能需要寻找其他学科教师的合作，并与他们一起设计和实施项目。另外，跨学科项目式学习的评估也是一个挑战，因为需要评估学生在不同学科中的应用和综合运用能力。

针对这些挑战，跨学科项目式实践可以采取以下应对的举措。首先，教师可以通过专业发展和学科交流来提升自己的跨学科知识和能力水平。教师可以参加相关培训、研讨会和研究小组，与其他学科的教师分享经验和资源。其次，教师可以寻找学科教师间的合作机会，共同设计和实施跨学科项目。这种合作可以促进学科之间的交流和理解，并提供更丰富的学习资源和支持。最后，教师可以采用多种形式的评估方法，包括口头展示、实际操作和项目成果等。这样可以全面评估学生的学习成果和跨学科能力的发展。

综上所述，跨学科项目式学习与传统项目式学习的区别在于强调学科的整合和交叉学习。跨学科项目式实践面临着挑战和难题，但通过教师的专业发展、学科合作和多种评估方法的运用，可以应对这些挑战，并为学生提供更具丰富性和综合性的学习体验。

（四）促进教师专业发展

在项目式教学实施过程中，教师的专业能力和素养会有显著的进步，并且他们可能会感受到职业获得感的变化。这是因为项目式教学对教师提出了更高的要求，并为他们提供了更多的发展机会和挑战。

首先，项目式教学要求教师具备跨学科的知识和能力。教师需要能够根据项目的主题或任务，整合不同学科的教学内容，并设计相关的学习活动。这要求教师拥有广泛的知识储备和教学经验。通过这个过程，教师能够扩展自身的知识领域，提高学科整合能力，进一步提升专业能力。

其次，项目式教学注重学生的自主学习和合作学习。教师在这个过程中更多的是充当指导者和支持者的角色，鼓励学生自主探究、解决问题，并通过团队合作完成任务。这要求教师具备良好的沟通能力、团队管理能力和问题解决能力。通过参与项目式教学的实践，教师的这些素养会得到锻炼和提高。

在项目式教学实施过程中，教师还能够获得更多的职业获得感和满足感。这是因为项目式教学能够为教师提供更有挑战性和创造性的教学环境。教师可以根据学生的需求和兴趣，设计和实施更有意义和有趣的教学活动。这种创新的教学方式能够激发教师的热情和动力，改善教学效果，并带给他们成就感和满足感。

然而，要实现教师的专业能力和素养的进步，以及获得职业获得感的变化，并不是一件容易的事情。在项目式教学实施过程中，教师需要付出更多的时间和精力。他们需要不断地学习，发展自己的教学和领导能力。此外，教师还需要与其他教师和专业人员进行合作和交流，分享经验和资源。这些都需要教师具备自我驱动和持续学习的精神。

总的来说，通过参与项目式教学的实践，教师的专业能力和素养会有明显的进步，同时他们也会感受到职业获得感的变化。这不仅对教师自身的发展有益，也能够提升学生的学习效果和体验。因此，学校和教育机构应该鼓励和支持教师尝试项目式教学，并提供相应的培训和资源支持。

第四节　学生视角：持续增强强参与、深体验的项目式学习

项目式学习与传统的知识传授型授课，从课程设计的基本原理来说，有很多相似之处。

- ●第一步：阐明目标；
- ●第二步：选择学习经验，也就是确定学习的内容；
- ●第三步：组织学习经验，也就是实施的过程；
- ●第四步：评估经验，也就是评价。

从课程设计的基本原理看，这两种授课方式完全一致，那么，哪里不同呢？最大的区别就在于教育发生的主体的不同和教育主体——学生学习方式的不同。接下来，聚焦学习者视角来探讨项目式学习。

一、兴趣激活——开启项目式学习生长点

根据教育心理学和认知科学的理论，兴趣是个体对特定事物或活动的积极心理倾向，它能够激发学习者的内在动力，促进学习的深度和广度。在项目式学习中，兴趣激活有助于帮助学生开启学习的生长点，推动他们在探究和实践中不断成长。

首先，兴趣激活能够激发学生的学习动机和内在驱动力。这种内在驱动力

将促使学生更加深入地探索知识，提升技能，从而实现学习的高效和深入。其次，兴趣激活有助于促进学生的认知发展和创新思维。兴趣能够激发学习者的认知灵活性，促使他们从不同角度和层面去分析和解决问题。同时，兴趣还能促进学生的知识整合和应用，使他们在实践中不断提升认知能力和学习水平。此外，兴趣激活还有助于培养学生的自主学习能力和终身学习的习惯。在项目式学习中，学生根据自己的兴趣选择研究主题、制订研究计划、开展实践活动等，这发展了他们的自主学习能力和自我管理能力。

二、情境创生——筑就项目式学习经验库

正如陶行知先生所说，生活即教育，教育即生活。生活这个大课堂中，蕴含着无数的知识，其实更重要的是能力的培养。基础知识教育是必要的，但是如果一味地被动接收基础知识，创造性会越来越枯竭。比基础知识更重要的，是与众不同的思维方式，是不走寻常路的创意和创造。

而项目正是基于生活中的问题，探究和解决生活中的问题。二年级的学生通过"你是合格的小吃货吗"主题项目，知道了人体所需的健康的饮食结构，了解了不同食物中蕴含着不同的丰富的营养，会在饮食方面给不同人群以不同的方案和建议。二年级下学期，学生可以通过查资料了解不同少数民族的服装特色、习俗文化等，完成海报，当好发言人，并独立设计一套衣服。学生甚至还可以自主设计图案、选择面料，完成运动会班级班服的设计，在家长的支持下，学生还穿上了自己设计的衣服，这是多么神奇的一件事情啊！三年级学生研究了家乡的文化、中国的文化；研究了我们的生态环境。四年级学生更是研究了给我们生活带来很大冲击的病毒，并延伸到中医养生、人体免疫等知识，正确认识、科学防范。教师总是感觉学生太小，其实，是教师没有给他们提供展示的空间，项目式学习证明了学生的无穷创造力。

教师是教育的服务者、引领者。总结一下作为教师的我们需要做的事情：

●和学生一起，找到生活中他们感兴趣的、有价值的问题作为本学期研究的内容。

●通过集体备课，根据学生年龄特点，设计他们可以胜任的任务。当然，内容也会根据学习情况不断调整。

●学习过程中，设计一定的学习支架（一些表格等，辅助孩子学习。开始时可以详细一些）并教会学生使用，鼓励学生去问、去思考、去探究、去表达。

●过程中适当给予技术上的支撑，例如，如何连接网络，如何用百度查找资料。

●方法上的指导、帮助、陪伴——在学生需要你的时候。如果不需要帮助，那么多肯定、多鼓励准没错！

●评价。评价可以来自教师，也可以来自同伴。建议开课伊始便和学生一起制定评价量规。评价可以在任何环节、任何时间，但是，建议教师的评价要具体，要有指向性，要正向，要能更好地促进学生的学习。

●和学生一起设计展示环节。自我展示会极大地提升学生的自信心，因为那是他们自己的成果。语言表达能力、美术创意能力、小组成员之间的通力合作等，都能在活动中得到锻炼和发展。

●每周的集体备课是教师反思、复盘、蓄力的时间，教师虽然不是学习的主体，但是必不可少的协助者。

●争取家长、社会的有利资源，帮助学生获得更专业的指导或者支撑，从而让学生能够更多、更好地参与学习，获得更深层次的体验。

三、学科关联——构建项目式学习知识网

在现代教育体系中，学科关联与项目式学习相结合，对于培养学生的核心素养和构建完整的知识网络具有不可估量的价值。首先，站在学生的视角来看，项目式学习是一个从生活经验出发，逐步深入学科知识并最终形成认知网络的过程。在项目实践中，学生会遇到各种实际问题，这些问题往往与他们的生活经验密切相关。通过运用学科知识解决这些问题，学生不仅能够加深对知识的理解，还能够将知识内化为自己的认知网络。这种学习方式不仅让学生感受到知识的实用性，还能够激发他们的学习兴趣和动力。

其次，学科核心概念不仅仅是某一学科的骨架，更是培养学生核心素养的基石。通过深入理解核心概念，学生能够形成对学科的全面认识，掌握解决问题的基本能力，进而形成批判性思维、创新能力和跨学科整合的能力。学科关联则能够提供丰富的知识背景和解决问题的多元视角。当学生在实际项目中遇到问题时，他们可以利用多学科的知识进行综合分析，形成更为全面和深入的解决方案。这种学习方式不仅能够增强学生的学科素养，还能够培养他们的团队协作能力和问题解决能力。

最后，构建项目式学习知识网络的价值不仅在于提高学生的学业成绩，

更在于培养他们的终身学习能力。通过项目式学习，学生不仅能够掌握学科知识，还能够学会如何学习、如何合作、如何创新。因此，教育者需要精心设计项目，确保项目能够涵盖多个学科领域的知识；同时，教育者还需要提供必要的指导和支持，帮助学生顺利完成项目并从中获得成长。

综上所述，学科关联与项目式学习的结合对于培养学生的核心素养和构建完整的知识网络具有重要意义。通过这种学习方式，学生不仅能够掌握学科知识，还能够培养自己的综合能力和终身学习的习惯，有利于学生终身学习力的发展。

四、具身体验——提升项目式学习满意度

在生活教育理念的指引下，松岭项目式学习通过精心创设问题情境、设计知识探究任务、鼓励跨学科思考和促进协作解决问题，为学生创造了具身学习的体验，进而显著提升了学生的核心素养。

在问题情境创设方面，我们紧密围绕学生日常生活，巧妙地将"衣、食、住、行"等生活元素融入学习主题和内容中。这样的设计确保了学生能够在真实的生活场景中发现问题、解决问题，从而增强他们的学习参与度和实际应用能力。

在知识探究建构方面，我们设置了一系列具有挑战性和探索性的任务，如调查研究、实验验证和模型制作。这些任务旨在激发学生的好奇心和求知欲，促使他们在解决问题的过程中主动建构知识，从而培养他们的探究能力和实践能力。例如，在"聊聊'株'背后的故事"一课中，学生通过设计调查问卷、整理调查数据等方式，深入探讨了健康生活习惯与身体健康之间的关系，不仅培养了他们的数据思维和科学思维，还使他们深刻体会到了养成良好生活习惯的重要性。

在跨学科思考方面，我们积极引导学生从多个学科的角度去全面分析和思考问题。通过打破学科界限，学生得以运用多学科知识来提出更为科学合理的解决方案，从而有效培养他们的创新思维和综合能力。

在协作解决问题方面，我们强调学生在真实环境中的合作与互动。通过组织小组讨论、团队合作等活动，学生不仅学会了如何与他人合作、如何分工协作，还学会了如何共同实现目标。例如，在"聊聊'株'背后的故事"这课中，学生们通过小组合作、制作漫画、口袋海报、设计情景剧等多种形式，

共同探讨了病毒的生存条件和攻击人体的过程。这一过程不仅提高了学生的资料筛选、小组合作和表达展示能力，还加深了他们对病毒传播和防控知识的理解。

综上所述，通过项目式学习的具身学习体验，学生的核心素养得到了显著提升。他们不仅在知识探究、跨学科思考和协作解决问题等方面取得了显著进步，还培养了创新精神和实践能力。这种以生活教育理念为指导的教学方式为学生未来的学习和职业发展奠定了坚实的基础。

五、家校联动——打造项目式学习生态圈

（一）家庭教育支持

家是人生的第一所学校，是孩子最早获得教育、教导的环境，也是获得情感、归属感的场所。

品德教育作为家庭教育的重要组成部分，在孩子思想道德建设过程中发挥着不可替代的作用。家长作为孩子的第一任老师，也应该和学校一道担负起教育的责任。在项目式推进过程中，教师们感受到了来自家长的支持。二年级的一位家长开办了一个服装厂，她不但组织孩子们去服装厂参观衣服的加工过程、还让孩子们触摸并为他们讲解了上百种面料。更可贵的是，当看到孩子们亲手设计的班服时，她还提出免费帮助孩子们做出来！后来，孩子们真的在运动会的时候穿上了自己设计的班服，何其有幸，何其骄傲！感谢热心的家长成为项目式学习道路上的助力者。家长们来自各行各业，他们的专业知识，都会给超学科项目式学习以助力！

（二）学校育人实效

学校作为教育发生的主阵地，具有引领作用。学校有责任学习和推广先进的学习方法，助力学生素养的提升、能力的培养。

北京市海淀区进修学校校长罗滨在发表于《北京教育》的文章《项目式学习给学生带来了什么》中说，项目式学习是培养创新型、复合型、解决问题人才的重要学习方式。学生以团队的形式，完整地经历提出问题、规划方案、修订方案、解决问题、形成成果、展示交流、评价改进各阶段。在持续互动中，经历复杂推理、思辨决策、远端迁移等综合性、复杂性的问题解决过程，创生意义，获得知识与技能，实践应用能力、迁移创新能力、跨领域合作沟通能力等不断发展，学科观念、思维方法逐渐形成。

林先锋校长具有高度的教育敏锐度，在新课标正式推出项目式学习之前，便开始带领大家研究和实践项目式教学，可以说走在了时代的前列。他带领教师们传承生活教育理念，创新生活教育新路径，注重从小事做起，安静做教育，倡导平等、民主的尊重文化，将尊重释放成一种活泼的教育生态，并逐步成为松岭的集体文化认同。

学校致力于培养学生自主管理能力和个性化成长，以松岭智慧为技术支撑，基于问题构建德育项目式课程，助力每一个学生的成长：突出学生体育健康的重要地位，以数据思维打造智慧体育校园，培养坚忍不拔、自强不息的精神，为学生的一生赋能；培养学生的为公精神，践行踏实做事、高洁为人的校训，以垃圾分类社会公益实践为项目主题，构建德育项目式课程体系，全面培养学生的社会公益实践和解决问题的综合能力；持之以恒地进行项目式课程的研发与实践，构建螺旋式项目式课程体系，培养学生综合实践能力和批判性思维等高阶能力，让学生在生活中学习，在体验中成长。

对于项目式学习，学校也是在不断推进、摸索。我们在学习和践行中，也要避免以下一些误区。

一是不能脱离课标，过分强调综合而忽视学科知识的重要性。学科与跨学科学习要同时推进。

二是不能只强调学生主体而忽视教师的作用。学生主动学习，并不意味着教师完全放手，而是需要教师转变角色，从知识的传递者变为项目式学习的规划者、引导者和支持者。

三是不能追求形式，忽视学生实际获得。形式为育人目标服务，不是越多越好，虚假项目式学习不可取，判断依据是学生的实际获得。

（三）社区协同实践

社会是个大课堂，在社会中有丰富的学习资源，比如历史博物馆、名人故居、人文风景，甚至一人、一事、一草、一木都可以补充校内知识。大千世界原本就是由大大小小、多种多样的项目组成，任何一项都可以称之为项目中的一环。

项目就是基于真实生活情境和现实生活需要，旨在成果产出的有目的、有意义、有计划的生成性活动。项目主题的选择，可以打破学科的壁垒，跨越学科的界限，生活中处处都有探索的价值。叶圣陶先生说，"教师之为教，不在于全盘授予，而在相机诱导。必令学生运其才智，勤其练习，领悟之源广开，纯熟之功弥深，巧为善教者也"。可以让学生亲自到大自然、社会中去探索，去发现问题、研究问题、解决问题。积跬步而行千里，经历过各种小项目、大项目，学生就会关心身边事、身边人，成为一个善良而有勇气的人，一个有责任、敢担当的人。

学生谈·项目式学习个人成长体悟

（一）教师视角：学生学习力的发展

"学习力"一词，最早由美国教育学家佛瑞斯特在1965年提出。在国外的研究中，学习力通常被定义为一个人的学习动力、学习毅力、学习能力和学习创新力的总和，它反映了个体获取知识、运用知识和创造知识的能力。与此同时，我国著名教育家叶圣陶也强调了现代教育过程的本质，即"教是为了不教"，意为教育应引导学生自主学习，培养他们的自学能力，进而实现终身自学和自强不息。

在当前的教育实践中，一线教师们积极探索如何在课堂教学中提升学生的学习力。盖伊·克莱克斯顿指出，学习是属于参与者的个人体验。受到中外教育理论与实践的启发，我们认识到，教育不应仅仅停留在教授知识符号的层面，而应当致力于将学生培养成为具有高效学习能力的终身学习者。

学习力的提升必须根植于实际的课堂教学之中，在具体的学习情境中才能得以实施。鉴于当前的教育需求，我校已将项目式学习引入课堂。每一节项目式学习课，都形成了一个独特的学习型组织。教师在实践过程中深切感受到了课堂学习方式的转变、学习方法的习得以及学习习惯的养成对学生学习能力产生的深远影响。

1. 语言智能——表达力与提问力

学习是一个多感官联动的过程。加德纳认为，语言智能对于促进思维和其他智能的发展至关重要。表达力是指个体能够清晰地将自己的思想、情感和想法通过语言、表情和动作传达出来的能力，而提问力则是指个体能够提出有针对性、深入和富有启发性的问题。在项目式学习中，学生不断地进行表达和提问，因此这两种能力得到了明显的提升。

2. 成功秘诀——专注力、合作力、创造力

外显学习力与新课程改革中倡导的自主、合作、探究的学习方式高度契合。专注力是自主学习的基石，合作力体现了集体学习的效能，而创造力的核

心在于发现和创新。

3.终身学习——内隐学习力

学习力的构成要素并非孤立存在，而是相互关联、相互促进的有机整体。除了外显的学习力，内隐学习力同样重要，它涵盖了驱动力、规划力和反思等能力。驱动力受到情境、激励和兴趣等多种因素的影响，规划力则需要学习者理性地思考和制订学习计划，而反思则是促进自我内省和精进的重要能力。

总体而言，学习力提升是一项复杂的系统工程，需要教师在课堂教学中关注学生的年龄特点和年级特点，遵循知识学习的规律和方法，通过多种活动和路径来促进学生的全面发展。

（二）家长视角：综合素质的提升

家长最关注孩子的成长，他们虽不在学校，但是却时刻记挂着孩子衣食、出行、学习等各方面，一点微妙的变化也逃不出他们的眼睛。让我们一起来听听他们对学校开展项目式学习的感受吧！

1.新颖教学方式的受益者

松岭路小学的学生是幸福的，他们有机会尝试一种新的教学方式——项目式教学，项目式教学以其独特的魅力和深度，以项目为核心，引导学生主动探究、实践和创新。

这个学期，五年级的学生由探究七大洲四大洋的名称、地理位置、包含的重要国家开始，到探究对日本核污水起到扩散作用的"洋流"，再到专题"日本核污水排放对全球的影响"探究，沉浸在项目式教学的流程中：从前期的提出问题，到分工成立小组搜集图文版的资料，再到尝试进行研究性报告的撰写，主动探究日本核污水排放后的生物变化，并化身"小科学家"，一起探索污水处理的办法。

回首这段时间的学习和探索，我深感项目式教学引领了学生的学习方式的变革，在这个项目探究的过程，学生不仅学到了知识，更重要的是学会了如何去学习，如何去思考。与此同时，学校和老师又多了一种评价学生的方式，过程表现得到了重视，有更多的维度去客观、公正地评价学生的能力，有利于学生的全面发展。

通过项目式学习，孩子变得更加有自己的主见，针对时事也有了自己的观点，沟通能力、解决问题的能力、集体荣誉感也明显提升。

解决现实生活中的问题的能力，是应试教育下的学生所缺少的。希望项目式教学越办越好，更早的给予学生应对未来挑战的能力。

2. 跨学科学习的兴趣和动力

我校组织开展的跨学科项目式学习，鼓励学生勇于探索、大胆创新，带给学生的不仅有课堂上的丰富成果，更是对学生成长的极大促进。

首先是视野的开阔。项目式学习跳出语数英等学科界限，综合自然、人文等多方面内容，带领学生去感知精彩世界。比如已经完成的以食物、服饰为主题的探索，孩子时常会在日常生活中介绍他了解到的各国美食、各族服饰，讲起来眉飞色舞，锻炼了语言表达，同时也更加开朗自信。

其次是逐步有计划、分工与合作意识。项目式学习中各小组会事先制订计划、小组分工、分头行动、互相配合，这种思维方式的引导，比单纯掌握某个知识点要重要得多。很欣喜的是，孩子在生活中也开始慢慢有了这些意识。比如在家庭出游时，以前更多是听从家长的指令执行，现在孩子也会积极参与计划的制订，完成属于自己的任务，还会督促其他成员完成，会倾听其他人的意见，会尽可能地去帮助别人。

还有孩子自主学习的能力也在提升。项目式学习需要孩子自行寻找资源，去分析、解决问题，经过项目式学习的锻炼，很明显的是孩子能认真记好作业了，一一对照完成，学习不再是被动的了，自主性明显提高。

在学校的项目式学习中，我真切感受到孩子对这种学习形式的喜欢。我想这可能是项目式学习正符合现阶段小学生想象力丰富、创造性强的特点，他们喜欢了解社会，喜欢看外面的世界，喜欢自己动手去实践，所以项目式学习激发了他们学习的兴趣和动力。

3. 没有标准答案的学习，做喜欢的"学问"

孩子在参与项目式学习的过程中，会发现每个任务都没有标准答案，需要在项目开展过程中去自主探究，真正做到在学习中培养自学能力。例如在"拯救小鱼儿的家"项目中进行的水资源大调查，需要查找最新的水资源情况、填写调查表、进行汇报，孩子带着求知的欲望去探索，在自己解决实际问题的过程中，学到了知识，而且通过解决问题取得了成就感，增强了学习的信心和动力。

项目式学习还给孩子提供了展示的舞台，项目实施过程中会生成一系列的阶段性作品，可能是一个模型、一个童话剧或是一张海报，使孩子能够通过语言、艺术和设计等方式来表现美和创造美。例如小组合作编排的污水处理童话剧，他们分配角色、制作道具、创意编排，体现了他们的审美能力和合作能力。

所以，项目式教学真正实现了让孩子们能够做自己喜欢的"学问"。小学阶段学习品质的培养比成绩更重要，老师、家长苦口婆心，孩子未必听得进去，通过项目式学习，引导学生将自己探索到的知识运用到日常生活中，解决并解释生活中的问题，这种实践探究，培养了孩子自主学习发现问题、分析问题、探究世界、解决问题的能力。

4.综合素养提升的有效方式

随着教育理念的不断进步，项目式学习已成为提升孩子综合素质的有效方式。作为家长，我深切体会到这种学习方式对孩子各方面能力的积极影响。

学习动机的激发：在二年级的"不可思议的服装"项目中，孩子们需要设计并制作创意服装。这一过程不仅激发了孩子们的兴趣，也让他们在实践中感受到学习的乐趣。孩子们开始主动寻找灵感，积极参与讨论，这种学习动机的激发是传统教育方式难以实现的。

学习成就感的增强：在"拯救小鱼儿的家"项目中，孩子们通过团队合作探讨如何保护水生态。当提议被采纳并看到实际效果时，孩子很有成就感。这种成就感不仅来自完成任务，更来自对社会和环境的积极贡献。

观察思考能力的提升：在探索"非遗"项目时，孩子们需要深入了解各种非物质文化遗产。这要求他们不仅要收集信息，还要深入思考如何保护和传承这些文化遗产。这一过程极大地锻炼了他们的观察力和思考力。

问题解决能力的增强：在"日本核污染"项目中，孩子们面对的是一个复杂且现实的问题。他们需要分析原因，探讨解决方案。这不仅提升了他们解决实际问题的能力，也增强了他们面对困难不退缩的勇气。

自主学习能力的提升：项目式学习鼓励孩子们自主探索和学习。不同于传统的填鸭式教学，孩子们在这个过程中学会了如何自己寻找资源，如何管理时间，以及如何独立完成任务。

总而言之，项目式学习不仅增加了孩子对学习的兴趣，也在很大程度上提升了自己的综合素质。作为家长，我对此深感欣慰，并期待孩子在未来的学习旅程中获得更多的成长和成功。

（三）学生视角：释放学习的天性

1.学生心目中的项目式学习

学生如何看待项目式学习这件事？一起来听听钟子沁同学怎么说吧！

项目式学习每周五举行一次，每次的主题都不一样，让我紧张又期待。

你知道什么是项目式学习吗？让我来告诉你吧！项目式学习是从真实世界的问题出发，通过组建学习小组，借助信息技术以及多种资源开展探究活动，解决一系列相互关联的问题，它具有集趣味性、综合能力提升、跨学科、合作探究于一体的综合性。

从最初的不可思衣的服装show到探究非遗文化、泥塑以及日本核污水对世界的影响，我们通过小组分工一起研究、探讨问题，详细记录，一次又一次地完成了学习的任务，其中我最喜欢的是泥塑。首先，我们通过了解"泥人张"的视频来认识泥塑。借助古今丰富的泥塑作品感受泥塑的魅力，这激发了我浓厚的学习兴趣。我了解了泥塑的制作工艺：制泥——捏制——阴干——上色。每个小组选择的主题不同，有的选择动物主题，而我们小组选择了物品主题。同学们都捏得非常好，每个作品都有自己的想法和创意。

在项目式学习中，我们收获了很多知识，增加了见识，培养了自信，还发展了想象力和创造力。让我们一起期待下一次的项目式学习吧！

2."要我学"到"我要学"

每个教师和家长都有一个美好的愿望，那就是希望激发学生的内驱力，变"要我学"为"我要学"，项目式学习让理想变为了现实。林静柔同学如是说。

每个周五的下午都是我和同学们期盼的时刻，因为那是大家都喜爱的项目式学习的时间。在这个学习过程中，我体验到了这种教学方式的优势。

传统的教育方式是"要我学"。学生的学习动力可能来自荣誉感、家长的期待、学校的纪律规定。不管这些学习动力多么强，基本都来自外部。

而项目式学习是"我要学"，学习动力来自内心被激发起来的学习兴趣。我们学校的项目式学习项目，要么是在低年级时，基于我们年龄段的特点，与现实生活联系非常紧密的衣食住行等；要么是在高年级时，逐步扩展到与国计民生相关的课题。

不管是在哪个阶段的项目式学习中，老师都会启发、帮助我们，在解决实际问题的过程中自主探究和实践。由于题目的设计都是大家感兴趣的，所以我们迫切想要一探究竟。于是，不知不觉中，我们的学习兴趣就上来了，积极参与到学习过程中，增强了我们的自主学习能力和团队合作精神。

项目式教学要求学生通过实践不断寻找问题、解决问题。这培养了我们的创新思维。以往传统教学方式下，问题的答案都是明确的，而且是唯一的。在项目式学习里，我个人理解，答案往往是开放的，而且是多样的。这又培养了我们的开放性思维。更重要的一点，在项目式学习中，各科目之间的边界被打破了。跨学科知识之间实现了融合。我想，这才是一个人最自然的学习方式。

3. 精彩纷呈的收获

（1）谈合作及反思优化

学生一："拯救小鱼儿的家"项目结束了，在这场美好的相遇中我收获良多。在项目式学习中，我很快乐，因为我学习到了很多关于海洋的知识，了解到地球水资源的分布状况和现状，更加珍惜这宝贵的淡水资源。在这次学习中，我们小组分工明确，项目运行顺利。洛苒作为组长统筹指挥；景睿负责美化，把作品活灵活现地展现出来；浩轩负责分角色；我负责查资料，然后提取重要信息，汇总小组意见。当然，我们小组的合作也存在一些缺点，比如我们小组的表达还不够积极。下一步我们将继续完善，查漏补缺，争取在以后的项目式学习中能达到理想的学习、合作效果。

学生二：项目式学习中，大家都被分成了不同的小组，小组中每个人都有特长，有擅长表达的，有会画画的，有写字好看的，有认真查阅资料的……团队协作是项目式学习中很重要的环节，大家相互鼓励，协调好个人的时间，互相督促完成各自的任务。项目结束，成绩好与不好，我们都要去回顾和总结过程和经验，不好的地方也进行反思，争取下次不再出现类似的问题。这个过程，不仅仅锻炼了我的表达能力、与他人的协作能力，更提升了我的思维能力。总之，我非常喜欢项目式学习。

（2）谈动手实践能力提升

学生一：对于项目式学习，我愿意持续深入地了解，我愿意将项目式学习的知识分享给家人、朋友，同时也愿意通过上网查资料等方式去了解项目式学习。

学生二：在项目式学习中，我了解了项目相关的知识，比如三年级的项目式学习中，我了解了非物质文化遗产的知识。通过项目式合作，我与同学的合作能力也得到了提升，比如学会了向同学们表达自己的想法，倾听同学们的想法等。同时，在项目式学习中，我也增强了动手能力，在三年级"我是小小非遗代言人"项目式学习中，我尝试独立完成手工作品，手工课程非常有趣，我在做泥塑时不仅体验到了趣味，还学习到了非遗文化。

学生三：希望以后每次的项目式学习既有趣又能学到很多知识，锻炼自己各方面的能力。

（3）谈学会倾听和勇敢表达

转眼间，本学期的项目式学习已经结束了，在这一学期的项目式学习中，我们探究了关于"日本核污水排放对全球的影响"。

在此次的项目式学习中，我收获了很多：我学会了倾听别人的想法和勇敢表达自己的建议和看法，我的实践能力、动手能力和表达能力都得到了极大的提升。

项目式学习以小组为单位，我们分工明确，有的同学负责美工，有的同学负责查阅资料，有的同学负责书面整理。人多力量大，人多点子多，让我深深感受到团队协作的强大。

一开始，我们对核污水并不了解，为了完成项目式我们查阅了大量的资料，也学习了许多知识，最终完全了解了核污水排放对于环境和人类生活的影响。

在项目式学习中，我懂得了许多知识，也知道了学习的重要性，学习就像我成长道路上的一盏明灯，照亮我前行的路。我一定要好好学习，多读书，掌握更多的知识，才能为国家做贡献。

（4）谈学习方法的变化

项目式学习，让我们学到的知识变得生动，不再是枯燥的书本文字，也不再靠死记硬背。一个项目式主题，需要我们查阅大量的资料，我很喜欢这个过程，因为我可以使用电子设备搜集一些知识。网络上的信息多种多样，我不仅仅需要看，更重要的是我得学会从中找出对我们有用的信息。项目式学习是增加知识的深度，拓宽知识的宽度，我们拿到每个主题，先从表面入手，一点点深入思考，和组员一起天马行空，思想碰撞，充实自己的报告。

第四章
项目式学习的成功实践

第一节　如何成功导入项目式学习

一、主题选择的策略

2015年，巴克教育研究院制定了项目式学习的"黄金标准"（图4-1），包括项目式学习的七大项目设计核心要素和七大项目式教学实践核心要素两个部分。在七大项目设计核心要素模型中，学生的学习目标被置于模型核心，项目式学习的每一步骤都必须围绕学习目标的达成而设计，该模型为教师设计并实施项目式学习提供了可操作性的框架。

图4-1　项目式学习的"黄金标准"

图片来源：PBL Works巴克教育研究院，由Teach Future蔚来教育译制

在七个项目设计核心要素中，排名前三位的分别是"具有挑战性的问题""持续的探究""真实性"。

●具有挑战性的问题：项目由一个待解决的有意义的问题或一个需要被回答的疑问构成，应该具有适当的挑战性。

●持续的探究：学生会参与严谨且持续一段时间的探究过程，去提出问题、寻找资源和运用信息。

●真实性：项目或设计真实世界的场景、任务、工具、质量评判标准，或能够对真实世界产生影响，又或者与学生个人的关注点、兴趣和他们生活中的话题息息相关。

由此三条原则可以窥见项目式学习主题应具有挑战性、真实性、探究性的特点。然而，在实际选择项目主题时，仅凭三个特点找寻主题显得有些抽象。那么如何在茫茫主题中找到适合于小学阶段实施的主题呢？广大的研究者和实践者们给出了经验和思考，可以总结概括为模仿法、焦点法、灵感法和讨论法。

（1）模仿法

模仿法顾名思义就是学习、借鉴并改良已有的项目式学习设计，找到主题。这种方法适合于新手教师初次设计项目式学习时使用，它能够帮助教师快速开启项目。我国从2003年起已有关于项目式学习的研究，近年来项目式学习更是成为教育研究的热点话题，许多学者、学校、教师正在如火如荼地开展项目式学习。因此，无论是通过互联网检索，还是到某所学校实地学习，想要找到可供学习的项目设计与实践案例并不是一件难事。

（2）焦点法

这个方法比较适用于在一个学科内或两个及以上学科之间开展的项目式学习，由于在项目开展之初便有了明确的学科要求，因此教师在选择主题时拥有了更加明确的范围。此时需要教师根据学科特征，有针对性地阅读课程标准、相关政策、要学习的内容等信息，并在此基础上结合实际学情，选择具有实操性的主题即可。

（3）灵感法

它并不是让教师以"拍脑袋"的方式产生一个项目主题，而是要求教师留心观察生活中的点点滴滴，比如，学校所在社区内发生的事件，设立的公共活动中心；最近社交媒体中出现的新闻热点，被广泛讨论的现象；最近学生群体中集体讨论的话题或开展的活动。这些出现在生活中而之前未被纳入进教育范畴的事件或空间，都有可能经由教师的"灵光一闪"被转化为有教育意义、可供学生开展实践的主题。

（4）讨论法

除了教师独自思考、阅读文本以外，基于讨论而产生的项目主题在教育实践中最为常见。比如，教师可以与学生讨论，引导学生提出想法并倾听学生的心声，与学生进行充分的讨论，选择学生最有热情去实践且具有教育价值的主题开展项目实施；教师也可以与自己的同事和教育专家进行积极对话、充分交流，同辈之间的讨教和专家点拨也可以让项目主题更快地浮现。

松岭路小学于2019年建校，尚属一所新建校。松岭路小学在项目式学习实践中，借鉴国际、国内常见的主题选择方式，已形成以下主题选择的策略。

（一）真实情境中找问题

"真实"是被所有学者强调的项目式学习中的基础要素，是项目式学习的一个重要特征。真实性要求尽量使学生的学习"逼真"，为学生提供那些无法通过搜索引擎或是简单地翻阅书本而解决的任务、问题，进而促进学生严谨而细致的思考和分析。[1]众多研究表明，基于"真实"而开展的学习可以为学生提供特殊的学习体验，激发学习动机，帮助学生理解知识结构和提高知识运用能力，从而为学生学习经验的迁移奠定基础。然而，也有学者研究表明，真实情境对学生而言太复杂了，学生被淹没其中，而真实情境与学校情境之间的联系非常脆弱，很难常态化。由此夏雪梅[2]提出了真实项目的内涵。

●真实项目是指学生习得的知识和能力是可以在人类世界中真实使用的，而不是仅仅只在特定的语文课堂、数学课堂中才会去使用的"虚假知识或技能"。

●真实项目并不是要求学生工作中的每个要素都必须是"真实"的，而是要让学生看到知识和世界的某种联系。

●真实项目是指学生解决这个问题的思路是在现实生活中可以迁移的。

因此，项目式学习中强调的是学生所学知识和能力的真实，所运用的思维方式的真实。

松岭路小学秉承生活教育理念，提出了"以中国智慧创造未来生活"的办学理念，由此，在松岭路小学课程体系中特设立培养学生国际视野的课程群。

---

① 师雨.巴克教育研究所项目式学习研究［D］.重庆：西南大学，2023：31.

② 夏雪梅.素养时代的项目化学习如何设计［J］.江苏教育，2019（22）：7-11.

国际视野课程群以联合国可持续发展目标为依据进行项目主题设计，旨在引导学生联系自身生活，关注国际发展，培养学生在全球背景下分析和解决问题的能力，深化学生对不同文化和社会的理解与尊重，期望能够培养小学生的全球素养、跨文化交流能力、国际视野、批判性思维、合作与领导力、自主学习能力、社会责任感等素质。比如，根据联合国可持续发展目标2"消除饥饿、良好健康与福祉"，松岭路小学在三年级设计了健康饮食主题课程——"你是一枚合格的小吃货吗"（图4-2）；根据联合国可持续发展目标6"清洁饮水、水下生物"，结合松岭路小学所处城市和社区，设计了水污染和水净化主题课程——"拯救小鱼儿的家"（图4-3）。

图4-2 "健康饮食——你是一枚合格的小吃货吗"授课剪影

图4-3 "拯救小鱼儿的家"授课剪影

（二）聚焦生活来驱动

前文提出，教师要留心观察生活，发掘出现在生活中而之前未被纳入教育范畴的事件并将其转化为项目，用灵感法来设计项目主题。因为此项目源于学生实际生活中的真实问题，往往更能激发学生探究的欲望，让学生更好地投入学习中。

学校是所有学生的"集合地"，而学校及周围社区则承载起学生丰富的学习生活。在这个范围中，大到社区中的博物馆、公园、活动中心、街道办事处等社会资源，小到校园中的操场、走廊、教室等活动空间，都有学生关心并值得深入探讨的问题和挑战。教师可以充分挖掘学生目之所及、学校力所能及范围内的问题，将问题变为主题，引导学生以项目的形式开展探究。

智能手机的普及使得社交媒体更加移动化和便携化，这也使得中小学生更加容易接触到来自社会各方各面的信息。国际、国内的重大事件往往会成为新闻热点，电影、电视剧、音乐等流行文化对学生有着不小的吸引力。教师恰恰可以选择社交媒体中有热度的内容、学生们关注的话题，将其适时转化成项目主题，同时社交媒体也是很好的项目成果展示平台。教师通过社交媒体来策划项目主题，可以以一种更加贴近学生生活的方式呈现项目主题，更好地引导学生理解和认识现实世界，提高学生的学习兴趣和参与度。

学生在学校不同学科的课堂学习中一定会产生很多问题，对于有些问题学生可以在教科书、课外书中找到标准答案；而对于另一些问题，通常学生在找不到答案的情况下，会第一时间选择询问教师，教师可以在教学过程中注意收集学生的疑问，对学生的问题进行甄别，选择可以转化为项目的主题，依据学科特点设计学科内、跨学科或超学科的项目，并搭配相应师资开展项目式学习。也许根据学生疑问去设计项目不会一次就成功，也许学生提的问题不能从一位教师那里得到解决，这恰恰为项目式学习的迭代设计和形成项目式学习教师团队提供了生长契机。

松岭路小学在设计项目式学习时充分尊重学生意见，设计与学生经验相关的主题和内容。在以联合国可持续发展目标为主题确立课程之初，就在学生层面充分进行了调研，全校学生参与度达到了100%，根据问卷调研的结果，教师团队集体进行了三轮研讨，最终确定了学习主题"聊聊'株'背后的故事"。在2022年我国举办的冬奥会上，各国的特色服装牢牢地吸引了学生们的目光，于是在学校体育节上，"如何为自己班级设计班服，展现班级特色"这个问题成为学生们课余讨论的热点，教师团队便以此为主题，并结合二年级青岛版小学数学下册"学牛学习长度单位"这一知识点，确立了"班服人作战"（图4-4）这一课程主题。

图4-4　"班服大作战"课程主题入项

（三）课程标准为导向

在七大项目设计核心要素模型中，学生的学习目标被置于模型的核心位置，项目式学习的设计必须围绕学习目标的达成而展开，而确定学习目标最直接的来源便是学科的课程标准，因此依据课程标准进行项目主题的筛选也不失为一个好计策。

2022年4月，教育部在颁布的新课标中，更强调了以结构化的方式来组织课程内容，明确要求"探索大单元教学，积极开展主题化、项目式学习等综合性教学活动，促进学生举一反三、融会贯通"[1]，同时，在多个学科的新课标文本中给出具体案例或主题。

●数学：在数学学科的综合与实践领域中提出在5～6年级开展主题活动和项目式学习，涉及"了解负数"等数学知识的学习，并给出了"营养午餐""水是生命之源"两个项目式学习内容、学业要求及教学提示。

●语文：在语文学科新课标中标明课程内容主要由学习任务群组织与呈现。语文学习任务群由相互关联的系列学习任务组成，共同指向学生的核心素养发展，具有情境性、实践性、综合性[2]，并明确了不同学段的学习任务群。虽未明确写明"项目式学习"，但项目式学习仍可作为教学手段落实语文新课标实施。

●道德与法治：在道德与法治的教学建议中明确提出"要积极探索议题式、体验式、项目式等多种教学方法，引导学生参与体验，促进感悟与建构"[3]。

●科学：在科学的课程内容部分，将项目研究作为学习活动的一种[4]，并在生物体的稳态与调节、生物与环境的相互关系、生命的延续与进化、地球系统、人类活动与环境、工程设计与物化等课程内容中提出了适用于小学生的项目研究及学习活动建议。

项目式学习的主题设计与课标对应有显著的优势。第一，可以保证学生投入该主题学习对于学科课程有帮助，进而影响其学业成绩；第二，专注于课标设计项目可以聚焦学科的大概念或高阶思维的达成，进而系统地规划学生学习流程和课时；第三，专注于课标设计项目可以让学生建立深刻的概念性理解，而不是走马观花地带过一些零散的、可能很快就会忘记的东西[5]；第四，可以

---

① 中华人民共和国教育部. 义务教育课程方案（2022年版）[M].北京：北京师范大学出版社，2022：14.

② 中华人民共和国教育部. 义务教育语文课程标准（2022年版）[M].北京：北京师范大学出版社，2022：19.

③ 中华人民共和国教育部. 义务教育道德与法治课程标准（2022年版）[M].北京：北京师范大学出版社，2022：49.

④ 中华人民共和国教育部. 义务教育科学课程标准（2022年版）[M].北京：北京师范大学出版社，2022：17.

⑤ Boss S，Lamer J. 项目式教学：为学生创造沉浸式学习体验［M].周华杰，陆颖，唐玥，译.北京：中国人民大学出版社，2020：77.

采用课程标准原文进行项目式学习的目标撰写，这样可以避免由于不准确的目标表述而产生的一系列问题。最后，教师也可以将课程中的某一单元进行在地化的改造，使之转变为一个项目。

在松岭路小学的学科项目式学习课程中，主题的确立更多的是以课标为导向。从主题选择到任务确立一般经过三个步骤（图4-5），教研团队必须通过集体研读课程标准，明晰学科核心素养，深入研究教材，寻找二者的联系，构建真实的情境，才能确定学科项目式学习的主题和任务。

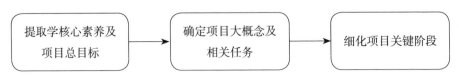

图4-5 主题选择到任务确立的一般步骤

下面以语文学科项目式学习"我为学校代言"为例来介绍项目主题选择的具体过程。

第一，从课程标准中提取学科核心素养以及项目总目标。《义务教育语文课程标准（2022年版）》中对"语言运用"这一素养定义为：语言运用是指学生在丰富的语言实践中，通过主动的积累、梳理和整合，初步具有良好语感。而在总目标中则提出了要积累、梳理基本的语言材料和语言经验，逐步形成良好的语感。因此，教师团队提取了"语言积累"作为总目标。

第二，联系具体教材，确定项目大概念及相关任务。在人民教育出版社三年级上册语文教材第一单元第1课《大青树下的小学》中有很多少数民族的名称和校园风貌描写；第2课《花的学校》中有优美的语言、多样的修辞；第3课《不懂就要问》写的是孙中山小时候在私塾读书时的故事。三篇课文（图4-6）分别从不同角度让学生感受到不同的学校生活，接触了不同的语言，因此，教研团队确定了大概念"积累"和大任务"我为学校代言"。

图4-6 人教版三年级上册语文教材课文

第三，基于学科特点，细化项目关键阶段。在"我为学校代言"课程中，教研团队依据语文学科特点，为落实"积累"这一大概念，确定了三个子任务（图4-7），分别从基础、发展、提高三个层次落实了"积累"的大概念（表4-1）。

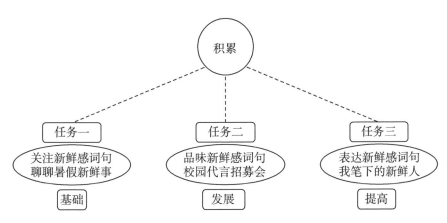

图4-7 "积累"大概念和三个子任务

表4-1 《我为学校代言》结构图谱

具体项目	课型/课时	内容
任务一: 关注新鲜感词句 聊聊暑假新鲜事	表达实践课（1课时）	口语交际+园地"古诗"
任务二: 品味新鲜感词句 校园代言招募会	自主预习课（1课时）	本单元课文、字词，园地"词句段运用"第1部分成语积累
	基础知识归类整理课（1课时）	同上
	精读引领课（1课时长课）	第1、2课文内容+园地"交流平台""词句段运用"第2部分，体会课文句子的表达
	表达实践课（1课时） 校园代言招募会	1、2课方法运用+园地"词句段运用"第3部分，有趣的社团名字
	略读实践课（1课时）	第3课，拓展下水文
任务三: 表达新鲜感词句 我笔下的新鲜人	表达实践课（2课时）	习作：猜猜他是谁

总之，项目式学习的课程主题必须经过研究团队的缜密思考，才能确保学生在项目式学习中不是"为了项目而项目"，当教师在其项目设计理念中同时融入教学、技能培养和对人类表现的基本认知时，项目式学习才算成功[1]，才能使学生能够从项目中真正发生知识的学习与运用，素养得以提升。

二、目标确定的流程

来自巴克教育研究院的七大项目设计核心要素模型对教师设计与实施高质量项目式学习具有重要的参考价值，我国学者桑国元等在开展教师工作坊和指导教师项目式学习实践过程中发现，上述模型并不完全符合中国教师的思维逻辑，且该模型中仅以西方国家的核心素养作为项目式学习的育人目标，由此他提出了项目式学习"三六"标准模型[2]（图4-8）。在他们提出的项目式学习设

---

[1] Markham T. PBL项目学习：项目设计及辅导指南［M］.董艳，译.北京：光明日报出版社，2015：6.

[2] 桑国元，叶碧欣，黄嘉莉等. 构建指向中国学生发展核心素养的项目式学习标准模型［J］.中国远程教育，2023，43（6）：49-55.

计六要素模型[①]（图4-9）中将"核心素养"置于核心位置，而此处则是特指中国学生发展核心素养。由此可见，在全球范围内的项目式学习中，学习目标是整个项目和教学的关键。

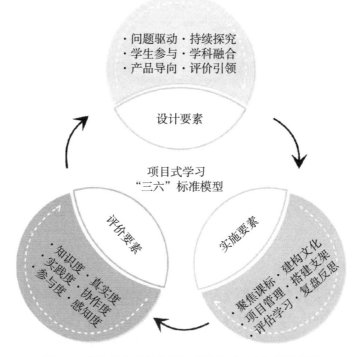

图4-8　指向核心素养的项目式学习"三六"标准模型

图4-9　项目式学习设计六要素模型

① 桑国元，叶碧欣，王翔. 项目式学习：教师手册［M］.北京：北京师范大学出版社，2023：56.

松岭路小学在设计项目式学习的目标时，综合国际流行的美国21世纪核心技能、中国学生核心素养框架[①]及学科核心素养，梳理核心知识、大概念和能力素养，从而设立具体的学习目标（图4-10）。

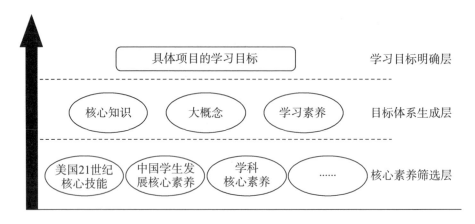

图4-10　项目学习目标生成示意图

（一）寻找核心知识

项目设计开展之初，教师首先应明确学生通过该项目能够获得哪些核心知识，以及思考如何知晓学生对核心知识的掌握程度。项目式学习主要聚焦超越了事实层面、指向思维、促使各种事实性知识整合的概念性知识，重视挖掘程序性知识背后的概念性知识，促进事实性知识的组织和意义化[②]，在任务与问题的驱动下实现对知识的迁移与运用。因此，在松岭路小学的项目式学习实践中，教师团队从国家层面的教育政策文件和课程标准中提取核心知识，旨在活动过程中充分调动学生的复杂性思维与高阶认知。

下面以劳动教育中项目式学习课程"给新书穿新衣"作为案例来介绍项目目标的确立过程。

2019年《中共中央　国务院关于全面加强新时代大中小学劳动教育的意见》（以下简称"《意见》"）对新时代大中小学劳动教育做了全面部署。为全面贯彻落实《意见》，加快构建德智体美劳全面培养的教育体系，2020年7

---

① 林崇德. 构建中国化的学生发展核心素养［J］. 北京师范大学学报（社会科学版），2017（1）：66-73.

② 江合佩. 让学生在体验与活动中感受项目化学习的魅力［J］. 福建教育，2021（6）：14-15.

月教育部印发《大中小学劳动教育指导纲要（试行）》（以下简称"《指导纲要》"），指出"劳动教育是新时代党对教育的新要求，是中国特色社会主义教育制度的重要内容，是全面发展教育体系的重要组成部分"[①]。其中，要求指导小学低段学生"完成个人物品整理、清洗，进行简单的家庭清扫和垃圾分类等，树立自己的事情自己做的意识，提高生活自理能力"。

以上国家的课程要求不禁让教师团队产生思考：到底要教给孩子学生劳动技能？每年开学季，学生们喜滋滋地拿着新书，家长给新书包上漂亮的书皮。这让教师们有了让学生学习包书皮这项劳动技能的想法。经过讨论，教师团队确立了"给新书穿新衣"课程主题，并根据《意见》和《指导纲要》提取出本项目涉及的核心知识：第一，了解、区别各种包装的材质；第二，整理、包装个人物品；第三，培养学生的自理能力。

（二）理解大概念

2018年1月，教育部发布了最新普通高中课程标准，首次使用"大概念"一词，并指出以学科大概念为核心使课程内容结构化，以促成核心素养的生成。[②]大概念（Big Idea，又译为大观念），即反映学科本质的核心观念体系。《追求理解的教学设计》一书中认为，大概念是指那些用于课程、教学和评估方法的核心概念、原则、理论和过程。从定义上来说，大概念是重要的、持久的。它可以超越特定单元范围进行迁移，是能够链接碎片化知识的一种有意义的模式。[③]大概念并非等同于知识性的概念，而是体现为一种更高位、更具有统摄性的观念（图4-11），它连接了知识与技能，是落实核心素养的关键。[④]

① 中华人民共和国教育部. 大中小学劳动教育指导纲要（试行）［EB/OL］.（2020-07-09）［2024-01-09］. http://www.moe.gov.cn/srcsite/A26/jcj_kcjcgh/202007/t20200715_472808.html

② 中华人民共和国教育部. 普通高中课程方案（2017年版）［M］. 北京：人民教育出版社，2018：4.

③〔美〕格兰特·威金斯，杰伊·麦克泰格. 追求理解的教学设计：第2版［M］. 闫寒冰，宋雪莲，赖平，译. 上海：华东师范大学出版社，2017：339.

④ 陈易. 项目化学习中跨学科大概念建构策略研究［D］. 北京：北京师范大学，2023：9.

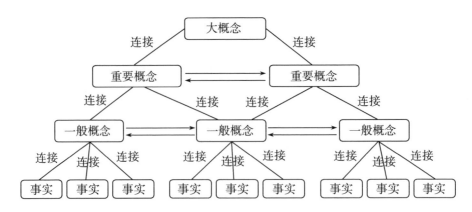

图4-11 大概念统摄下的小概念知识层级结构图

从学科视角来看，学科大概念并非指学科中某一具体的概念或定理和法则，而是学科思想和理论的载体，是具体知识背后的核心内容，具有较为广泛的普适性和解释力，是深度研究和解决问题的重要工具。在教学实践中，大概念通常表现为一个概念词汇、理论、原理、假设、主题、具有持续争论性的论辩与观点、自相矛盾之说、一再出现的问题。[1]大概念的内涵和特性决定了其对学生学习与发展的价值，也决定了其在学科项目式学习设计中的核心地位，通过大概念的可以"整合学习目标，凸显学科核心素养""整合学习内容，精炼学科核心知识体""整合学习过程，彰显学科学习的实践性"，使学科项目式学习的设计走向深层。[2]

以下以语文学科"1分钟讲历史"课程为案例来介绍大概念提取的过程。

人民教育出版社四年级上册第八单元的语文要素之一是"了解故事情节，简要复述课文"，即"简要复述"，根据语文新课标中对"复述"的定义、要求（能复述叙事性作品的大意，初步感受作品中生动的形象和优美的语言，关心作品中人物的命运和喜怒哀乐，与他人交流自己的阅读感受）和"尝试复述—详细复述—简要复述—创造性复述"的阶梯发展阶段（图4-12）这三个要素，教师团队提取出本项目的大概念是"简要复述"，而不是普通的复述。

①〔美〕格兰特·威金斯，杰伊·麦克泰格.追求理解的教学设计：第2版［M］.闫寒冰，宋雪莲，赖平，译.上海：华东师范大学出版社，2017：77.

② 贺慧，陈倩.大概念统整下的学科项目式学习设计［J］.天津师范大学学报（基础教育版），2021，22（1）：51-54.

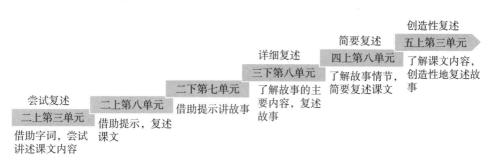

图4-12 "复述"的阶梯发展阶段

（三）学习素养为本

巴克教育研究院提出的项目式学习目标就是促进学生对知识的迁移运用。夏雪梅提出项目式学习最终要使学生深度理解，而深度理解最重要的表现就是能够将知识在新的情境中迁移、运用、转换，产生新知识，并且要在行动中做出来。由此可得，技能是知识运用的直接结果，而项目的实施最终也可要指向学生学习素养的提升。学习素养也称"学会学习素养"或"学习力"，它是素养的下位概念[①]，更关注学生个体在学习意识形成、学习方式方法选择和学习进程评估调控等方面的综合表现，如是否乐学善学、是否勤于反思、是否具有信息意识[②]，我国学者由此提出了拔尖学生的学习素养框架（图4-13）。

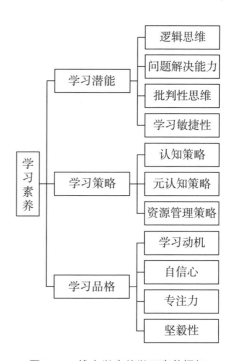

图4-13 拔尖学生的学习素养框架

纵观国内外的育人导向，松岭路小学项目式学习课程群的目标指向包括信息的搜集和获取能力、批判性思维、沟通交流能力、合作能力、艺术鉴赏能力、作品成果的创新能力、学习品质、问题解决能力、口语表达能力、环保

[①] 李巧巧.基础教育阶段学生学习素养研究［D］.苏州：苏州大学，2018：5.

[②] 訾艳阳，郭山丹，程小青，等.拔尖学生的学习素养发展研究［J］.教育理论与实践，2018，38（19）：27-31.

意识等学习素养的培养，同时为学生搭建了"普及+特长"的综合素养发展道路，为松岭路小学学生的终身发展奠定基础。学习素养目标的制定，可以根据具体项目有所侧重，也可以随课时变化而变化，但在教学和评估时仍要着重于一两项最重要技能，对此松岭路小学也形成了校本化的项目式学习评价量规（表4-2），依据量规对学生表现进行评价，逐步提升学生的学习素养。

表4-2 "智慧松岭"校本项目式学习评价量规（举例）

维度	表现层级描述		
	☆	☆☆	☆☆☆
学习品质	不专注，只按照要求被动去做；常常以"我不会"、"我不知道"等理由放弃不做，遇到问题需要教师大量引导才能勉强完成；没有兴趣，不愿意参与学习，或需要在老师的要求下参与学习，或参与度低，偶尔参与，表现为"人在心不在"	大部分时间会保持专注，遇到干扰，在老师的提醒下会很快静下心来；不是积极主动，但能按要求去完成项目；在遇到困难时，试图克服困难，但努力的时间短，有其他干扰的情况下会很快放弃；有较高的兴趣参与学习，但在学习过程中需要老师的鼓励和提醒或参与程度较高，能够听从老师的安排参与	全程保持专注、投入的状态，面对任务想尝试，热情投入并完成全部任务，有问题能主动提出来；遇到困难坚持尝试解决，在遇到干扰时也会努力克服困难，一直到成功；有非常浓厚的兴趣参与学习，不需要老师的提醒或积极主动地参与学习，积极讨论，积极发言
……	……	……	……

三、创设项目驱动问题

毋庸置疑，项目式学习是以问题为出发点，用问题驱动学生探究从而开展学习的。"问题"是教师设计项目式学习的第一步。夏雪梅提出了项目式学习中的两种问题，即本质问题和驱动性问题。她认为本质问题是指在学科中、人生发展历程中或是对世界的理解中真正持久而重要的问题；驱动性问题就是将比较抽象的、深奥的本质问题，转化为特定年龄段的学生感兴趣的问题；本质问题比较抽象，而驱动性问题则嵌入了学生更感兴趣的情境。[①]巴克教育研究院

① 夏雪梅.项目化学习设计：学习素养视角下的国际与本土实践 [M].北京：教育科学出版社，2018：54-56.

项目式学习设计"黄金标准"第一个核心要素就是"具有挑战性的问题",而在实践场域中也常用"驱动问题""核心驱动问题"等字眼表述。透过专家、学者、实施者的视角看,好的项目必然要有好的问题,这个问题要吸引学生目光、可在情境中开展探究、具有一定的难度、指向对概念的深度理解运用。为了避免对以上各类问题的混淆,在此归纳为"在对项目式学习的问题要素进行设计时,需要将本质问题转化为驱动问题,而这个驱动问题需要兼具情境性和挑战性"(图4-14),结合松岭路小学教育实际状况,在下文中采用"驱动问题"来进行表述。

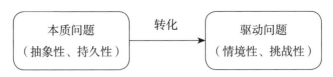

图4-14 项目式学习中的"问题"关系

关于创设驱动问题,语言表述至关重要。松岭路小学教师团队集体研讨,并借助相关问题创设工具,旨在设计出能够引导学生抓住项目的焦点以明确项目学习目标的好问题。在实践过程中,松岭路小学从学生视角出发,归纳出驱动问题的三个原则。

(一)持续吸引

巴克教育研究院提出好的驱动问题必须能吸引学生[①],它具有以下特点:

●学生能听懂问题,并且问题听上去具有启发性、趣味性、重要性;

●适合参与该项目学生的年龄、背景、所在社区等;

●听起来不像是教师或课本常常会提出的典型问题;

●能引导学生提出进一步的问题并开始探究过程;

●根据项目的不同,通过将问题关联当地的场景,或者让学生感受到采取行动的责任感,使项目更具有参与度;

●在适当的情况下,提出问题时要使用"我"或"我们",而不是"你"或"学生",以此培养学生的主人翁意识。

对于学生而言,项目式学习是一个动态持续的学习过程,因此仅仅吸引学生短暂的注意力还不够,必须要在整个项目实施过程中牢牢抓住学生的目光,

---

① 美国巴克教育研究院项目式学习计划.项目式学习指导手册:每个教师都能做PBL（小学版）[M].来赞,邢天娇,译.北京:中国人民大学出版社,2023:59.

才有可能为学生提供更深刻的学习体验。驱动问题是学生在整个项目式学习过程中是否能始终保持探究学习状态的关键，它承载着学生的好奇心和进一步探究的欲望，只有基于学生兴趣的真实的驱动问题，才能激发学生持续探索的欲望和深入学习的动机。[①]在上文描述中也强调驱动问题要能引导学生进一步提出问题并探究，所以驱动问题可以并非为一个问题，它也可以是问题链[②]（表4-3），由一串的提问逐步引导学生深入探究。

表4-3　项目实施进程管理工具——问题链分解

项目名称：		学科：	
项目时长：		教师：	
驱动性问题：			
时间	项目实施进程	评价点	学习支架
	前期准备		
	入项		
	子问题1	子问题1成果	
	子问题2	子问题2成果	
	子问题3	子问题3成果	
	总成果		
	出项		
	反思与迁移		

比如，在松岭路小学项目式学习"你是合格的小吃货吗"课程中，学生的主动性充分被调动起来。

● "你是合格的小吃货吗"问题一出，学生们的眼睛一下变得雪亮，自信自己很会吃！

● "你最喜欢吃的食物是什么？"汉堡、可乐、冰激凌、薯条、小龙虾、西兰花、米饭……

---

① 安富海. 项目化学习的实践困境及改进策略研究［J］. 上海师范大学学报（哲学社会科学版），2022，51（4）：119-125.

② 夏雪梅. 项目化学习的实施：学习素养视角下的中国建构［M］. 北京：教育科学出版社，2020：132.

- 我们吃的食物中都富含哪些营养呢？
- 正处于长身体阶段的青少年适合怎么吃？
- 孕妇、老年人怎么吃？
- 各种食物中都有哪些营养？
- 感冒适合吃什么？拉肚子时吃的又不一样。

在学生们一连串的讨论中，在教师的引导下，项目式学习的问题设计自然而然地发生，成功激发了学生内在的学习兴趣、动机、愿望，使其积极主动地投入。

（二）适度挑战

驱动问题的挑战性是指学生在问题解决过程中需要经历的认知复杂性。[①]教师设计的驱动问题要有多种可能的解决方案，学生无法简单地用搜索引擎找到答案，需要学生广泛收集和整理信息，个体思考或群体沟通交流后形成一个原创性回答。对于学生而言，解决方案是其创新而产生的，因此驱动问题一定具备挑战性。如果驱动问题比较简单，尽管同样需要学生经历思考、整理、制作、反思、分享等过程，但项目实施周期会大大打折，学生经历的学习过程过于平缓、顺滑，那么他们就无法在其中获得认知冲突、知识建构等深刻的学习体验。如果驱动问题难度过大，学生解决问题时面临的挑战也就越多，这可能会导致在项目实施过程中学生无法产生预期的成果或产品，或者学生仅能在项目前期开展探究而后放弃的情况。由此，教师在设计驱动问题时一定要坚持适度挑战的原则（图4-15），这就要求教师在设计时要综合考虑学生的学习层次、先验知识和技能等学情、学习时长、学习资源等因素，设计出学生能够完成、真实可行的驱动问题或问题链。

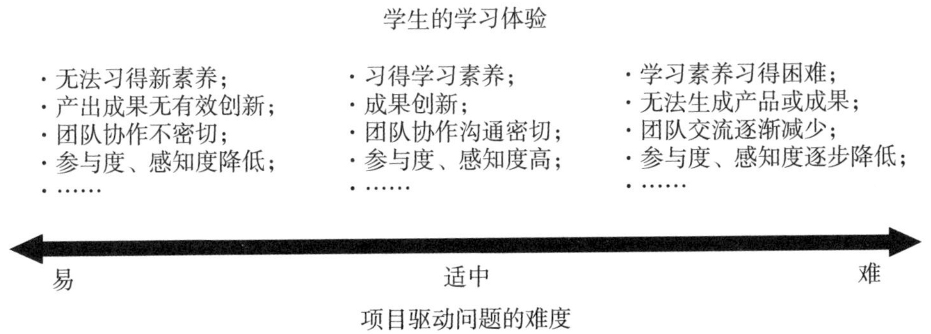

学生的学习体验

·无法习得新素养； ·产出成果无有效创新； ·团队协作不密切； ·参与度、感知度降低； ·……	·习得学习素养； ·成果创新； ·团队协作沟通密切； ·参与度、感知度高； ·……	·学习素养习得困难； ·无法生成产品或成果； ·团队交流逐渐减少； ·参与度、感知度逐步降低； ·……

易　　　　　　　　　　　适中　　　　　　　　　　　难

项目驱动问题的难度

图4-15　驱动问题难度与学生学习体验的关联

[①] 夏雪梅，刘潇. 素养视角下中美数学项目驱动性问题设计的比较研究［J］. 全球教育展望，2022，51（7）：45-61.

（三）目标明确

驱动问题与学习目标呈对应关系。开展项目式学习的最终目的指向培养学生对概念的深度理解和运用，从而促进学生的核心素养发展。目前实践中存在驱动问题模糊而导致的学习目标不明确的教育现象，尤其是在跨学科的项目式学习中，教师没有对教学方法变革产生真实理解，从而变成了"为活动而活动，为项目而项目"的局面。由此，教师在进行驱动问题设计时一定要紧密围绕学习目标展开，指向学生需要解决问题的目标不能设置得太宽泛，所涉及的知识不能超过合理时间内能学习的容量。为了更好地明确驱动问题中所指向的学习目标，可能需要教师团队反复修改和调整驱动问题，这个调整可能发生在项目实施前，也可能在项目实施后反思时进行更好的迭代。在问题调整过程中也可以依照工具[①]或支架（图4-16），设计出符合"质量标准"的驱动问题。

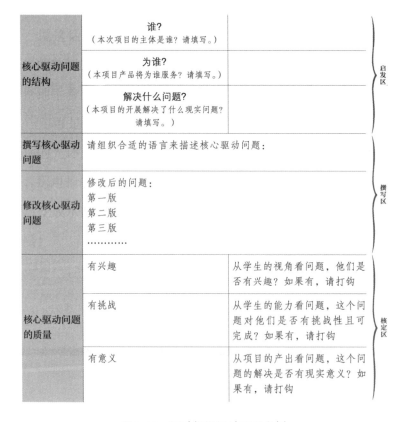

图4-16　驱动问题设计工具举例

---

① 罗颖，桑国元，石玉娟. 50个工具玩转项目式学习［M］. 北京：中国人民大学出版社，2023：44.

下文以三年级超学科项目式学习"拯救小鱼儿的家"入项为例，展示松岭路小学项目式学习驱动问题的确定过程及实施成效。

教师团队希望学生通过"拯救小鱼儿的家"项目的学习，可以开展对水污染和水净化的探究。在设计驱动问题时，教师团队为了唤起学生情感共鸣，吸引学生深入探究该项目的兴趣，针对三年级学生的心理特征，采用了绘本配乐讲故事的形式入项（图4-17），提出"谁来拯救我们的家园，让我们有一个干净而温暖的家"的驱动问题（图4-18）。该项目的入项既结合了学生的生活经验，又为学生营造了真实的情境。在听完故事之后，有的学生悄悄擦干自己的眼泪，已经完全融于项目之中。在"拯救小鱼儿的家"项目研究结束后，有一名家长反馈说，带着孩子去海边玩儿，孩子竟然主动捡拾海边的垃圾。这正是项目式学习真正的价值所在，学生学习的问题来自真实情境，而学习的成果也真实地反映在生活中。

图4-17　"拯救小鱼儿的家"入项过程

图4-18　"拯救小鱼儿的家"驱动问题提出

驱动问题可以来自生活、教材、教师和学生，围绕生活中突发的热点事件启动一个项目，对于学生来说是一个绝妙的学习契机。但有的时候，由于时间仓促，教师团队一时无法想出具有统摄性的驱动问题，这时不妨使用上文介绍的工具，先设计子问题，再逐步聚焦核心的驱动问题。比如，2023年8月4日，日本政府决定将核污水排入大海，这消息一经发出便引起国际社会的强烈反响。核污水排放会对海洋产生哪些危害？怎样产生危害？这些危害又将持续多久？这些问题的探究对学生理解人类命运共同体有着重要的意义。教师团队立即以该社会热点为主题，启动以"日本核污水排放"为主题的项目式学习课程设计。

四、情境创设的要点

在世界教育史上，是美国教育家杜威率先把"情境"一词引进教育研究，他认为"情境就是指与人的经验相联系的'日常生活'，是对人有直接刺激意义的'具体环境'"，并将它解读为激发儿童思维的"特别选择的环境"[1]。我国儿童教育家李吉林基于长期的教育实验提出了"情境教育"，它是吸纳古典文论"意境说"的理论滋养而创建的有民族文化意蕴的一种小学教改体系，堪称我国基础教育改革的一颗璀璨明珠。[2]李吉林认为情境教育之"情境"是促使儿童能动地活动于其中的环境。教育中的"情境"需要依据教育目标优化环境，使之形成充满美感和智慧的环境氛围，从而使与儿童的情感、心理发生共鸣而契合，促使儿童在现实环境与活动交互作用的统一和谐中获得全面发展（图4-19）[3]。这种人为优化的情境，可以做到主体的能动活动与现实环境优化的统一，激发儿童潜能与塑造儿童行为的统一，最终达到素质的全面提高与个性充分发展的统一。[4]

---

① 约翰·杜威.民主主义与教育［M］.北京：人民教育出版社，1990：42

② 王灿明.情境教育四十年的回顾与前瞻［J］.南通大学学报（社会科学版），2020，36（2）：132-140.

③ 王灿明.情境：意涵、特征与建构——李吉林的情境观探析［J］.教育研究，2020，41（9）：81-89.

④ 李吉林.为全面提高儿童素质探索一条有效途径——从情境教学到情境教育的探索与思考（下）［J］.教育研究，1997（4）：55-63，79.

李吉林老师提出了情感活动与认知活动结合起来的教育主张，构建了情感与认知结合获得教学高效能的课程范式，形成情境教育的理论。她指出了情境教育的四大原理：情感驱动原理、暗示倾向原理、角色转换原理、心理场整合原理。①

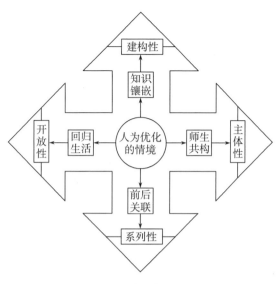

图4-19 情境的特征结构图

●情感驱动原理：情感驱动是第一原理。儿童在客观情境中获得具体的感受时，会表现出一种积极的态度，在持续的关注中激起相应的情感，并在情感的驱动下，主动积极地投入学习活动。

●暗示倾向原理：每个儿童身上都天然地存在着接受暗示的能力。教师采取各种方式为儿童塑造一个可以很快激起儿童强烈的情绪，形成无意识的心理倾向，情不自禁地投入教育教学活动中。

●角色转换原理：促使儿童由习惯上的教学过程中等待接纳的被动角色，转变为积极参与的主动角色，从而积极思维，进行相关符号操作和模拟操作等实践活动。

●心理场整合原理：情境中呈现的有美感的、快乐的丰富形象的感染，真切情感的体验，潜在智慧的启迪，使儿童得到一种满足。这种心理需求得到满足而形成的愉悦，让活动其中的儿童顺势产生向着教育教学目标推进的"正诱发力"。

项目式学习与情境教育可以说都源自"做中学"。项目式学习作为一种近年来被广泛使用的创新学习形态，具有问题导向、实践导向、真实问题、学生主体等特征。情境教育作为我国本土化的教育理论体系可以更好地指导项目式学习在我国的落地实践。情境教育的实践探索明晰了情境建构的路径、基本模式、操作要义，为小学阶段项目式学习的开展提供了理论基础和操

① 李吉林.情境教育精要［M］.北京：教育科学出版社，2016：222.

作路径。

让我们将眼光由"情境"的大视角转向"项目"的微观视角。在项目启动阶段，驱动问题必须抓住学生兴趣并激发其学习热情，活动也是另外一种吸引学生的手段。驱动问题和活动都起到为项目营造真实情境的作用，但活动并非入项时的必选项。如果有的项目本身就很足够吸引学生，那么除了驱动问题外，教师无须再安排其他活动，或者教师想要安排的活动实施条件不允许，那么也不必要开展活动，避免为项目"画蛇添足"。松岭路小学基于夏雪梅对入项事件分类框架，融合巴克教育研究院提出的入项活动，对入项活动进行了详细归类（表4-4），在真实的教育场景中，教师可以根据实际情况从中挑选合适的活动，开展自己的项目式教学。这些活动其实是为学生提供的一个具体背景和情境，让学生可以在真实或虚拟的环境中进行学习和实践。

表4-4　入项活动分类表

类别	入项活动
真实体验类	●实地参观。参观博物馆、工厂、工坊、农场、美术馆等场馆与实践基地 ●实践体验。自己进行类似的模拟实践或模型搭建
模拟体验类	●嘉宾演讲。邀请在某个领域卓有成效的社区人员、专家、志愿者与学生交流，向学生讲述自己在这一领域的经历 ●来自特定人群的项目需求。来自真实世界或模拟的某类群体或个人的真实需求书、信函、委托书 ●桌游。与主题相关的各类模拟游戏 ●角色扮演。扮演项目过程中的关键人物，做类似的事件增强体验感和关联性
阅读体验类	●文本资料。阅读与项目主题相关的文章、绘本、小说、网站等，拓展学生在这方面的认知 ●视听资料。呈现引发学生认知冲突，让他们感到惊奇的各类视频、电影、数据，如互联网、电影或电视节目中的视频片段，歌曲、诗歌或艺术作品 ●新闻事件。新闻事件可以增强问题解决的真实性

续表

类别	入项活动
远程类	●弹幕讨论。全班同学一起观看并使用聊天功能表达看法，这是当下学生群体生活中常见的线上开放式讨论方式 ●嘉宾视频会议。更灵活的嘉宾邀请方式，无须嘉宾到场。通过视频会议与学生对话；也可以向学生展示其所在的真实场景，增强学生的认知 ●虚拟旅行。使用数字博物馆、数字地图等进行虚拟旅行，如中国国家博物馆数字展厅①等 ●教师实地考察。教师自己去实地考察并做记录，可以录制影像和声音，在学习时向学生展示 ●家庭实地考察。学生在家庭范围内收集物品或数据并做记录，可以录制影像和声音，在学习时向大家展示 ●采访。让学生与家人、朋友或相关人员进行电话或视频会议，了解他们对某一问题的看法 ●虚拟仿真。教师指导学生单人或团队进行虚拟实验，如中央电化教育馆虚拟实验教学服务系统②、PhET：免费的在线物理、化学、生物、地理及数学仿真程序③

综合考虑课程实施的要求、学生特点、学校办学条件等因素，松岭路小学在教育实践探索中，主要从以下三个方面来创设松岭路小学项目式学习课程的情境。

（一）在课堂中塑造情境

将学习情境与学生的日常生活和实际经验联系起来，使用真实的背景和情境来激发学生的兴趣和参与度。在入项的课堂中可以引入实际案例、场景或问题，让学生能够在类似于现实生活中的情境中进行学习。

以松岭路小学四年级超学科项目式学习课程"聊聊'株'背后的故事"为例。2022年末，很多学生谈及自己感染新冠病毒的情况，大家发现有的人感染的是"学霸株"，有的人则是"瞌睡株"，还有的人说自己感染了"贪吃株"。2023年春，"甲流"又迎面袭来。师生经过讨论，诞生了"面对大病毒时代，我们到底该如何科学防疫和健康生活"的话题，随后该项目应运而生（图

---

① 中国国家博物馆数字展厅：https://m.chnmuseum.cn/portals/0/web/vr/

② 中央电化教育馆虚拟实验教学服务系统：https://vlab.eduyun.cn/portal/home

③ PhET_免费的在线物理、化学、生物、地理及数学仿真程序：https://phet.colorado.edu/zh_CN/

4-20）。入项也在师生讨论中自然产生，学生探究的积极性高涨，因为这来源于他们的真实经历。

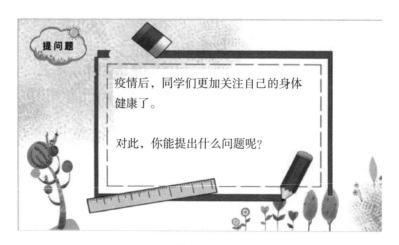

图4-20　"聊聊'株'背后的故事"入项设计

（二）与社区或专业实践结合

将学习情境与社区或专业实践相结合，邀请专业人士或社区成员参与项目或提供实践经验。学生可以通过与专业人士合作或参观实地，更好地理解职业、行业或社区问题，并将学习与实际应用进行联系。

例如，松岭路小学三年级超学科项目式学习课程"小小非遗代言人"，学生在教师的带领下走进青岛二月二实践基地，学习有关胶东饽饽的相关文化知识，并学做各式特色的饽饽，感受胶东的风俗，学生通过动手实践增强了对这一非遗项目的了解与传承的信念。还有"拯救小鱼儿的家"项目式学习进程中，学校邀请了青岛张村河水务"清水学院"的老师，带领学生们云游青岛城区第一座全地下式污水处理厂，通过了解污水处理厂内神奇的除臭、生物处理、混合反应等环节，见证污水处理的过程。

（三）提供自主性和选择性

给予学生自主性和选择权，让他们能够根据个人兴趣和能力，在一定范围内选择学习内容和学习方式。这样可以增加学生的主动性和参与度，提高学习的个性化和针对性。

在"班服大作战"项目中，学生为设计出属于自己的合适、得体且美观大方的班服，要亲自为班级同学量体裁衣（图4-21）。在"拯救小鱼儿的家"项目中，学生们通过自己设计污水处理设备，动手操作实验（图4-22），观察污水净化的神奇过程，了解到不动材料对污水净化的作用。在"给新书穿新衣"项目中，开展包书皮吉尼斯大赛（图4-23），为学生提供一个真实且有趣的学习环境，让学生开心地学习包书皮，体验到自己亲手为新书穿上新衣服的乐趣，获得成就感。这些项目充分调动了学生的积极性，让学生体验自己动手的乐趣，帮助学生更好地理解和应用所学的知识和技能，同时也有助于培养学生的问题解决能力和合作精神，促进学生主动学习和综合能力的发展。

图4-21　"班服大作战"项目中学生量体裁衣

图4-22　"拯救小鱼儿的家"项目中学生进行污水处理实验

图4-23 "给新书穿新衣"项目包书皮吉尼斯比赛

第二节 如何有效评价项目式学习

一、评价体系概述

项目式学习充分体现了从"以教为中心"到"以学为中心"的课堂教学导向，作为一种学习模式的项目式学习，它真的对学习起到作用了吗？我国学者张文兰等通过元分析方法对46项国内外项目式学习实验或准实验进行了探索，结果表明，项目式学习对学生的学习有较大程度的影响，它能有效地促进学生的学习效果，对学生"21世纪技能"的学习与发展均具有积极的影响[1]，这一研究结果证明了项目式学习对促进学生核心素养发展的有效性。在项目式学习的设计六要素中，明确了要以核心素养为核心，以评价为引领，即项目的最终目标是促进学生核心素养发展，而学生素养是否发展、如何发展则要以评价来确定。根据评价与学习的关系可以梳理出三种类型[2]（表4-5），即对学习的评价（Assessment of Learning）、为了学习的评价（Assessment for Learning）和评价即学习（Assessment as Learning）。

---

① 张文兰，胡姣. 项目式学习的学习作用发生了吗？——基于46项实验与准实验研究的元分析［J］.电化教育研究，2019，40（2）：95-104.

② Earl，L. M. Assessment as learning：using classroom assessment to maximize student learning［M］. Thousand Oaks，Calif.：Corwin Press，2013.

表4-5　不同类型的评价与学习的关系的详细比较

评价体系	三种类型		
	对学习的评价	为了学习的评价	评价即学习
评价功能	检测教学成效、测查学习效果	推动教学改善、促进学生学习	评价本身即是一种学习的过程
评价时间	独立于教学时间之外	独立于教学时间之外	难以割裂于教学时间之外
评价主体	主要为教师及评价专家	主要为教师、评价专家以及学生	主要为学生
评价内容	主要为教学内容以及学生能力	主要为教学内容以及学生能力	更关注高层次能力（例如批判性思维、自我管理等）
评价手段	以测验或考试为主	总结性评价与形成评价并重	评价手段更为多元化、弹性化
结果使用	对评价结果主要进行量化比较	主要对评价结果进行质性分析	评价结果并非评价活动的重心

在项目式学习中，系统、多元、开放的评价方式既是学生在项目式学习中学习效果的检验策略，又能激励学生产生内部的学习动机，帮助学生有效调控自己的学习过程，增强自信心，形成合作精神。显然，项目式学习的评价属于作为学习的评价，它意图通过诊断学生学习，进而提供学习反馈，实现学习的增值，既关注学生实时表现的改进，也关注学生更长远的终身学习素养的发展。[①]那么教师应该如何设计指向学生核心素养的评价呢？下面以松岭路小学的项目式学习课堂教学为载体，观察项目式学习的课堂评价方式，总结真实有效的项目式学习的评价设计策略。

项目式学习的评价不同于传统学习评价[②]（表4-6）。项目式学习的评价设计，既要基于项目式学习本身的整体设计思路，又要指向项目式学习的各个核心要素以及具体的实施过程。合理、多元的评价不仅能激发学生的探究能力和创新能力等高阶思维能力，而且能促进学生对探究过程进行自我调控和改进。

① 邵朝友. 指向核心素养的逆向课程设计［M］. 上海：华东师范大学出版社，2021：78-79.

② 桑国元，叶碧欣，王翔. 项目式学习：教师手册［M］. 北京：北京师范大学出版社，2023：120.

教师作为学生学习行为的设计师，在进行项目式学习的评价设计时，应综合分析项目式学习的各大核心要素，让评价指向驱动性问题、着眼于学生的探究过程、聚焦核心知识再建构、关注公开成果展示，最终形成贯穿整个项目式学习的全程评价体系。

表4-6　传统学习评价与项目式学习评价

评价项目	传统学习评价	项目式学习评价
评价目的	检测学习效果；甄别与选拔	支持过程性教学调整与优化，提升学生学习动力
评价方式	以纸笔测验为主，重视等级、排名等量化评价	依据学习目标，开展真实的表现性评价等多元评价
评价内容	知识的记忆、理解与运用	对学科知识的掌握与理解程度、核心素养发展水平、社会情感品质、项目产品质量等
评价主体	以单一的教师评价为主	多元评价主体，如学生、教师、家庭、专业人士、社区人员

通常，一个完整的评价方案要由教师来明确评什么、如何评、谁来评三个核心要素。项目式学习作为素养落地的载体之一，其评价设计的方法和标准要符合素养评价的总体指向。指向核心素养的评价设计渗透在项目式学习的各个实施环节和各大核心要素之间。不同的核心要素和实施环节指向学生不同的关键能力和必备品格培养，它们共同组成了项目式学习的多元评价系统。由此，我国学者夏雪梅提出了指向素养的项目式学习评价的质量分析框架[①]（表4-7），松岭路小学也正是基于此框架搭建了松岭路小学项目式学习整体评价体系设计方案：在评价内容层面，以素养为导向；在评价方式层面，主要采用表现性评价；在评价主体层面，主要是学生的自评、互评以及教师评价。

———————————

[①] 夏雪梅.指向核心素养的项目化学习评价［J］.中国教育学刊，2022（9）：50-57.

表4-7 指向素养的项目化学习评价的质量分析框架

维度	一级指标	二级指标
评什么	素养目标	1-1 反映当下或未来真实社会和工作中所需的真实能力 1-2 评价的目标指向具有持久迁移性的能力 1-3 目标的统整性，至少包含两个维度的目标
	目标可测	2-1 目标是清晰明确的 2-2 目标是可以用真实性的任务来检测的
如何评	统整性评价	3-1 根据素养目标设计了多种类型的评价任务 3-2 关键概念或能力上的评价情境是变化的，促进迁移性
	真实性评价	4-1 设计了能反映真实世界所需能力的评价任务 4-2 评价任务对学生而言有思维上的真实性 4-3 评价的实施让学生感受到真实
	评价嵌入全程	5-1 评价是学习的一部分，而不是等到最终结果再去评价 5-2 评价能在过程中促进学生学习和反思
	量规促进学习	6-1 评价量规的产生和使用基于并促进学生表现 6-2 评价量规能有效指向并提升概念或能力水平
谁来评	学生参与	7-1 学生参与到评价标准的制定中 7-2 学生基于评价标准进行自我评价和同伴评价 7-3 评价产生有价值的反思或改进建议
	教师支持	8-1 与学生分享评价目标、数据等信息 8-2 对学习问题进行准确而及时的反馈 8-3 设置关键的评价节点形成严谨的质量文化 8-4 引导学生围绕量规进行同伴间的相互评论和交流 8-5 引入真实世界中的专家、模拟用户参与评价

二、核心素养导向的评价内容

项目式学习的设计围绕核心素养展开，那么在评价时当然也是围绕着素养，素养在具体的项目中被转化为具体的、可落地的学习目标。项目式学习评价的核心是客观、真实地评价学生在项目中体现的核心概念迁移能力以及问题解决能力，将学生对实际问题的解决过程和方法作为考察对象，聚焦应用、数据分析、建模和制订方案等高阶认知目标。核心知识的建构是项目式学习评价设计的重要依据，即学生在解决驱动性问题过程中，在展开持续探究的过程中，在公开成果的展示过程中是否体现了对核心知识的运用、转换和迁移。当前已有许多学者对国外核心素养框架、中国学生发展核心素养、学科核心素养进行研究，在此不再重复解读。松岭路小学组织教师团队对国内外素养进行梳理和筛选，依据松岭路小学办学实际，提取了包括信息素养、批判性思维、沟通能力、合作能力、艺术鉴赏能力、创新能力、学习品质、问题解决能力的八个方面的学习素养作为松岭路小学项目式学习课程群的目标导向，为学科项目式学习、跨学科项目式学习和超学科项目式学习提供评价框架。

●信息素养：能够从多种渠道搜集到与主题相关的信息，并从中提取与主题相关的信息，能够判断和分析有用信息与无用信息，将有用信息提取出来。

●批判性思维：能够对教师和同学表达的观点表示认同或质疑，并给出合理的解释，在此基础上还可以发表自己的观点；能够经常提出有思考性的问题；能够分析自己的作品成果出现的问题，反思自己与优秀作品差距的原因；思考问题有全面性，能够从辩证的视角分析观点、问题和作品等，如优点、缺点、改进的建议。

●沟通能力：在别人发表意见的时候表现出积极倾听的姿态，用肢体动作、眼神等表现出自己对内容的理解；耐心地、有兴趣地听别人讲完全部；仔细听别人的意见，并与他人进行互动，或根据他人的意见对自己的意见进行修改；主动表达自己的想法并能够使用他人理解的方式表达自己的想法。

●合作能力：积极、愉快、热情地参与合作；能积极主动地为组内成员的发言提出建议、补充信息或请求解释；对同学能够主动地关心和帮助，对别人的帮助表示感谢，对他人的提议表示赞同和拥护；直率地表达不同观点并加以解释，总结其他同学的发言与不同观点。

●艺术鉴赏能力：作品美观，凸显主题；色彩丰富且搭配合理，符合色彩搭配原则；作品有助于传递信息，增强记忆；能够对所评价的作品有多方位的直观感受（感觉、视觉、嗅觉、触觉等）并能够进行点评，同时在点评的基础上对存在的问题提出改进意见。

●创新能力：作品包含多种不同学科的重要概念；提出的观点完全是自己的想法，具有原创性，并且能够解决问题；创造性成果是新颖的，并且能够解决现有的难题。

●学习品质：全程保持专注、投入的状态，面对任务想尝试，热情投入并完成全部任务，有问题能主动提出来；遇到困难坚持尝试解决，在遇到干扰时也会努力克服困难，一直到成功；有非常浓厚的兴趣参与学习，不需要老师的提醒或积极主动地参与学习，积极讨论，积极发言。

●问题解决能力：在学习过程中遇到问题时会自己思考，在自己思考的基础上会选择查阅书籍及向别人请教的方式来解决问题；能够理解情境中的问题并能够利用所学知识提出多种解决方案解决问题。

三、真实的表现性评价

项目式学习要求对学生完成项目的过程进行规范、全面的评价。因此，项目式学习的评价应涉及项目实施的全过程，既包括对学生探究过程的评价，又包括对最终公开成果的评价。长久以来，纸笔测验在我国基础教育正式评价占据着主导地位。纸笔测验固然能够让教师快速地评价学生对事实信息、基本概念和简单技能的掌握情况，却无法探知学生的思维发展过程和能力生长动态，因此它无法胜任引领一个学习项目发展的任务。大量的证据表明，表现性评价更适合检测高水平的、复杂的思维能力，且更有可能促进这些能力的获得。[①]

表现性评价并不是一种全新的评价方式，在工业及组织心理学领域，在职业技术教育领域，表现性评价都有很长的应用历史。我国学者王小明最早对表现性评价进行了介绍，他认为表现性评价是一种直接的评价，其评价内容是表现出来的能力或倾向的行为。[②]周文叶对表现性评价进行了近20年的持续研究，她提出，"表现性评价指向深度学习，其关键是学生经历真实情境中的任务解决过程，并利用评分规则来引导和反思学习。它在真实情境中实施指向关键能力的任务，让学生面对真实的问题解决情境，综合运用已有的知识和经验来解决问题"[③]。表现性评价的目标旨在诊断核心素养的形成状况与发展水平，运用表现性评价发展核心素养有助于促进深度学习，同时也有助于统整教学，因为表现性评价可被镶嵌于课程与教学中，本身也成为一项教学活动，评价的

---

① Darling-Hammond L. & Adamson F. . Beyond basic skills：The role of performance assessment in achieving 21st century standards of learning [M]. Stanford，CA：Stanford University，Stanford center for opportunity policy in Education，2010：42.

② 王小明. 表现性评价：一种高级学习的评价方法 [J]. 全球教育展望，2003，32（11）：47-51.

③ 周文叶. 表现性评价：指向深度学习 [J].教育测量与评价，2018（7）：1.

过程即教学的过程[①]，它能够让学生根据评价结果不断反思自己，潜移默化地促进学生学习素养的发展，既关注学习结果又关注学习过程。表现性评价需要学生建构答案，项目式学习需要以评价持续引领项目实施，可以说表现性评价与项目式学习强调以解决真实情境中真实问题的理念以及学生建构知识、持续性评价与反馈等理念高度契合。教师采用项目式学习意在培养学生高阶思维能力的发展，而表现性评价是衡量高阶思维发展的适切方式，是驱动高阶学习发生与改善的有效手段[②]，因此可以说，表现性评价是项目式学习最为恰当的评价方式。

（一）表现性评价的概述

表现性评价作为一种形成性评估的重要评价方式，知晓它的定义便等于知晓如何操作了吗？当然不是。表现性评价从教师的设计到实施仍要经历一道道的加工工序。

在进行表现性评价设计前，首先需要了解其概念框架，以便于教师厘清表现性评价与教学之间的关系。周文叶基于建构主义学习理论、情境认知理论，结合课程评价研究，提出了表现性评价的概念框架（图4-24）。她指出表现性评价评的是居于课程核心的、需要持久理解的目标，这些目标需要通过真实情境中的任务来落实和检测。正是因为表现性任务是真实世界中的任务具有情境性、复杂性，所以学生在完成任务时必须进行建构反应，由此，它需要基于评分规则的判断。多种不同类型的表现性评价任务的综合运用构成表现性评价体系，而表现性评价与课程标准的共生关系，以及与教学的统整，将这个系统连接起来，从而促进教与学。[③]由此可知，在当下的教育进程中，表现性评价必须依据素养而展开，与课程标准紧密结合，这也与松岭路小学提出的"核心素养筛选层"中的素养来源相符合。

---

① 周青，田建荣. 基于核心素养发展的表现性评价设计［J］. 考试研究，2023，19（4）：1-9.

② 孙宏志，解月光，张于. 核心素养指向下高阶思维发展的表现性评价设计［J］. 电化教育研究，2021，42（9）：91-98.

③ 周文叶. 促进深度学习的表现性评价研究与实践［J］. 全球教育展望，2019，48（10）：85-95.

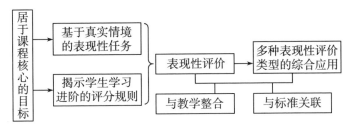

图4-24 表现性评价的概念框架

我国学者根据密歇根评估联盟（The Michigan Assessment Consortium）的研究将表现性评价分为表现性任务和表现性事件两大类[①]（图4-25）。表现性事件与表现性任务是以"时间"来区分的：表现性事件是一种按需进行的表现性评价，在实施评价时，学生只需很少的时间进行回答，也仅有有限的机会来改进；而表现性任务则需要学生花费数日乃至数月来完成一项任务。而后又将表现性事件分为"对理解的非正式检查""学术提示"，并提出了"对理解的非正式检查"的具体实施方式。在松岭路小学实施的项目式学习中，学生需要经历长周期的任务解决，任务并非仅需要简单的几节课或几天可以完成，因此，松岭路小学的表现性评价会围绕表现性任务开展系列设计。并非所有的学习目标都适用于表现性评价，国外学者也总结出表现性评价的适用内容[②]（表4-8），在松岭路小学的教育实践中也据此开展了各类适合于小学段的活动。

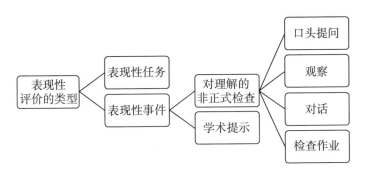

图4-25 表现性评价的类型

① 郭元勋，张华.论素养本位表现性评价设计［J］.全球教育展望，2022，51（9）：91-103.

② 〔美〕Richard J. Stiggins（斯蒂金斯）.促进学习的学生参与式课堂评价［M］.国家基础教育课程改革"促进教师发展和学生成长的评价研究"项目组，译.北京：中国轻工业出版社，2005：157.

表4-8　适合表现性评价的学习目标

评价内容	程序或技能目标	成果目标
阅读	口头阅读的流畅性	/
写作	书写技能，敲键盘的熟练程度	写出的文章
数学	移动物体，编写数学题	描述数学原理的模型
理科	安全的实验操作	实验研究报告
社会学	辩论	学期论文
外语	口语能力	写作样例
艺术	材料运用	艺术作品
体育	运动技能	/
技术教育	计算机操作	设计出的软件程序
职业教育	执行制定的程序	把机器修理好
团体合作	每个成员的贡献	/
儿童早期	社会交往技能	艺术作品

　　究竟什么样的表现性评价可以称之为"好"呢？国外关于表现性评价的质量标准已有许多研究，比如斯蒂金斯提出了表现性评价质量五大标准（表4-9），美国斯坦福大学学习、评价和公平中心提出了高质量表现性评价的六大特点（表4-10），美国合作教育中心提出了表现性评价质量框架（图4-26）。周文叶结合我国表现性评价研究和实施的现状，也提出了适用于我国教育情况的表现性评价质量评估框架（图4-27）。由此可见，关于表现性评价的质量都强调在评价对象方面，学生全员参与；在评价目标方面，目标清晰、指向高阶能力；在评价任务方面，情境真实，让学生开展深度学习；在评价工具方面，评分规则清晰、合理、具备可操作性。以上这些研究成果为松岭路小学表现性评价的设计提供了重要理论基础，同时也成为松岭路小学教师团队探讨表现性评价设计质量的主要参考依据。

表4-9　斯蒂金斯表现性评价质量五大标准

准则	说明
评价目的应明确	评价目的决定能否设计实效和经济的评价
评价能产生高效的交流	在评价前，必须将表现标准以学生理解的方式传达给学生
最大化提升评价效度	对评价目的有把握；界定所要评价的学生特点，将表现水平等级具体化；使用从多种表现情境中选取的任务；将评分等级与其他成就数据进行比较
最大化提升评价信度	使用清晰的准则充分培训评分者；设计和实施合适的评分程序收集足够的表现样本；以文化自觉、清晰标准和充分培训尽可能将评分者偏见降到最低；在需要时提供标准、统一的评价条件
评价的经济性	调整评价形式以达到目的；收集所必需的表现性样本；尽可能重复使用优质的任务；根据相关标准进行评分；有效培训评分者，减少重复评估表现的需求；在适当时候使用评分规则、清单和工作样本（档案袋）；在适当情况下可将学生作为评分者，也就是学生之间的互评

表4-10　美国斯坦福大学学习、评价和公平中心高质量表现性评价的六大特点

准则	说明
任务清晰且有价值的表现结果	要求应用和展示学科内容知识、理解深度和高阶思维技能；与目标学科内容和技能标准及其他表现结果紧密一致；与某课程和学科领域的大观念及持续的理解建立关联；在多个学科内容和技能标准之间整合知识、技能；使用评分准则进行评价，聚焦学科内容、技能标准或其他学习目标的本质
任务聚焦且清晰，连贯一致	聚焦：任务提示要求学生展示深度学习、对学科内容的掌握和对技能的应用 清晰：用词、指南及评分准则无歧义 连贯一致：任务提示、任务材料及任务回应方式与任务的目的相一致
具有相关性与真实性	反映现实世界的任务或待解决的问题以真实的、相关的、有意义的方式表达学科内容；要有真实的目的或目标
学生有机会做出选择和决定	给学生提供可选择的机会；提供应对任务的多种不同方式；要求学生自主计划和管理信息和想法；提供自我评价、同伴和教师反馈以及修正的机会
所有学生都可参与	使用的适合发展水平的任务材料都是经过仔细筛选的；使用多种任务材料来吸引学生参与
与课程关联	与所教课程一致；与所培养的技能一致

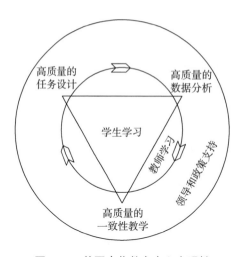

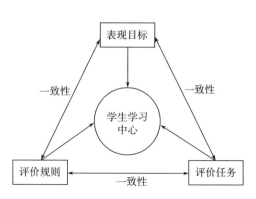

图4-26　美国合作教育中心表现性　　　　图4-27　周文叶表现性评价质量评
　　　　评价质量框架　　　　　　　　　　　　估框架①

（二）表现性评价的设计原则

从上述表现性评价的质量评估框架中可以看到，目标、任务、规则是其中的核心要素。如果转化为设计视角可以想见，在以学生为中心的表现性评价中，学习目标、表现性任务、评价工具是其设计的三个核心要素。对于这三个核心要素的设计会因不同学段的具体情况而发生变化，由此松岭路小学提出了素养导向、情境真实、知识建构、综合考察、注重过程的五项原则，用于指导松岭路小学表现性评价的设计与开发。其中，学习目标设计主要依据素养导向原则，在不同的项目中选择恰当的素养进行培养；表现性任务设计主要依据情境真实与知识建构原则，旨在让学生在真实世界中体验真正的问题解决过程；评价工具设计主要依据综合考察和注重过程的原则，借助工具对学生进行过程性评价和综合评价（图4-28）。学校期望能够据此原则设计出更多适用于学生的项目，打造多维、立体的学习任务和学习评价，促进学生的深度学习和高阶思维发展。

---

① 周文叶，董泽华. 表现性评价质量框架的构建与应用［J］. 课程·教材·教法，2021，41（10）：120-127.

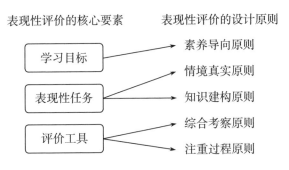

图4-28　表现性评价核心要素与设计原则的对应关系

1.素养导向原则

核心素养是项目式学习设计的核心元素，表现性评价作为项目式学习最重要的评价方式之一，要遵守"表现目标—评价任务—评价规则"的一致性原则，所以表现性评价设计的首要原则就是要以素养为导向。表现性评价必须指向复杂的核心素养目标，而不是简单的知识或技能。然而，核心素养是高度概括的课程目标，其养成是一个长期的过程。对于具体的教学与评价而言，这样宏大复杂的目标无法在单一课时里达成，甚至也不能仅仅依赖一个学期的一门课程。所以，素养目标需要进一步具体化和层级化。[①]松岭路小学在设计项目式学习的目标时经历了"核心素养筛选—项目素养建立—学习目标建立"三个阶段，正式由素养到目标具体化的操作程序，由此也可引申出单个项目进行表现性评价设计时的第一个步骤。

下面以松岭路小学学科项目式学习"探月行"为例来介绍素养导向原则在设计表现性评价中的指导作用。

首先，在选择项目主题之前，教师团队需要深入解读学科核心素养，并以此为基础设计项目主题。这要求教师改变原来"教教材"的思路，采用每个知识点、每节课分散处理的教学模式，要走向大任务、大主题、大单元的整体设计，这也是基于新课标的新教学要求。在"探月行"课程教学时，教师团队根据科学课程的学科核心素养的内涵和教学要求，将该部分内容与实际生活情境

---

① 周文叶，毛玮洁.表现性评价：促进素养养成［J］.全球教育展望，2022，51（5）：94-105.

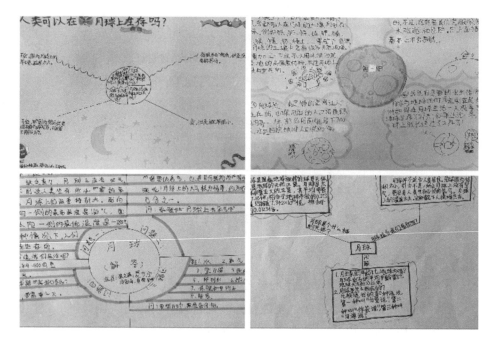

图4-29　部分学生的观察记录

相结合，设计学生观察（图4-29）、记录月相变化（图4-30）等典型的表现性任务，引导学生进行数据采集、对比、登月方案制订和结果表述等，从而达到让学生了解月球概貌、人类探月历程、月相变化等核心知识的目的。同样，教师团队设计了相应的过程性评价量规（表4-11），设定了明确的标准，用以支持学生的过程性评价和促进其自身反馈。

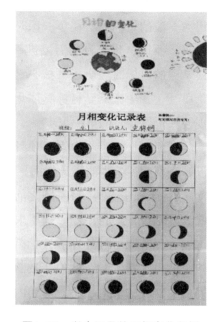

图4-30　学生记录的月相变化举例

表4-11 "探月行"课程过程性量规

维度	表现层级描述		
	初级	良好	优秀
思维	说到"月相"只能联想到满月	在老师的指导下能够联想到与"月相"有关的历史、诗词文字等	能发散思维，想到多种与"月相"相关的学科知识
创新	作品不包含重要概念；提出的观点是直接复制或复述他人的观点；	作品包含某一学科或较少学科的重要概念；提出的观点是在参考别人观点的基础上加上自己的观点整合而成，并且能够解决问题	作品包含多种不同学科的重要概念；提出的观点完全是自己的想法，具有原创性，并且能够解决问题
内容	月相观察记录不全面，或较简单	月相观察记录较完整，个别有需要修改的	月相观察记录细致、完整、美观
合作	不积极或不参与合作，对小组讨论的内容不关心；不会寻求他人的帮助解决问题；不遵守纪律，随意走动，打断他人的发言或给小组讨论捣乱、增加干扰；不接受别人的观点，一切以自己的想法为主或对他人提出的观点无条件赞同	不是积极主动，但是能够按照要求完成合作内容；能够在组长的安排下完成合作内容，给他人提供帮助；遵守纪律、听从安排，比较有序地进行发言，不打断别人的发言；能够在讨论中表达自己的不同观点，但没有深入地讨论	积极、愉快、热情地参与合作；能积极主动地为组内成员的发言提出建议、补充信息或请求解释；对同学能够主动地关心和帮助，对别人的帮助表示感谢；遵守纪律，听从安排，不随意离开座位，有序发言，发言声音适中；直率地表达不同观点并加以解释，总结其他同学的发言与不同观点
口语表达	没有组织自己的观点或组织得很乱；汇报过程不连贯，有很多停顿；表达措辞不合适，听众理解有困难	观点的组织有逻辑，较为流畅，汇报过程停顿少；表达方式合理，听众能够理解	观点组织得流畅、有逻辑；表达方式得体，语气语调正式；汇报方式让人眼前一亮、印象深刻，富有创造性

2. 情境真实原则

在项目式学习中强调学习任务的真实性，真实任务或类真实任务有利于培养学生形成面向真实世界的问题解决能力。在项目设计中，提供真实或模拟真实的问题情境同样也是表现性任务设计的关键。周文叶指出，一个完整的表现性任务包括真实或模拟真实的情境、挑战、学生的角色、作品或表现、受众这五大要素（表4-12），为了满足表现性任务的情境真实，教师可以采取让学生创造真实产品送给真人使用、聚焦学生生活议题、假定有意义的教育场景、模仿成年人工作等几种设计方式。

表4-12　表现性任务的五大要素

要素	作用
真实或模拟真实的情境	为知识和技能的运用提供了条件
挑战	指出学生在任务中需要达成什么目的、完成什么挑战
学生的角色	指出学生在任务中代表着什么身份，现实生活中的不同角色都可以由学生扮演
作品或表现	用于展示学生对素养目标的掌握程度，构成了评估学生素养水平的依据
受众	学生的作品或表现是给谁看、为谁而完成的

　　松岭路小学在进行表现性任务设计时，充分考虑到小学生的身心发展特点和生活环境，主要设计一些贴近学生生活、联系社会热点的真实情境，作为引发学生思考真实问题的切入点，激发学生的好奇心和探究欲。而且在设计情境时还需要考虑以下几个问题：该情境是否能引领学生展示出我们预期的表现结果？是否能自然地激起学生的兴趣？是否符合学生的认知发展水平，是否能用学生理解的方式来描述问题，并能很好地突出问题的困惑性？还要考虑问题的可操作性，即学生能否在给定的时间内，利用可找到的资源，进行充分的探究；同时要考虑学生对于问题情境的普遍熟悉程度[①]，如果设计的任务离真实的生活情境很远，那么学生的知识与技能就难以在任务的完成过程中表现出来，还会产生公平性问题。比如在松岭路小学四年级开展的项目式学习课程"云游青岛"，入项时，一位正旅居新西兰的同学向大家介绍自己在异国他乡的新朋友，于是教师团队便将项目设计成以国外小朋友要来青岛旅游为背景，邀请同学们以导游的视角，为外国友人制作一份青岛旅游攻略。这正是基于情境真实的原则而设计的表现性任务。

① 马婷. 表现性评价的设计与实施——基于浙江省小学考试评价改革的实践案例 [J]. 基础教育课程，2018（21）：74-79.

3. 知识建构原则

在当前素养教育时代下存在着一种声音，即"当今的教育是从知识传授走向素养培养，因此当下教学实践中最重要的不是知识，而是素养"，这种声音在教学实践中产生了不良的影响。知识与素养到底是什么样的关系呢？项目式学习作为核心素养落地的重要培养路径，为何要在表现性评价中强调知识的建构呢？类似于"素养是一个涵盖知识、技能和情意的整体概念[①]"这种对于素养的描述，将素养与知识放到了并列位置，难免会给人素养与知识是此消彼长关系的印象，而实际上素养的培养非但不能脱离知识，反而必须建立在知识的基础之上。周序等人对知识与素养的关系（图4-31）进行了详细阐述，并提出

"知识、技能、情感、态度、价值观等是构成素养的基本元素，在这些基本元素当中，知识是基础，是前提；素养是个体已经掌握的知识技能和运用这些知识技能来满足自身需求的能力的综合体现；高质量的知识教学，需要让学生做到对知识的灵活运用，并且通过具有新意的方式，让学生积极接受训练"[②]。

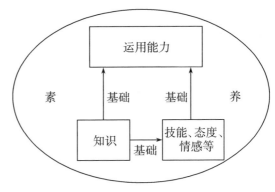

图4-31　知识与素养的关系

项目式学习正是此语境中所说的一种具有新意的高质量的知识教学的方式。由此，知识是表现性评价设计的"地基"，是表现性任务中学生学习的最小单位。知识是动态的，无法摆脱与社会变化发展的联系，知识的传授形式是以学生为中心的主动建构和有意义内容的理解。知识的意义是由建构而来，知识的意义不能直接传递，而必须在自身经验的基础上，通过师生交往对话、情境互动、自我理解的过程才能得以建构[③]。表现性评价正是为学生的知识建构

① 安桂清. 基于核心素养的课程整合：特征、形态与维度［J］. 课程·教材·教法，2018，38（9）：48-54.

② 周序，任远一. 试论知识和素养的关系：义务教育新课标的启示［J］. 中国教育学刊，2023（7）：40-44.

③ 游春蓉，王强. 走向意义之教：素养导向的知识教学进路［J］. 当代教育科学，2023（6）：56-63.

提供一个适切的“场合”。在知识的建构过程中涉及各种信息之间的关系，各种信息的比较、推理或评估，表现性评价的任务开发就是要给学生建构新知识的任务，而不只是对原先学过知识的复习与巩固。

下面以松岭路小学二年级学科项目式学习“绿植大营救”为例来介绍知识建构原则在设计表现性评价中的指导作用。

教师团队在此项目中设计了小活动用以驱动项目实施，学生需要组成小组，先通过查阅资料了解绿萝、太阳花等植物多久浇一次水合适，用思维导图做好记录；在此基础上，围绕“如何控制好给植物浇水的频率”这一问题进行头脑风暴，设计不同方案，如浇水记录卡片；除频率外，还要探讨解决每次浇水量的问题，并通过实验不断验证。这个过程就是考查学生通过协作对资料进行分析和建构新知的能力。最后，根据学生自己记录的实验数据，就会发现植物浇水的适宜频率和浇水量（图4-32）。

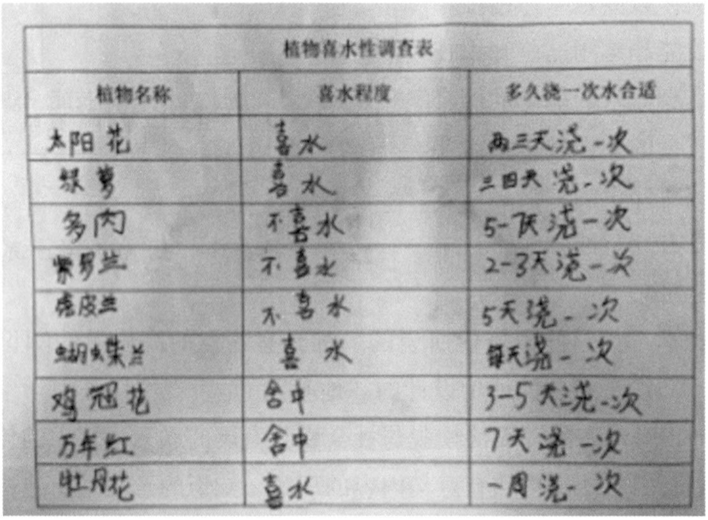

植物喜水性调查表

植物名称	喜水程度	多久浇一次水合适
太阳花	喜水	两三天浇一次
绿萝	喜水	三四天浇一次
多肉	不喜水	5-7天浇一次
紫罗兰	不喜水	2-3天浇一次
虎皮兰	不喜水	5天浇一次
蝴蝶兰	喜水	每天浇一次
鸡冠花	合中	3-5天浇一次
万年红	合中	7天浇一次
牡丹花	喜水	一周浇一次

图4-32　学生记录调查表举例

4. 综合考察原则

不同于传统的作业或纸笔测验，表现性任务贯穿于项目始终，所以表现性评价也出现在除了项目终结以外的各个节点。当表现性评价出现在有明确的产品生成的具体任务中时，评价的内容不仅指向于产品本身，还指向于产品生成过程中学生的具体行为，此时评价更多指向具体的内容与能力；当表现性评价出现在项目实施的里程碑时，它更可能是以过去一个阶段的任务集合为整体开展评价，此时评价用于让学生做阶段性的总结与反思，评价的是相比于具体任务更为上位的概念及目标；当项目终结时，一般采用总结性评价，用来评价学生的素养达成情况。可以看出，表现性评价无论是指向产品的，还是指向里程碑的，都强调"综合"二字，综合了产品、内容、能力、概念等。在项目式学习中，主要依靠评价引领学生一步步地从新手走向熟练，它自身也强调对学生的综合评估，而评估的重点则是关注学生的成长。因此在表现性评价设计时，也应遵循综合考察的原则。

表现性评价呈现的成果可以是一个书面的文件、一幅画、一个图表，也可以是视觉、书面和口头的展示材料。这些都需要学生清晰地将它们表达出来，因为清晰的表达有助于教师评判学生在知识建构和问题解决时的策略思维。表现性评价不仅要评价学生"知道什么"，更主要的是评价学生"能做什么"。

比如在松岭路小学"班服大作战"项目中，学生在明确设计方向后，小组合作完成班服设计稿。从班服设计的寓意、颜色、图案（数字、符号等）、色彩搭配等多角度出发设计评价量规（表4-13），引发学生深入思考班服设计时应注意哪些要素，从而进行创作和完善。

表4-13　班服设计评价量规

评价维度	具体表现描述	优秀	良好	一般
喻义	能够彰显班级特色，与班级文化一致；能够完整地诠释班级文化或者班级精神；喻义鲜明，有明确的主题，内容积极向上	☆☆☆	☆☆	☆
设计	在符合年龄特征的前提下，能够选择合适的图案、线条或文字等元素，进行单一或组合创造，形成有自己特色的设计；设计具有创新思维，有较强的表现力，能够吸引人的目光；能够熟练地运用工具，并能较完整地展现在作品上	☆☆☆	☆☆	☆
色彩	色彩搭配和谐；整体画面干净整洁；整体风格统一	☆☆☆	☆☆	☆

学生的设计稿完成后，还将以招投标的方式选定班服。竞标评价量规（表4-14）涉及小组合作的分工、任务完成、活动秩序、表达的逻辑性、趣味性、设计亮点等方面，促进学生高效、高质地完成投标。

表4-14　招投标评价量规

评价维度	具体表现描述	优秀	良好	一般
小组合作	小组合作分工明确，组内关系融洽，每位成员都能积极参与活动；任务完成迅速而且质量高；组内活动有秩序，纪律好	☆☆☆	☆☆	☆
表达	宣讲时语言有逻辑性、趣味性，能够使听众快速理解；宣讲内容紧扣主题，表达顺畅自然；宣讲衔接自然大方，停顿得当	☆☆☆	☆☆	☆
设计	设计紧扣班级主题，有独特、完整的文化内涵；有亮点设计，有创新性设计；色彩搭配和谐自然，画面干净整洁	☆☆☆	☆☆	☆

5. 注重过程原则

表现性任务是需要学生花费一段时间或一个周期来完成的，在这个过程中，教师需要将表现性任务合理地嵌入项目中，思考如何为学生创造定期、结构化的机会来给予同伴反馈，进行自我反思，并接受来自同伴、教师和或教师以外相关人员的反馈；如何提供多个嵌入式机会使学生能够及时基于反馈调整方法，修改和重新提交工作。将表现任务合理地嵌入项目是表现性评价发挥形成性评估与促进学生学习作用的必要前提。[①]因此，表现性评价不仅是对学习结果的评价，更是对学习过程的评价。所以松岭路小学教师团队在开发表现性评价的任务时强调它对项目式学习过程支持的重要性，期望通过表现性评价，着重对学生的学习成果、方案及语言表达能力进行评价。表现性评价追求任务解决方式的多样性，如查找资料的方式、呈现成果的方式等，以及说明选择这些方式的理由，即不仅要记录学生能够做什么，还要记录学生如何完成一项任务。

下面以松岭路小学五年级超学科项目式学习课程"日本核污染水排放对全球的影响"为例展示注重过程的表现性评价设计。

授课之初，学生通过查阅大量资料，形成了对核能和核污染水的初步认识。接下来，教师组织学生开展小组合作，要求思考交流以下几个问题：日本核污染水从哪里来？日本排放核污染水会产生哪些影响？核污染水既然有这么

① 郭晶晶. 项目式学习中的表现性评价设计案例研究［D］. 上海：华东师范大学，2022：18.

多危害，为什么国家还要大力发展核能？小组间开展充分交流，并合作将讨论的结果整理成思维导图，最后根据评价量规（表4-15）进行自评和互评。

表4-15　合作交流：了解核能及核污染水评价量规

评价维度	具体表现描述	优秀	良好	一般
批判性思维	针对日本核污染水排放的不同观点，能够从不同角度提出自己的看法，能够初步进行分析式表达	☆☆☆	☆☆	☆
合作能力	按照分工，积极参与合作，面对合作中出现的问题，能够很好地协商解决，很好地完成合作任务	☆☆☆	☆☆	☆
语言表达能力	能够运用一定的表达技巧，流畅地，有逻辑地表达自己的观点，听众能够理解	☆☆☆	☆☆	☆
信息提取能力	能够精准地从文章中、书本中、网络中、资料中、别人对话中提取自己想要的信息	☆☆☆	☆☆	☆

（三）量规的设计与使用

无论表现性任务设计得多么好，如果在实施过程中，教师对学生的表现不能恰当地进行评价，那么学生素养的发展情况将无法被清晰表征，学生本人也无法回溯自己在学习任务中的收获，由此可见，评价工具的设计是表现性评价中不可或缺的一环。学生核心素养的发展是在不同教育发展阶段持续生成的，而在素养动态发展进程中，不同学生的行为能力表征是不同的。因此需要教师团队选用面向形成性评估与评分的工具，对学生实施素养导向下更为个性化与精准化的科学评价，帮助学习者更好地发展核心素养。

量规在英语中译为Rubric。在15世纪中叶，Rubric指的是一本书中不同部分的标题①，这源于基督教徒的工作，他们在抄写经书的每个主要部分时总是用一个大大的红色字母开头，因为拉丁语中表示红色的词是"Ruber"，所以红色就成为规则的象征。后来Rubric被引申为权威性规则，国内教育领域学者一般将其译为量规。W. James Popham提出一个量规必须有三个基本特征（表

---

① Oxford English Dictionary, s.v. "rubric （n.）, sense I.2.a," September 2023 ［EB/OL］（2023-09）［2024-01-25］. https：//doi.org/10.1093/OED/5283063554.

4-16）：评价标准、质量定义和评分策略。[①]随着时代的发展，量规在教育中逐步应用广泛，也有学者将其定义为"量规是针对学生学习制定的，它包含一组清晰连贯的标准，以及这组标准下个层级的表现质量描述，它的主要用途就是对学习表现进行评估"[②]。由量规的概念可以看出，它强调有标准、有依据的贯通性评价，所以量规当之无愧是表现性任务的最佳评价工具。

表4-16　量规的三个基本特征

基本特征	具体解释
评价标准	用于区分可接受的反应和不可接受的反应。根据所涉及的技能，标准的范围会因具体规则而异。评价标准可以被赋予相等的权重，也可以被赋予不同的权重
质量定义	描述的是如何判断学生回答的质量差异。量规要为评价标准的每个质量水平提供单独的描述
得分策略	可以是整体性的，也可以是分析性的。采用整体策略，需要综合考虑所有的评价标准，做出单一的、全面的质量判断。采用分析策略，计分者需要呈现每个标准的分数，这些分数最终可能累积到一个整体分数中，也可能不累积到一个整体分数中

在这里要说明的是，前文介绍了学习与评价关系的三种类型，"评价即学习"并不排斥"对学习的评价"以及"促进学习的评价"，也就是说在整个项目式学习的实施过程中，考试、测验等总结性评价方式依然是教师了解学生学习情况的一种重要手段，课堂反馈、档案袋评价等形成性评价方式也仍旧是教师改善教学、推动学生学习的重要方式。不过这些手段的最终目的都是帮助学生在外在反馈的辅助下更好地学会反思个体学习状况，从而进行自我评价与调控[③]，这也正是项目式学习的魅力所在——用量规让学习的过程和能力的习得显性化。

---

① Popham, W. J. What's wrong—and what's right—with rubrics [J]. Educational Leadership, 1997, 55（2）: 72-75.

②〔美〕苏珊·布鲁克哈特. 如何编制和使用量规：面向形成性评估与评分 [M]. 杭秀，陈晓曦，译. 宁波：宁波出版社，2020：4.

③ 黄显涵，李子建. 西方评价理念的转型之路——兼谈对中国课程改革的启示 [J]. 教育发展研究，2013，33（20）：36-40.

1. 量规的设计

与苏珊的看法相同，国内外学者大多将量规用两种分类标准来区分：第一，依据单个标准或整体标准分类；第二，依据适用于多种任务或针对某一类任务而分类。这两种分类标准将量规分为解析型量规和整体型量规、一般量规和具体任务量规，这四类量规分别适用于不同的教学场景。[①]

●解析型量规是针对每项标准（维度）进行单独评估，评估的是各个标准下学生的学习情况，可以给出如何改善学习等方面的具体信息。解析型量规能更好地促进教学和推动形成性评价，但需要花费较多的精力来获得评分者之间的信度。

●整体型量规是指综合运用整体标准，对学生质量进行全方面评价。整体型量规有利于总结性评价，更容易获得评分者信任，打分更快。

●一般量规指向整体学习成果而不是某一具体任务，它的表现描述是概括地体现学生学习到的综合技能，比如学生的写作能力、问题解决能力。一般量规有助于学生跳出任务局限，着眼学习目标，推动学生自我评估。

●具体任务量规的描述仅针对特定任务的具体内容，比如在具体任务中学生答案应包含的详细内容，它只适用于某一具体的任务。

不同学者还从项目式学习实施的视角对量规进行了分类。汤姆·马卡姆从评价所涉及的性质及内容的角度对量规进行了分类[②]（表4-17），并对如何有效使用评价量规给予了指导。同时，巴克教育研究院还介绍了玛丽·迪茨创造的单点型量规。结合我国教育环境与特点，桑国元等人将项目式学习评价量规分为学科量规、素养量规、产品量规和项目量规[③]（表4-18）。

①〔美〕苏珊·布鲁克哈特.如何编制和使用量规：面向形成性评估与评分［M］.杭秀，陈晓曦，译.宁波：宁波出版社，2020：9-10.

②杜宣萱.项目学习中的评价量规：个案研究［D］.北京：北京师范大学，2019：16.

③桑国元，叶碧欣，王翔.项目式学习：教师手册［M］.北京：北京师范大学出版社，2023：122.

表4-17　汤姆·马卡姆的项目式学习评价量规分类

量规类型	性质	内容
主要成果量规	单项量规	根据项目专门定制的评价量规，评价量规语言必须包含该项目主要成果的明确标准和所有重要的元素
技能量规	单项量规	评价项目所教授的全球化技能
核心内容量规	单项量规	评价项目中学生对知识及概念的理解，表现出学生的思维水平
品质或个人特长量规	单项量规	评价项目中学生在品质或个人特长方面的表现，每个项目可以突出1~2个习惯或特长
演示量规	单项量规	评价项目中学生在学习展示环节的表现，如回答观众问题的能力、使用技术进行陈述的能力等
项目量规	整体量规	评价整个项目，将所有项目成果罗列在同一张评价量规中，包括主要成果、内容、技能和过程。强调全面性，但相对分项量规内容简练，没有分项量规具体

表4-18　桑国元等人的项目式学习评价量规分类

量规类型	性质	内容
学科量规	特征法量规、整体性量规	了解学生对学科核心素养的理解程度、对学科结构的把握程度，以及学科思维发展水平等
素养量规	整体性量规	了解学生的6C素养、问题解决能力、社会情感品质等方面的能力水平
产品量规	特征法量规	以与产品对应专业的视角制定量规，旨在帮助学生发现自己的特长，提升学习动力
项目量规	整体性量规、特征法量规	对项目式学习中的全要素和全流程进行评价

　　前文提出量规的三个基本特征，可以视为量规的必要元素，我国学者进一步提出了量规包含的五个构成要素，即表现任务、表现向度、表现等级、表现行为以及表现记录。[①]还有其他学者提出了量规的六个构成元素、七个设计步骤等，在此不再赘述。最重要的是，项目式学习的评价量规要能够突出重要的评估维度，给予学生足够的引导。同时，更为具体的维度也体现出学生之间的具体差异。

---

　　① 李刚，吕立杰.可见的评价：基于量规的核心素养评价单编制及应用［J］.教育理论与实践，2018，38（29）：12-15.

●表现任务是对具体学习目的或者学习任务的期望，是量规考核的目标。

●表现向度是对学习任务中用以表明任务完成优劣的关键元素的具体规定和说明。

●表现等级用以表征学生在表现向度上的不同程度。

●表现行为具体阐述了不同程度下学生在完成任务时的行为参照，是对学习任务的操作性规约。

●表现记录是指量规在具体任务中对于学生表现的记录或标记。

量规的开发程序一般分为自上而下和自下而上两种方式。自上而下的量规开发思路是演绎性的，主要适用于有明确学习标准的学习项目，一般会经历"明确学习目标—确定评价维度与层级—撰写表现层级特征—量规试用与完善"这四个阶段。自下而上的量规开发思路是归纳性的，在学生作品评价中常常使用，一般会经历"收集学生样本作品—学生作品分组并明确依据—写下学生作品分组的依据—概括学生作品表现维度—描述不同维度表现层级—量规试用与完善"这六个阶段。除此以外，李刚等人还提出了"混合型"量规开发模式（图4-33）。无论哪种思路，教师设计时都需要思考几个问题：第一，指向什么核心素养，是否有现成的内容标准可以直接引用？第二，评价的学习目标有哪些重要特征？第三，区别学生在任务中具体表现的各层级特征是什么？第四，国际或国内是否有可供参考的评价案例？文献中是否有建议？第五，开发的量规是否符合教育实际情况？或者新手教师也可以考虑用工具来辅助教师完成量规开发（表4-19）。[①]

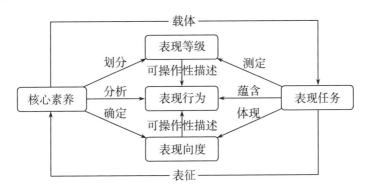

图4-33　"混合型"量规开发模式

————————

① 夏雪梅. 项目化学习的实施：学习素养视角下的中国建构［M］. 北京：教育科学出版社，2020：188.

表4-19　项目成果量规开发框架

	维度	低阶	进阶	精通
成果中的核心知识或能力	核心知识1			
	核心知识2			
	核心知识3			
成果的呈现样态	成果材料/要素……			
	成果结构/特征……			
	成果形式/风格……			

　　结合上述对于量规的分析，松岭路小学在实践中采用了以下方式：第一，主要采用"解析型"量规和一般量规设计项目式学习中的学科量规、素养量规、产品量规和项目量规，在不同的项目中按需开发；第二，主要通过自上而下的思路开发量规，这主要是由于小学阶段学生对于知识、技能、价值观等更多需要教师引导，所以主要由教师团队来制定量规，但在有明确任务的量规开发中，教师团队也充分听取学生意见并结合学生作品实际来开发量规。

　　项目式学习通常以作品的形式展现每个小组在探究过程中所得出的研究成果，以松岭路小学四年级开展的项目式学习课程"云游青岛"中的作品进行举例说明。为了向新西兰小朋友介绍青岛，教师要求学生设计出有青岛特色、有历史印记、交通工具最优方案的青岛旅游线路图。教师团队针对小组云游线路图的形式、规划、小组汇报时的参与度等设计出了有针对性的作品量规（表4-20），将学生作品划分三个等级，每个等级对应不同的描述，让学生通过量规清楚这次路线图设计的要求和最终评价的标准，辅助学生设计出高质量的产品。

表4-20　"云游青岛"线路图小组展示作品评价量规

评价内容	达到程度	星星数量
小组云游线路图	清晰、一目了然	☆☆☆
	比较清晰、看得出来	☆☆
	有线路图，但需要仔细寻找	☆

评价内容	达到程度	星星数量
线路图的形式制作	美观、有创意、整洁	☆☆☆
	比较有创意、看起来不错	☆☆
	有基本的形式	☆
线路图的规划	有明确的依据和类型	☆☆☆
	有较为明确的依据和类型	☆☆
	线路类型不太清晰	☆
小组汇报是否人人参与	人人参与展示汇报表达、合作展示有效	☆☆☆
	大部分人参与了展示，能展示出效果	☆☆
	未能达到人人参与展示，效果一般	☆

2. 量规的使用

量规贯穿于整个教学的始终，与学习目标、学习活动和评价三者之间构成一个动态、流动、和谐一致的整体，在项目式学习的每个阶段发会不同的作用。同时，量规在使用的过程中可以逐渐修改和完善。

量规在学习过程指导以及作品评价方面都可以发挥一定的作用，常规的量规主要在与学生分享学习目标、学习反馈与自我反思、作品评价这三个场景中使用。首先，在与学生分享学习目标时，量规作为评价的标准对学生是公开的，一般提前呈现给学生，比如在学生上课和做作业之前，给学生展示量规。事先让学生了解和熟悉量规可以提高量规的使用效果，在评估之前使用量规并给出解释，可以提高学生对评估过程的信心。其次，在学习反馈与自我反思时，教师可以使用量规给学生一个反馈，帮助学生理解教师的要求和期望，也可以采用同学间同伴反馈的量规，为学生同伴间讨论提供框架结构，通过与小组成员的互动，激发学生的自我反省，使他们能更深入地探究与沟通，学生在交换信息的同时，也加深了其对标准的理解。在学生自我反思时也可以提供量规，帮助学生自我评估（表4-21），通过量规中具体维度的设计，令学生知道自我表现的具体等级，督促学生修正自身的行为。最后在作品评价时，教师可以依据量规对学生的作品或表现按层级进行评分。

表4-21　反思量规

●哪些学习目标对你来说容易实现？
●哪些学习目标对你来说比较难以实现？
●你是如何实现学习目标的——什么对你最有效？
●你可以或将做些什么来实现比较困难的学习目标？

量规可以在项目式学习的多个阶段使用。在项目启动阶段，教师通过提前呈现，讲解量规，帮助学生明确学习要求，提高学生的参与度和学习积极性。给出作品范例，给学生呈现"可视化"学习目标，使学生更加深刻地了解量规，激发学生的学习热情。在项目执行阶段，学生根据自己的进度和量规标准进行自我评估，教师根据量规对学生的进度和成果进行观察和评估，及时提供个性化指导和反馈，以"评"促"学"，促进学生反思。在反思与改进阶段，学生对照量规进行自我反思，识别进步和待提高的领域；教师利用量规帮助学生总结经验，指导他们改进方法。在项目终结阶段，学生提交项目成果，并按照量规进行自我评价，教师结合量规对学生的最终成果进行综合评价，给出成绩或反馈。

量规实际上创造了一个统一的话语平台，在各评价主体间达成一致，从而反映学生的各方面能力表现。在整个项目式学习实施中，量规对学生具有目标导向、自我监控、持续改进、动机激发等积极影响。松岭路小学在实施项目式学习时，学生课堂自评、互评以及对学习的反思数据都记录、呈现在黑板上，通过对学生评价结果的观察可以了解学生在使用量规进行评价的过程中是否保持客观，通过对学习反思的观察可以了解学生在哪些方面得到了提高，还存在什么不足。未来可以想见的是，项目式学习的实施形态将会随着教育数字化的步伐向前发展，有更多的学习数据将会以更便捷的方式记录在"云"端，不仅简化教师的量规设计与使用步骤，多轮次量规实施的记录对比也有利于提升量规的效度，让其更精确地描摹项目式学习的实施效果。

四、多元化的评价主体

在核心素养导向的项目式学习中，评价的主体是多元的，学生、教师、家庭、专业人士、社区人员等都可以参与到评价中来。不同于传统学习评价，在项目式学习评价中学生成为最重要的评价主体，而教师则是要尊重学生的个体差异，为学生制定个性化的评价标准和发展目标，通过评价发掘学生的优势，从而真正做到因材施教。松岭路小学以学生为主体的评价主要开展了学生自评和学生互评，可以强化学生的反思意识和主人翁意识，以教师为主体的评价主要是在项目结项阶段用于对学生的学习进行综合评估。

（一）学生自评

学生自评主要是指学生对自己在课堂上、学习平台上、任务上、小组里的表现进行自我评价，是项目式学习评价体系中的重要组成部分，也是学生自我反思与总结的一个重要体现。表现性评价引领并促进学生的自我评价与自我反思，关键是在实施的过程中发挥评价量规的作用。一个评价量规不仅仅是一个评价工具，它还是一个交流工具，是学生与自己和他人围绕学习质量展开交流的工具。在完成任务的过程中，学生参照评价量规了解自己的进程，评判自己的成果，监控任务表现的质量，也清楚自己"现在在哪里""要到哪里去"，逐步内化评分规则，逐渐明晰自己的弱点和长处，并充分利用已有经验和所学知识进行反思，从而改善自己的表现。这个过程，也是学生自我诊断、自我调节、自我成长的过程。

在松岭路小学二年级学科式项目学习课程"健康饮食——你是一枚合格的小吃货吗"中，教师团队设计了量规（表4-22），引导学生从成果营养搭配合理性、展示形式创意性、表达流畅完整性、双语表达等角度出发，进行星级自我评价。

表4-22　"健康饮食——你是一枚合格的小吃货吗"个人评价表

姓名：				
评价要素	自评星级	互评星级	师评星级	家长评星级
营养搭配合理性	☆ ☆ ☆ ☆ ☆	☆ ☆ ☆ ☆ ☆	☆ ☆ ☆ ☆ ☆	☆ ☆ ☆ ☆ ☆
展示形式创意性	☆ ☆ ☆ ☆ ☆	☆ ☆ ☆ ☆ ☆	☆ ☆ ☆ ☆ ☆	☆ ☆ ☆ ☆ ☆
表达流畅完整性	☆ ☆ ☆ ☆ ☆	☆ ☆ ☆ ☆ ☆	☆ ☆ ☆ ☆ ☆	☆ ☆ ☆ ☆ ☆
双语表达	☆ ☆ ☆ ☆ ☆	☆ ☆ ☆ ☆ ☆	☆ ☆ ☆ ☆ ☆	☆ ☆ ☆ ☆ ☆

项目结束时，教师可以采用自我评价表[①]（表4-23）引导学生对项目进行整体性回顾和反思，也可以在一些关键环节或活动后使用该表。比如在松岭路

---

① 罗颖，桑国元，石玉娟. 50个工具玩转项目式学习［M］. 北京：中国人民大学出版社，2023：207.

小学四年级超学科项目式学习课程"聊聊你是什么'株'"的复盘反思阶段，教师向学生发放复盘反思汇报表（表4-24），以此引导学生回顾整个项目实施的进程，反思自己在学习中的表现，并借此机会收集学生意见，为下一次项目的迭代提供创意。

表4-23　自我评价表

评价问题	评价
我通过哪些方式为团队做出了哪些贡献？	
我遇到的三个问题是什么？	
我是如何解决这些问题的？	
如果再来一次，我会怎么做？	
在这次项目合作中，我最大的收获是什么？	
我对自己有哪些新发现？	
……　……	

表4-24　复盘反思汇报表

复盘反思汇报表
1. 对于驱动性问题：如何科学防疫和健康生活，你认为得到满意的答案了吗？
2. 关于这个话题，你还想了解什么？
3. 在本次项目式学习中，你认为学到的最有价值的东西是什么？
4. 在本次项目式学习活动中，你认为哪个部分最有挑战性？为什么？
5. 你的小组合作得怎么样？下次你如何提高自己的合作能力？
6. 你觉得你的项目产生影响力了吗？你是不是满足了某项需求？
7. 如果让你再做一次项目式学习，你觉得哪些方面可以改进？

（二）同伴互评

同伴互评可以分为学生个体间的互相评价和学生群体间的互相评价，即同伴互评和小组互评。在项目式学习中倡导合作学习，但是个人作业也是必不可少的。比如，在项目初始阶段，通常会有更多的个人完成的作业；在团队作品创作时，也会有明确的个人报告或作品需要单独完成。所以，教师在这些阶段的课堂授课中，可以引导学生开展个体间的同伴互评。如果学生对给予同伴反馈比较陌生，也可以参照"T–A–G"框架①（表4-25）开展学生互评。

表4-25　"T–A–G"框架

T（Tell首字母缩写，即"说"） 说说你喜欢的部分	我认为你的例子…… 我真的很喜欢……因为…… 你的作品展示了…… 你的作品中最棒的地方是…… 当……的时候，它真的触动了我 我对……特别能感同身受
A（Ask首字母缩写，即"问"） 问一个问题	……是什么？ ……做什么？ 你应该……吗？ 为什么是……？ 为什么做……？ ……在哪里？ 什么时候做……？ 你考虑过……吗？
G（Give首字母缩写，即"给"） 给出一条正面的建议	有一条建议是…… 别忘了…… 考虑增加…… 我被……搞糊涂了。 你可能想改变…… 我看到的一个问题是…… 如果你……它可能会……

---

① 美国巴克教育研究院项目式学习计划.项目式学习指导手册：每个教师都能做PBL（小学版）[M].来赟，邢天娇，译.北京：中国人民大学出版社，2023：158.

　　小组互评可分为非组内互评和组内互评。非组内互评主要是对其作品的一个评价，是总结性评价的一种体现，因为学生难以观察到其他组成员的表现。而小组互评则是除了对组内成员的课堂表现、作品质量进行评价之外，还要对组员在小组协作中的表现、团队精神等方面进行评价，主动观察同伴在学习过程中的表现更符合过程性评价的特征。

　　在组内开展小组成员互评时，教师可以设计好评价机制，通过同伴互相评价表[①]（表4-26）开展组内互评。教师可依照该表进一步约定评价过程中应参考的评价标准，让同学们依据标准进行打分。如果采用回答问题式的评价表，则需要教师引导学生使用礼貌的、合理的、建议性的规范用语。

表4-26　同伴互相评价表

在你的小组中，你希望给谁反馈？	
为什么选择她/他？	
你觉得她/他对团队最大的贡献是什么？	
她/他做了什么事让你印象深刻？	
你最想给她/他什么建议？	

　　在小组间互评时，需要根据具体学习活动设计评价量规。学生利用评价量规进行结果的交流，有了可以共享的评价量规，学生可以根据表现信息进行互评。因为要评价别人，学生需要更准确、更细致地理解评价量规，需要对表现层级有更深的理解。同时，在互评的过程中，也更加清楚地看到自己的表现在评价量规中的位置。

　　如在松岭路小学四年级超学科项目式学习课程"聊聊你是什么'株'"中，学生通过查阅资料、书籍，了解人类历史上的几种病毒，运用思维导图的形式，展示人类历史上曾经出现的几种病毒，并做简单的介绍。各小组任选一种病毒作为主要介绍对象，通过漫画、资料卡、思维导图、剧本表演等多种方

---

　　① 罗颖，桑国元，石玉娟. 50个工具玩转项目式学习［M］. 北京：中国人民大学出版社，2023：210.

式，展现病毒与人类的战争故事，让更多的人了解病毒知识、学会如何科学防疫。小组展示后，全员就病毒介绍资料、展示、内容三方面依据量规（表4-27）开展非组内互评。

表4-27　病毒介绍的评价量规

病毒介绍资料评价标准	
涉及广泛，素材清晰、丰富，生动有趣	☆☆☆
有效提取关键信息，素材较平实	☆☆
资料不完整、不清楚	☆
病毒介绍展示评价标准	
表达富有想象力，互动效果好	☆☆☆
有效传达主要观点，想象力不够，互动尚可	☆☆
传达内容不清，几乎无互动	☆
病毒介绍内容评价标准	
全员参与，主题明确、有创意，深入思考	☆☆☆
全员参与，内容较完整，有一定思考	☆☆
部分参与，内容不完整，缺少思考	☆

互评、反思使得学生可以交流探究学习过程中遇到的困难及问题，反思项目成果的不足。互评不但可以促使被评价者根据他人的建议进行反思，还可以使评价者发现并吸取被评价者作品中的长处，从而完善自己的作品。

（三）教师评价

在项目式学习过程中，教师从知识的传授者转变成为学习的指导者或是组织者。在项目式学习的评价环节，教师通过评价指导学生更好地学习，这也对教师提出了更高的要求。

首先，教师要具备设计项目化学习评价任务的能力，要具备多元化评价标准的评价意识。设计时既要考虑项目的特点，也要兼顾学生的个性特征，在评价过程中将差异性原则落实到底。其次，教师作为指导者须在评价环节引导学生形成自主评价与反思评价的意识，并且这一意识应该贯穿在项目式学习的全过程，最终逐渐培养学生自然而然地进行评价。最后，项目式学习推动教师不断进步，教师需要不断学习。由于教师在项目进行过程中提前设定了项目的目标，但是学生对于目标任务的理解是多种多样的，教师无法全部预估到，因此会产生多种答案。教师虽然设计了评价环节的具体步骤，并且对于每一步都提前进行预设，但是在具体的学习实践中还是会遇到各种各样的问题，随之产生的不确定因素会影响项目化学习的进程。这就要求教师具有丰富的理论基础和实践经验，运用教育机智，灵活应对各种问题。在教师与学生的相互博弈中激发教学双方的积极性。

面对不同的项目式学习的环境，教师也要采取合适的评价方案，通过亲身观察、录像、对话交流多种评价手段了解并记录学生在项目式学习中的具体表现，使过程性评价能够在最终的价值判断中得以体现。基于评价量规的反馈改变了教师提供反馈信息的传统形式，评价不再是评分、分等级和简单的表扬等，而是为学生提供频繁的、持续的、经过证实的、有帮助的、关系到意图的描述性证据，能使学生把当前表现与欲达到的结果进行比较。这些描述性的反馈明确地告知学生学习上的优缺点，用学生能理解的语言描述学生表现的质量。例如，在松岭路小学四年级超学科项目式学习课程"聊聊你是什么'株'"的结项阶段，教师让学生们互相对分享的作品进行评价（表4-28），并根据各小组汇报、展示、分工情况，评选出最佳合作小组、最佳探究小组、最具创意小组。

表4-28 "聊聊'株'背后的故事"评价量表

评价角度	评价项目	☆☆☆	☆☆	☆
他人评价	作品展示及作品质量	所有作品符合要求，有创新点，质量很高，研究深入	部分作品符合要求，创新点尚可，质量较高，研究深入	只有小部分作品符合要求，没有创新点，作品质量一般，研究不够深入
	小组分工及合作	小组分工具体清晰，人人参与，合作有效	小组分工清晰度一般，有时会人人参与，合作比较有效	小组分工不清晰，不能做到人人参与，合作效率较低

评价角度	评价项目	☆☆☆	☆☆	☆
自我评价	整体自我评价	我们对本次项目的内涵了解比较深入，领悟比较透彻，我能将学到的知识用在我的生活中	我们对本次项目比较了解，领悟比较透彻，我有时可以将学到的知识用在我的生活中	我对本次项目不太了解，领悟不太透彻，我还不能将学到的知识用在我的生活中

在松岭路小学二年级超学科项目式学习课程"健康饮食——你是一个合格小吃货吗"结项阶段，教师根据各小组的复盘、汇报情况，评选出最佳合作小组，并为每位学生发放结业证书。教师对整个项目式学习教学活动进行反思，正确对待学生在项目式学习中的优、缺点。学生在交流和反思中取得进步，同样教师也在教学反思中得到成长。

第三节　如何让学生具身沉浸项目式学习

一、加强教师反馈

在项目式学习中，与传统教学中教师是讲授者、控制者等角色不同，教师转变为设计者、指导者、支持者。项目式学习中的教师有三点职责：第一，给予学生适当的自由，教师要放权给学生，但是要注意"度"的把握；第二，协助学生确立学习目标，明确的目标能增强学生的成功体验、任务满意度、减少焦虑，进而达到自我实现；第三，给予学生及时指导，在制订计划、计划实施、开展评价过程中，教师作为指导者、引导者贯穿始终，教师是学生与成人世界的桥梁。[①]所以，教师不仅要在项目全流程中作为导师引领学生发展，而且为了实现真正的项目式学习，更需要教师以群体的智慧才能胜任"项目式学习教师"这一角色。教师角色的转变意味着教师必须组成教研团体，共同对每个项目进行精细的设计、实施和反思。由此，松岭路小学在项目式课程群的建

[①] 桑国元，叶碧欣，王翔.项目式学习：教师手册［M］.北京：北京师范大学出版社，2023：38.

设过程中，特别注意组织和形成教师教研团体，加强教师的反馈，力图通过教师团体的及时反馈和反思，设计和修订每个项目式学习课程，以期更加符合学生的学习需求，实现学生的个性发展。

（一）项目计划期：群策群力设计"好"问题

在项目式学习设计时，作为一名参与项目式学习的授课老师，第一步要确定的就是研究问题，明确项目最核心的目的。教师团队需要依据项目类型集体研读课程标准，锚定项目的素养目标，入项前实现了目标清晰，那么可以说这个项目就成功一半。而后，需要结合教材和生活找到或设计可以承载这些素养的问题。而问题的设计是项目设计的关键，也往往是教师最头疼的地方。问题设计得越接近知识本质、越抽象，学生就越不容易理解；但如果问题设计得过于简单，则会使得项目失去了自身的探究意义。只有符合学生最近发展区的任务，才能调动学生的积极性。所以，每个项目的问题，包括本质问题、驱动问题、子问题等，都要提前在教研团体内不断探讨，不断进行头脑风暴，经历一次又一次的推翻和重塑，直至最后找到一个大家都觉得完美的问题。教师的群策群力使得项目在起跑线就充满了动力，这正是教师反馈机制的功劳。

在设计项目时，问题设计除了教师要走在前之外，与学生的交流也是非常重要的，因为这可以帮助教师更好地理解学生的需求和想法，同时也可以促进学生的学习和思考。在问题设计之前，教师可以先与学生交流，了解他们的兴趣、背景和经验，以便设计出更符合他们需求的问题。教师团队也要充分尊重学生的意见，给予学生及时的反馈，并关注学生的情感需求。如果学生在问题设计阶段就已参与，那么在后期学习中他们也会兴趣浓厚，这有利于学生顺利地开展项目研究。

每逢假期，松岭路小学都会给教师布置固定的"假期作业"和"一书一影一项目"，其中"一项目"就是引导教师在假期中继续保持足够的思维活跃性和好奇心，去发现生活中适合学生探索的问题，开学后经过教研团队的集体备课，最终确定好各年级项目式学习的主题和问题（表4-29）。

表4-29　2023—2024学年度第一学期项目式学习一览表

学科	项目主题	项目类别	项目年级	开课时间	结课时间	微信推送时间
语文	TED Talk——一分钟讲历史	学科	四年级	2023.12.25	2024.01.08	2024.01.11
数学	我来建大楼	学科	二年级	2023.01.08	2023.01.12	2023.01.15
英语	Entry Form of Sport Day	学科	三年级	2023.10.09	2023.10.20	2023.10.23
科学	一张最结实的"桥"	学科	四年级	2023.11.01	2023.11.30	2023.12.06
体育 音乐	致敬最可爱的人	跨学科	五年级	2023.09.18	2023.10.08	2023.10.08
美术	一叶来信	超学科	三年级	2023.10.10	2023.11.25	2023.11.29
二年级	你是一枚合格的小吃货吗	超学科	二年级	2023.10.08	2023.12.01	2023.12.05
三年级	拯救小鱼儿的家	超学科	三年级	2023.10.08	2023.12.01	2023.12.07
四年级 五年级	日本核废水排放对全球的影响	超学科	四年级 五年级	2023.10.08	2023.12.08	2023.12.12

　　除此以外，教研团队也可以参考桑国元等人提出的项目式学习课程设计评价量规[①]（表4-30），从问题驱动、持续探究、学生参与、学科融合、产品导向、评价引领这六个维度，对设计的项目开展集体评价，通过团队的反馈让项目设计更加符合教学实际。

---

　　① 罗颖，桑国元，石玉娟. 50个工具玩转项目式学习［M］. 北京：中国人民大学出版社，2023：182.

表4-30 项目式学习课程设计评价量规

六要素	卓越（5）	优秀（4）	良好（3）	达标（2）	未达标（1）	得分
问题驱动	●具备核心驱动问题与分解驱动问题； ●核心驱动问题完全符合五大要素：开放性、可持续性、挑战性、真实性与符合伦理； ●分解驱动问题逻辑层次合理，表述清晰	●具备核心驱动问题与分解驱动问题； ●核心驱动问题基本符合五大要素：开放性、可持续性、挑战性、真实性与符合伦理； ●分解驱动问题逻辑层次合理，表述清晰	●具备核心驱动问题与分解驱动问题； ●核心驱动问题符合课标，具有开放性； ●分解驱动问题围绕核心驱动问题展开	●具备核心驱动问题与分解驱动问题； ●核心驱动问题具有讨论性和开放结果； ●分解驱动问题之间的逻辑性欠佳	●没有设计核心驱动问题与分解驱动问题	
持续探究	●项目主题设计基本符合学生探究兴趣与学习需求； ●依据学生特点，设计学生自主问题生成空间； ●项目环节设计持续、严谨、基本符合探究学习逻辑； ●设计学习方法与思维发展相关的支架	●项目主题设计基本符合学生探究兴趣与需求，设计学生自主问题生成空间； ●项目环节设计持续、严谨，基本符合探究学习逻辑，表述清晰	●项目主题设计基本符合学生探究兴趣； ●学生自主问题生成空间较少； ●项目环节设计完整，但存在冗余或无关活动	●项目主题设计基本符合学生探究兴趣； ●学生自主问题生成空间较少； ●项目环节设计完整，但存在较多冗余或无关活动	●项目主题设计没有探究性； ●没有设计学生自主问题生成空间； ●项目环节设计不完整	
学生参与	●学生充分参与项目选题和开展过程，可自主决定解决问题的方式、需要使用资源、团队建设、项目产品、时间安排等； ●项目由学生担任重要角色，学生可在教师指导下独立开展工作，推进项目进程，并完成项目工作	●学生参与项目选题设计，需要解决问题的方式、团队建设、项目产品、时间安排等方面具备一定自主权； ●项目由学生担任重要角色，但项目推进过程中教师在某些环节替学生做了决策	●在项目的选题和开展过程，学生有自主选择权，但是浮于表面； ●项目角色，但项目推进的大部分环节由教师决定	●在项目过程，大部分项目环节都由教师来安排； ●学生没有担任实质上的项目角色	●教师决定了项目的选题和解决方案，学生知按照设计好的任务去执行； ●学生没有担任实质上的项目角色	

续表

六要素	卓越（5）	优秀（4）	良好（3）	达标（2）	未达标（1）	得分
学科融合	●通过真实的任务情境和解决真实问题所需要选择的知识和能力来选择需要融合的学科； ●与学科阶段性教学目标匹配； ●不同学科教师合作设计	●通过真实的任务情境和解决真实问题所需要的知识和能力来选择需要融合的学科； ●与学科阶段性教学目标匹配	●通过真实的任务情境和解决真实问题所需要的知识和能力选择需要融合的学科	●基于项目主题选择可能的学科融合假设； ●缺乏真实情境、任务和工具，不是为了解决真实问题而进行的	●设计方案没有体现跨学科的任何要素	
产品导向	●项目设定了可公开展示的产品，该产品很好地回答核心驱动问题，并在一定程度上展示项目中的收获和所学； ●项目设计了适合的产品展示方式，能够给学生带来最大化的受众和影响力	●项目设定了可公开展示的产品，该产品很好地回答核心驱动问题，并在一定程度上展示项目中的收获和所学； ●项目设计了适合的产品展示方式，但还可以扩大项目的影响力	●项目设定了可公开展示的产品； ●项目设计了适合的产品展示方式，可以有更佳去扩大项目的影响力	●项目设定的可公开展示的产品与项目核心驱动问题无关； ●项目没有规划成果展示的方式	●项目没有最终可见的产品； ●项目没有规划成果展示环节	
评价引领	●在项目启动前设计完整评价方案和评价工具，包括形成性评价和终结性评价； ●评价工具设计科学、规范、具有可操作性； ●评价工具有利于学生获得一定的反馈，并对作品或产品进行修正和完善	●在项目启动前设计完整评价方案和评价工具，包括形成性评价和终结性评价； ●评价工具设计较为科学，具有可操作性； ●评价工具有利于学生获得一定的反馈，并对作品或产品进行修正和完善	●在项目启动前设计初步的评价方案和评价工具； ●评价工具设计不够科学，但仍然具有可操作性； ●学生通过反馈获得的支持有限，不足以支持他们完善作品或产品	●设计了初步的评价方案和评价工具； ●评价工具设计过于简单或复杂，实用性不强； ●学生通过反馈获得的支持有限，不足以支持他们修正和完善作品或产品	●没有设计评价方案和评价工具	

（二）项目实施期：做好学习过程的支持

在项目式学习中，教师变成了学生的导师，这就要求教师要对学生提供及时的学习支持。在项目开展的初期，教师需要充分地指导学生，使其能够理解项目的目的并明确为了完成任务应该去做什么。在项目实施过程中，教师要对学生开展持续指导，在活动中给予鼓励、讲解、提示、回馈、演示等类型的支架，随着项目的进展，会逐步将课堂中心向学生倾斜。在项目实施的末期，教师要引导学生回归项目主题，生成任务产品。同时，在整个项目实施过程中教师要善于使用形成性评价，对学生进行阶段性的诊断，根据结果及时调整课堂教学和项目进程。但是，按照项目的实施进度来明确教师到底要指导什么似乎只有一个指向，并未有明晰的框架和措施，对学生支持到什么程度、在什么时机进行支持、提供何种类型的支持、提供的支持是否有效……这些都是在当下未被明确的实践问题，也是教师团队必须依照学情进行研讨的环节，只有做好学生学习的过程性支持，项目才会顺利实施，只有教师按照项目阶段进行针对性反馈，才可以活络项目整体，以全局视角评判和调整项目走向。

在每个项目实施过程中，松岭路小学教师团队仍要保持每周一次集体备课，随时根据学生的需求和兴趣，更改设计出更加符合学生实际情况的项目过程。课时进行中的集体备课，需要每位老师复盘上周的进度、出现的问题、本周上课的具体内容、教具学具等资料的准备。还有最重要的一点，就是随时评估学生的学习成果，以便随时掌握学生的学习情况和进步情况。当然，评估的方式可以多样化，也可以与每课时的评价量规结合一起。项目式学习需要教师具备较高的教学能力和素质，同时也需要教师不断反思自己的教学方法和策略，以便更好地指导学生。教师及教师团队都可以基于项目整体视角出发，从目标达成、教学过程、项目实施、项目管理四个角度阶段性反思项目实施进程[①]（表4-31），通过反思达到反馈，通过反馈达到提升。

---

① 罗颖，桑国元，石玉娟. 50个工具玩转项目式学习［M］. 北京：中国人民大学出版社，2023：218.

表4-31　常见的教师反思问题

反思维度	反思问题
目标达成	项目目标是否达成？ 知识目标是否达到？ 哪些知识学习得还不够深入？ 还可以拓展哪些知识？
教学过程	教学过程是否还需要优化？ 哪些环节的支架搭建还可以更好？ 哪些教师指导的环节还可以做得更好？
项目实施	学生是否有足够的时间参与项目？ 项目中有哪些资源可以优化？ 哪些项目管理细节可以优化？ 项目产出是否符期望？
项目管理	项目是否延期或做出了重大调整？ 你对项目中的团队管理是否满意？ 管理中遇到了哪些问题，是如何解决的？ 还应该做哪些更有利于项目管理的工作？

对于在项目式学习中教师应该提供什么样的支持，夏雪梅基于实践和调研提出了项目式学习中的教师支持指标框架[①]（表4-32），松岭路小学已在项目实施过程中持续组织教师团队开展常态化集体研讨，这一框架更是为松岭路小学未来的项目式学习教师研讨清晰了指向、优化了细节。

表4-32　项目式学习中的教师支持指标框架

一级指标	二级指标
促进探究	1.1 维持学生对项目的动力、规则和主人翁意识 1.2 支持学生自主探究 1.3 引导学生交流讨论多种问题的解决思路 1.4 支持学生真实地解决问题 1.5 在适当的时机引入问题解决工具

---

① 夏雪梅. 项目化学习中"教师如何支持学生"的指标建构研究［J］. 华东师范大学学报（教育科学版），2023，41（8）：90-102.

一级指标	二级指标
评估知识	2.1 评价同时指向知识、能力、态度等多个目标维度 2.2 运用过程性评价，在不同的阶段给个体、团队有效反馈 2.3 运用评价标准促进学生反思与修订 2.4 引入真实世界的评价实践
深化概念	3.1 通过追问、提炼、总结、引导讨论等方法促进学生理解概念 3.2 推迟教师讲授正确概念的时机 3.3 引导学生建立知识与项目情境的联系
塑造文化	4.1 尊重所有学生 4.2 营造鼓励提问、质疑、试错的文化 4.3 营造鼓励倾听、合作的文化 4.4 营造自主负责、严谨的文化 4.5 形成指向项目的真实探究文化

（三）项目完结期：及时的学习反馈与项目反思

评价与反馈是相生相伴的关系，在项目式学习中特别强调评价对于项目的引领作用，旨在通过评价予以学生反馈，深化概念理解，促进学生反思。在项目式学习中要使用多种评价方式，综合形成性评价和终结性评价。而在项目完结期就通常采用终结性评价的方式，通过量化的数据或质性的分析相结合，给出学生正向的学习反馈。及时反馈是项目式学习实施过程中的必要措施，为什么要特别强调项目完结期的学习反馈呢？因为在项目式学习中学生虽然是学习的主体，但家长、教师、专家、社区人员等都是可以参与到项目式学习中来的，通常在结项期间学校会以校级活动的方式开展整体的项目成果展示，这就是参与项目式学习的各类人员聚集的最好时机，教师如果在这个时机给予学生积极的学习反馈，不仅能够对学生的项目成果进行客观、公正的评价，还能有效提升学生的参与感和成就感，这也是激发学生持续学习和探究的绝佳时机。

受到特殊时期校园管控影响，松岭路小学始终没有开展大型校级项目式学习成果展播的机会，但是在松岭路小学的实践中，每周五下午固定项目式学习课程结束后，在各班的微信群中，老师们会第一时间将当堂课的反馈发送到家长群。每节课的反馈一般包括文字反馈（本课时学生们研究的主题、研究的成果、汇报的进度以及每个学生研究的具体情况）、照片反馈以及由精彩瞬间制作而成的视频反馈，以便家长们第一时间参与了解孩子的项目式学习开展情况。这既是连通家校共育的手段，也是对项目式学习的及时反馈，不仅能够增进家长对学校的育人手段及理念的认同，也可以促使学生在项目式学习过程中更有"表现欲"，让他们更加积极活跃地投入项目中来。

如在二年级上学期探究的主题"民以食为天"中，学生们在课堂上积极踊跃。他们经过激烈的讨论和思考，得出小吃货应当不挑食、不偏食，吃什么都香；不仅要吃得美味，更要吃得健康；保证每天食物的多样化，只有均衡饮食，才能给我们提供全面的营养。学生还发挥自己的奇思妙想，给自己组起了可爱的组名，如草莓糖葫芦组、香蕉小组、麻辣火锅组、蛋糕男孩女孩组，同时根据自己的特长选择了适合

图4-34　"健康饮食——你是合格的小吃货吗"微信群的课时反馈

的职位。通过每一次的课时反馈，家长们在观看文字、视频反馈后反响非常积极（图4-34），学生回家后看到反馈也非常高兴，更加期待下一课时的项目式学习课程。

在项目完结期，教师除了要向学生、家长等人员做出及时反馈外，还要参与到教研团体的反思活动中来。根据项目实施过程中对学生学习情况的掌握、家长对项目实施的反馈、教师团队对项目实施的评价等因素，教师及教师团队也可以参考桑国元等人的项目式学习课程实施评价量规[1]（表4-33），从聚焦课标、构建文化、项目管理、搭建支架、评估学习、复盘反思这六个维度来评价一个项目的实施情况，加深教师对项目的理解，挖掘本次项目实施过程中的盲点问题，为下一轮的项目优化迭代奠定基础。

① 罗颖，桑国元，石玉娟. 50个工具玩转项目式学习［M］. 北京：中国人民大学出版社，2023：187.

表4-33 项目式学习课程实施评价量规

评价维度	卓越（5）	优秀（4）	良好（3）	达标（2）	未达标（1）	得分
聚焦课标	●项目式学习与常规教学目标和进度完全匹配； ●在回应驱动问题时，关注实现学科问题、学科知识、概念、原理、思维等方面的联系； ●项目式学习过程与产品的评估均指向基于课程标准的学习素养	●项目式学习与常规教学目标和进度基本匹配； ●在回应驱动问题时，注重实现实问题、学科知识、概念、原理、思维等方面的联系； ●项目式学习过程与产品的评估基本指向基于课程标准的学习素养	●学习与常规完全匹配； ●在回应驱动问题时，以解决实际问题为主，以学于学科问题的联系弱； ●项目的评估过程基本指向课程标准的学习素养	●项目式学习与常规教学目标和进度不完全匹配； ●在回应驱动问题时，不需要科间问题，项目式学习活动形态不明显	●以游戏和活动取代学习，没有学习目标	
构建文化	●项目式学习公约由学生自主制定，并自主监管实施，学生自主解决项目过程遇到的各种问题，如团队合作、同伴争执； ●所有学习和探究过程能够充分体现学生的观点和选择； ●大部分学生对自己要做的事情非常明确，并且无满期待，非常愿意为高质量的项目成果付出努力； ●重视物理空间环境营造，如座位摆放、讨论空间、墙面布置、文具材料	●项目式学习公约由学生自主制定，但并不能完全自主监管实施，学生自主解决项目过程遇到的大部分问题，有时还需要教师的协助； ●学习和探究过程能够充分体现学生的观点和选择； ●大部分学生对自己要做的事情非常明确，并且无满期待； ●重视物理空间环境营造，如座位摆放、讨论空间、墙面布置、文具材料	●项目式学习公约的建立和实施需要教师的协助完成。项目过程遇到的大部分问题还需要教师的协助； ●大部分学习和探究过程能够体现学生的观点和选择，但学生还是依赖于教师的决策； ●学生学习热情较高，有凝聚力，但部分学生对项目目标和自己项目成果期待不清楚，怕麻烦	●项目式学习公约完全由教师建立并实施，学生了解到的各种项目中遇到的各种问题； ●学生依赖于教师做决策； ●学生学习热情一般，凝聚力一般，部分学生不清楚项目目标和自己的任务	●没有建立以学生为中心的课堂文化。从头到尾都是教师主导的项目和课堂； ●学生全程被动执行教师指令； ●学生没有学习热情，不在乎团队成果	

续表

评价维度	卓越（5）	优秀（4）	良好（3）	达标（2）	未达标（1）	得分
项目管理	●向学生展示详细的日程表、检查点、截止日期等关键信息，并留有活动调整空间； ●教学组织形式和过程，既体现了学生的观点和选择，又朝着项目目标稳步推进； ●合理使用项目管理工具，掌握不同小组和个体的学习进度； ●具有内容详细、形式丰富的过程性记录	●向学生展示详细的日程表、检查点、截止日期等关键信息，但灵活性欠佳； ●教学活动的具体形式和过程，体现了学生的观点和选择，部分环节仍需要教师干预； ●合理使用项目管理工具，掌握不同小组和个体的学习进度； ●具有内容详细的过程性记录	●项目的日程表、检查点、截止日期等关键信息注后不合理或有欠缺，信息注后不合理或不合理的地方； ●教学活动的具体形式和组织过程，"体现"学生的观点和选择，影响了项目进程；掌握不同小组和个体的学习进度； ●具有过程性记录	●项目的日程表、截止日期、关键信息不全，无法体现项目全貌； ●教学活动的具体形式和组织过程由教师主导；基本了解整体的学习进度； ●具有过程性记录	●没有项目的日程表、截止日期、检查点等项目关键信息； ●教学活动的具体形式和组织过程没有体现"学生的观点和选择"； ●没有过程性记录	
搭建支架	●充分利用技术支持学生的学习资源获取、协作交流与产品、展示； ●在不同学习阶段，完全依据学生需求提供不同类型和层次的支架，包括范例支架、方法和方向支架； ●教师的指导适时发生，让学生自主探究为主，自然地发生	●适当利用技术支持学生的学习资源获取、协作交流与产品、展示； ●在不同学习阶段提供学生需求适时发生，但不喧宾夺主，自然地发生，偶尔替代学生做决定的情况	●适当利用技术支持学生的学习资源获取、协作交流与产品、展示； ●在不同学习阶段提供不同类型的支架，但不完全满足需求； ●教师安排指导环节，但环节设计不够合理，影响学生探究和学习的方向	●教会提供的支架不够合适，或者学习的需求满足学生学习需求； ●教师安排指导环节，但不够合理，影响学生探究和学习的方向	●学生开展项目过程中，教师并未提供合适的支架； ●教师对学生学习的重点、难点判断不足，能考虑学生学习探究的需求	

续表

评价维度	评价标准					得分
	卓越（5）	优秀（4）	良好（3）	达标（2）	未达标（1）	
评估学习	●教师选择了适当的项目产品和证据来评估学生的学科知识和核心素养的个人发展； ●学生的个人成果和团队成果均被合理地评估； ●教师积极利用丰富的工具和完善的流程开展形成性评价，自我评价和同伴评价均得到有效的应用； ●教师定期采用用于收集批判性反馈的结构化工具，获取学生的有效反馈，以支持教学决策	●教师选择了适当的项目产品和证据来评估学生的学习，但还不够全面； ●学生的个人成果和团队成果均被评估，但仍有重要成果没有被评估； ●教师开展多样化的手段开展形成性评价，但仍有重要环节没有开展评估； ●教师评价应用，但评价方式仍须改进	●教师选择了一些的项目产品和证据来评估学生的学习，但有较多遗漏； ●学生的个人成果和团队成果没有合理评估； ●教师开展形成性评价，但评价方式比较单一，大部分环节没有开展评估； ●自我评价、自我评价均有出现，但评价的时机和方式安排不够合理； ●教师选择的项目产品和证据不够合理	●学生的大部分个人成果和团队成果没有被合理评估； ●教师开展形成性评价，但评价方式比较单一，大部分环节没有被评估； ●教师或团队评价缺失，不能构成完整的评价方案	●没有对项目式学习进行评估	
复盘反思	●持续的反思，包括项目进行过程中，以及项目结束后； ●为学生提供反思工具，引导学生从学业，能力，身心发展，以及项目式学习等方面进行反思； ●教师围绕团队目标与团队复盘，充分的分析原因，总结规律，并基于反思结果对项目式学习与设计实施进行迭代	●持续的反思，以及项目结束后，过程中，以及项目结束后； ●为学生提供反思工具，引导学生从学业，能力，身心发展，以及项目式学习等方面进行反思； ●教师围绕团队目标与团队复盘，充分的分析原因，总结规律	●持续的反思，包括项目进行过程中，以及项目结束后； ●为学生提供反思工具，但使用的方法和时机不佳，没有起到应有的效果； ●教师围绕团队目标和事件进行自我反思与复盘，进行自我反思与复盘	●项目结束后组织简短的反思性活动； ●为学生提供反思工具，没有促使执行以反思； ●教师的自我反思比较随意，团队复盘比较起到的效果；	●师生均没有对项目式学习进行反思环节	

总分：

加强教师反馈是一种促进项目式学习运行更顺畅的机制，同时也是促进教师专业发展的好机会。同侪之间的交流与切磋、互助与互补，可以实现在同一学科中的深度探索，不同学科之间教师的跨学科理解，在实践中体悟新课程标准的规范与要求，形成教研共同体，提升教师团队的凝聚力，锻炼出一支面向未来的育人团队。

二、鼓励同伴支持

同伴支持在教育领域中可以从不同的视角来理解。从教育心理学的角度来讲，同伴支持是指青少年与同龄人互动过程中，感受到情感上的关心、陪伴与帮助。[①]研究表明，在课堂中提供的同伴支持会对学生学业表现、情感适应、安全感和积极社交行为等方面产生积极影响。从教育实践来看，在课堂中利用同伴互评的方法可以引导学生更多地以合作的方式共同开展活动，彼此之间提供一定的帮助。[②]项目式学习强调学生在实际情境中探索和解决问题，因此学生通常需要与同伴互相支持、合作，共同完成任务，以促进学生的自主学习和批判性思维的发展。由此，在松岭路小学的教育实践中着重从营造课堂文化和引导同伴互评这两个角度鼓励学生之间的同伴支持。

（一）营造课堂文化

首先，在学生之间创造的一个情感支持的氛围，创造健康的课堂文化。在项目开始之前，教师根据项目需要和学生意愿将学生分组，同时与各个小组一同制定课堂公约（表4-34）。公约与规则不同[③]（表4-35），公约比规则更具有灵活性，在项目实施中师生都要遵守这个约定。同时教师也可以在教室中选择一块区域布置成项目墙，将项目的信息、时间轴、进度、成果等公开展示，营造项目式学习的文化氛围。

---

① Wentzel K R，Battle A，Russell S L & Looney L B. Social supports from teachers and peers as predictors of academic and social motivation［J/OL］. Contemporary Educational Psychology，2010，35（3）：193-202.

② 高瑛，汪溢，Christian D. Schunn.英语写作同伴反馈评语采纳及其影响因素研究［J］.外语电化教学，2019（2）：17-24.

③ 美国巴克教育研究院项目式学习计划.项目式学习指导手册：每个教师都能做PBL（小学版）［M］.来赞，邢天娇，译.北京：中国人民大学出版社，2023：103.

表4-34　课堂公约举例

项目式学习公约
亲爱的同学们，从今天起，我们将开启一段项目式学习之旅。为了更好地完成项目，并在过程中获得更多的收获，我们要努力做到： （1）大胆地提出问题和想法，不害怕犯错误。 （2）主动学习新知识，包括课内和课外。 ……　……

表4-35　规则与公约的区别

规则	公约
由教师制定	由团队共同制定
保持可控性	确立我们共同学习的最佳方式
无商量余地	可商议且不断发展
要被遵循	需要维护
教师强制执行	学生和教师互相监督
防止混乱的发生	提升学习效率和责任感

　　然后，教师组织小组讨论，明确每位学生在小组内的角色和责任，这有助于确保每个小组成员都清楚自己的任务，并能够为项目的成功做出贡献。明确角色之后，老师会引导每个组设计好自己的组名以及组徽，并汇报分享设计的理念，进一步加深学生的合作意识，帮助小组初步构建其凝聚力（图4-35）。在整个项目中，老师随时观察、适时引导，鼓励学生之间加强合作，并提供必要的反馈和建议。在小学高年级的实施过程中，教师也可以引导学生思考"好团队"画像[①]（表4-36），制作团队协议，让学生自主分配角色和制定协议[②]（表4-37）。

---

　　① 夏雪梅.项目化学习的实施：学习素养视角下的中国建构［M］.北京：教育科学出版社，2020：169.
　　② 夏雪梅.项目化学习的实施：学习素养视角下的中国建构［M］.北京：教育科学出版社，2020：170.

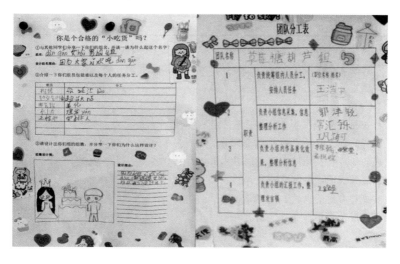

图4-35　组名及组徽设计及团队分工举例

表4-36　"好团队"画像

"好团队"看上去是怎样的	"好团队"说话是怎样的	"好团队"做事是怎样的	"好团队"给人怎样的感受

表4-37　团队协议

团队名称：

团队成员：

团队目标：

我的目标：

他/她的目标：

我们共同的目标：

团队中成员的任务和角色：（学生需要讨论如下问题）

●项目需要哪些角色和任务？

●我们将如何选择领导者？

●每个人的角色和任务是什么？

我们将共同遵守如下约定：（学生需要讨论如下问题）

●当有些人不工作时会发生什么？

●如果有人没有履行职责将会遭到怎样的惩罚？

●如何让大家共享材料，共享回报？
●如果有人缺席或不准时提交任务会怎样？
●团队将如何处理团队内部出现的各类问题？
我们团队的规范：
●我们认可并利用每个团队成员的特殊才能；
●我们以团队的方式发展思想并创造产品；
●单独完成的任务将在团队中汇报以寻求反馈；
●我帮助团队解决问题并管理冲突；
●我给团队成员有用的反馈；
●我会在团队成员需要时帮助他们。

团队签名：

时　　间：

（二）引导同伴互评

同伴互评通常也被称为同侪互评、同伴评估、同伴反馈等。研究表明，同伴互评可以培养团队合作技能，促进主动学习，培养语言沟通技巧、谈判技巧和外交技巧，帮助学生学习如何给予和接受批评，证明自己的立场，拒绝建议等。进入学习过程后，同伴互评逐步开展，学生可能会获得一种归属感、个人责任感和动机，还可能增加活动和互动性、认同和联系、自信心和同理心[1]，大部分学生对同伴互评的态度都是积极正向的。学生自身的态度、动机和互评组织方式、培训、评价标准的构建都是影响同伴互评有效开展的重要因素。[2]因此，松岭路小学特别注重在项目式学习开展过程中引导学生小组合作、互相评价，以评价为牵引，激发学生的学习兴趣，并且项目全程始终以量规的方式，让学生部分参与量规制作讨论、教会学生量规的使用方法。

前文提到，松岭路小学将同伴互评分为学生个体间的互相评价和学生群体间的互相评价，即同伴互评和小组互评；小组互评又可分为非组内互评和组内互评。无论哪种方式，同伴互评不只注重评价的结果，更注重通过互评的过程提高学习者的交流能力、高阶思维能力，从而不断完善互评的个人作品，以此"以评促学"。除了利用各类工具开展学生个体间的互评外，松岭路小学也

---

① 赵惠美. 促进高中生批判性思维的在线同伴互评的设计与实践［D］. 上海：华东师范大学，2022：21.

② 刘云梦. 同伴互评引入反馈机制的设计研究［D］. 上海：华东师范大学，2022：7.

关注各个小组之间的互相评价。松岭路小学的每个项目式学习课程，都会有一个优秀小组评价大比拼（表4-38）贯穿始终，其中"合作"这一项占据了主导地位，因为项目顺利地进行，离不开每一个小组成员的合作努力。在入项课时，会由入项老师为同学们介绍本项目探究活动的总评价量规——"优秀小组评价标准大比拼"。确定组员、起好组名后，集体商讨优秀小组评价的具体细节标准。例如，在"合作"这一项中，学生会提到，每一节项目课中参与度最高的小组可记录一颗星（或者使用便利贴等做好标记）。合作时还要注意"纪律"，分配任务时不争吵，合作过程中井然有序则可以为自己所在小组争得一颗星。每节课或每个小环节需要展示汇报时，有"美观"、"创新"两个评价标准，来为自己的小组争星。这样在项目进行过程中，小组之间的比拼同时进行，可很好地培养学生的集体荣誉感。当项目结项时，会有优胜小组评选环节，这时大家可以共同关注这张总的评价表，以此为依据选出优胜小组。比如，在"健康饮食——你是一枚合格的小吃货吗"项目中探究"人体维系健康的生命都需要哪些营养物质"问题时，需要小组同伴分工合作、互相支持查阅资料，最后将所查到的资料进行汇总、交流。有了明确的小组公约和评价，二年级的小朋友在实际探索中也能做到任务结束后，马上帮助身边的组员，很好地体现了合作精神。

表4-38　优秀小组评价标准

组名	合作		展示	
	参与	纪律	美观	创新
……				
……	……	……	……	……

在松岭路小学三年级项目式学习课程"拯救小鱼儿的家"优秀小组评价标准中，对"合作""语言表达"等标准进行了表现层级划分，使学生进一步理解"合作"是要积极愉快地完成合作，拥护他人发言，合理补充。在交流汇报环节，有的小组汇报员胆怯或表达不清，身边的同伴没有嘲笑埋怨或者着急，反倒是积极举手发言补充、替汇报员高举海报，有的学生还站在他的身后小声喊"加油"，受到同伴鼓励的汇报员会更加勇敢自信地汇报小组的成果。

三、提升学生元认知能力

元认知的概念是由美国著名儿童心理学家弗拉维尔（J.H.Flavell）在1976年出版的《认知发展》中提出的，他认为元认知是一种调节认知过程的认知活动，是认知主体对自身能力、活动任务、个人目标、认知策略等方面的认识[①]，他认为通过系统的训练来提高儿童元认知知识和监控技能是可行的。元认知概念包括三方面的内容：一是元认知知识，即个体关于自己或他人的认识活动、过程、结果以及与之有关的知识；二是元认知体验，即伴随着认知活动而产生的认知体验或情感体验；三是元认知监控，即个体在认知活动进行的过程中，对自己的认知活动积极进行监控，并相应地对其进行调节，以达到预定的目标。因此，元认知过程实际上就是指导、调节我们的认知过程，选择有效认知策略的控制执行过程。其实质是人对认知活动的自我意识和自我控制。[②]元认知在儿童的学习、记忆、理解、注意、交往、问题解决、社会认知等各方面的活动中都起着至关重要的作用。

项目式学习要求教师提供一个真实、有意义的学习情境，学生在这样的情境中才能够更好地进行自我监控、调节和策略选择，这些都是元认知能力的重要组成部分。具体来说，项目式学习与元认知能力之间的关系主要体现在以下几个方面。

●自主性：项目式学习鼓励学生自主选择学习内容、制订学习计划、评估学习成果，这种自主性是元认知能力发展的基础。

●真实性：项目式学习通常涉及真实世界的问题和情境，这要求学生理解问题的实质，并从中提取相关知识，这一过程能够提高学生的元认知监控能力。

●反思性：项目式学习强调在学习过程中的持续反思，学生需要不断评估自己的理解、方法和策略，这有助于他们发展元认知反思技能。

●合作性：在项目式学习中，学生往往需要与他人合作，这不仅能够提供元认知交流的机会，还能让学生从同伴那里学习到不同的认知策略。

●挑战性：项目式学习往往具有一定的挑战性，学生需要面对复杂的问题

---

① Flavell, John, H. Metacognition and cognitive monitoring: a new area of cognitive-developmental inquiry. [J]. American Psychologist, 1979, 34: 906-911.

② 董奇. 论元认知 [J]. 北京师范大学学报，1989（1）：68-74.

和未知的领域，这种挑战能够促使他们积极地调动和运用元认知策略来解决问题。

因此，通过项目式学习，学生能够在实际操作和真实体验中提升自己的元认知能力，这种能力的提升又能够进一步增强他们在项目式学习中的沉浸感和学习效果。

教师究竟如何做才能够在项目式学习过程中调动学生的元认知，提升学生的元认知能力呢？

教师设计的驱动问题是具有挑战性和实际意义的，那么就可以让学生在解决问题的过程中，不断反思自己的认知过程，从而提升元认知能力。

在入项阶段，教师让学生在项目选题阶段，通过自我反思和评估，确定自己感兴趣且具挑战性的课题。这个过程中，学生需要考虑自己的知识储备、兴趣点和预期目标，以提高对项目主题的认知。教师会告知学生学习的目标与要求，并借助工具将抽象的、项目里程碑等信息具象化，让学生可以直观地看到每个小组的研究问题、进度、研究成果等，这就是教师在潜移默化地教会学生如何监控和调节自己的学习过程，当项目实施逐步深入，学生会慢慢学会自我调控和监督。

在项目实施环节，教师可以设计一些特定的任务，让学生学会设定目标、规划时间、进度、产品和分配资源等。例如，在完成一个科学实验项目时，学生需要制订实验计划，包括实验步骤、材料准备和时间安排。用元认知策略引导学生开展项目可以帮助项目团队成员更好地管理时间和资源，通过反思自己小组的工作方式和时间安排，学生可以更有效地规划项目进度和资源分配，从而确保项目的顺利进行。这样一来，实施的每节课都是在解决实际的、聚焦的小问题，在解决问题过程中由组长把控人员的分工以及时间安排，做到随时调整，才能保证自己小组的进度不落后。

在项目成果展示环节，教师积极鼓励学生对自身的表现进行评价和反思。这样学生就会思考自己在项目过程中的优点和不足，以及如何改进。

教师引导学生在整个项目式学习过程中进行自我反思，让学生思考自己在解决问题过程中遇到了哪些困难，是如何解决的，以及可以如何改进。正如前面章节中介绍到的学生自我反思工具，在单节的课堂上老师也可以为学生提供支架①（表4-39），调动学生的元认知，促进其更好地内化当堂课的学习内容。

表4-39　元认知支架示例

序号	问题
1	我们今天在课堂上讨论的主要概念是什么？
2	关于这个概念，我还有什么问题？
3	我或我的同学今天在课堂上犯了一个错误，我从这个错误中学到了什么？
4	我和我的小组是如何处理今天的项目的？我从中学到了什么？我的方法是否与我的小组不同或相似？
5	描述其他人是如何解决问题的。他们的方法与我处理问题的方法有何相似或不同之处？

在松岭路小学二年级下学期的课程中，同学们通过查资料了解不同少数民族的服装特色、民族习俗、文化等，小组共同完成海报制作，推选出发言人，并独立设计一套衣服。最后，学生们甚至还可以自主设计图案、选择面料，完成运动会班级班服的设计。由学习少数民族服装特色到自己动手设计服装，可以看到学生学习能力的迁移，这正是学生元认知能力提升的表现。

总之，教师是要创建一个支持性的学习环境，鼓励学生之间的交流与合作，让学生在讨论和合作中学习如何理解自己的认知过程，以及如何从他人的经验中学习，并给予及时的反馈，帮助学生了解自己的认知过程和结果，以便进行调整和改进。提升学生的元认知能力，为学生们未来可以更快速地适应新的环境和需求，并采取适当的措施解决问题打下思维习惯基础。

---

① 夏雪梅. 项目化学习的实施：学习素养视角下的中国建构［M］. 北京：教育科学出版社，2020：153.

第五章
学科项目式学习设计与实施

学科项目式学习需要学习者立足于学科，通过解决与真实生活密切相关的问题而进行学习（图5-1）。松岭路小学从2019年开始致力于学科项目式实践探究，将生活教育理念与项目式学习结合起来，旨在在学科教育的课堂实践中，运用项目式学习的思维和方法，提升学生的学科核心素养，真正实现素养导向的育人方式。

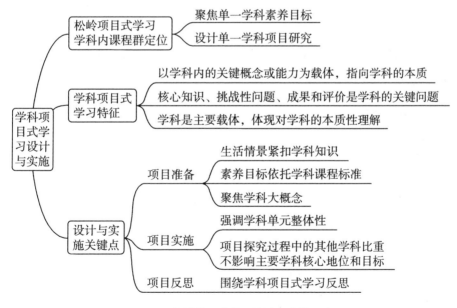

图5-1　学科项目式学习设计与实施要点

学科项目式学习主要是以学科性的关键概念或能力为载体，指向学科本质，在项目实施过程中可能也会涉及其他学科，也会运用其他学科知识作为支撑，但是从核心知识的提出到挑战性问题的解决，以及最后成果和评价的指向，都是学科性的关键问题，体现的是对学科的本质性理解。学科项目式学习的载体虽然是学科，但在项目实施过程中也同样会培育学生的创造性、批判性、合作与沟通等能力与素养。

新课程标准颁布后，学科项目式的探究和实践能够有效地打破传统学科知识内容与发展学生核心素养之间的壁垒，让学科世界与生活世界、综合素养与个性发展、面向未来与扎根现实成为相辅相成的有机体。

第一节　学科项目式学习设计与实施流程

学科项目式学习分为项目准备、项目实施和项目反思三个阶段。

项目准备包括项目生活背景和知识背景的准备。生活背景是指与现实生活具体问题相联系的要素，要进行关联分析；知识背景是指与学科知识相联系的要素，要进行铺陈分析。此外，项目准备阶段还应准备项目简介基本信息的撰写。

项目实施阶段分为项目导入（入项课）、项目探究和项目发布。项目发布后还要进行项目反思和总结。

一、项目准备

1. 项目背景

学科项目式学习是指学习者通过解决与真实生活密切相关的问题而进行的学习。在项目式准备阶段，要从学生实际生活出发，发掘现实生活中存在的需要解决的问题。这可以通过问卷或调查方式，了解学生问题意向，并通过调查，了解学生已有的生活经验和未知的生活经验，为项目实施做好铺垫。

学科项目式学习是学习者充分选择和利用最优化的学习资源，在实践体验、内化、吸收、探索创新中获得较为完整而具体的学科性知识，形成专门技能并获得发展的实践活动。在项目的准备阶段，应该充分了解学生已有的知识结构和待学习发展的未知知识结构，确定项目需要用到的学生已有知识以及需要学生掌握的知识，促进项目为学科的发展助力，避免只出现项目而没有学科的情况。

2. 项目简介

在确定和了解项目的生活背景和知识背景后，应对项目基本情况进行简要说明，比如，项目名称、项目时长、学生情况、教师情况、驱动性问题、PBL工具、预期成果及发布方式、项目评价。

这里应注意，驱动性问题应是围绕学科主题进行设计、契合学科课程标准、与学科知识紧密相连、真实有挑战性的问题。驱动性问题是项目展开的核心。一个好的驱动性问题能够营造由求知欲驱动的学习氛围，鼓励学生积极寻找问题解决的方案，从而有效地将学科知识和生活情境相结合。任何偏重形式而忽视内容、对学生探究牵引不够持续且缺乏深度的驱动性问题，都不利于后续项目的实施和开展。

同时，项目的实践与评价、项目成果及发布方式的提前规划和确定，是对项目实施进行目标前置的表现，即在确定了项目成果后，倒推项目实施流程，有利于对项目效果进行精准把控。

3. 项目目标

学科项目式的项目目标应该围绕学科核心素养，从核心素养关键要素出发，体现学科课程性质，同时应致力于解决生活中的实际问题。在确立项目目标时，应从学科核心素养的不同角度出发，进行项目目标的确立。

二、项目实施

1. 项目导入（入项）

真实情境有助于学生从自身已有经验出发理解项目，打通知识和生活的壁垒，感知知识在解决实际生活问题中的运用，发展核心素养。在项目导入阶段（入项），要提供真实性的项目素材，从而激发学生对驱动问题的共鸣，产生进行项目学习的内驱力，为项目的探究做好准备。

2. 项目探究

新课标新课改强调加强单元教学的整体性。教师要强化素养立意，围绕单元主题，充分挖掘育人价值，确立单元育人目标和主线。在项目探究阶段，应在单元主题下，分阶段展开项目的探究。同时，每个项目不同的探究阶段，应该确定每个阶段的分阶段目标，而且分阶段目标是层层递进，最后服务于项目的发布。在探究项目时，应注意遵循"教—学—评"一体化的原则，教学评价应以学生核心素养的全面发展为出发点和落脚点，应充分发挥学生的主体地位，采取多种评价方式和手段，充分关注学生的持续发展和个体差异。在学生小组探究项目之前，应先公布评价量规，引导学生进行有意义的、致力于项目探究的小组合作。

在学科项目式学习的探究过程中，应注意对教学资源的拓展和整合。根据项目教学目标，对主题下的项目式学习的内容进行整合和深化，丰富学习资源，拓展更多的致力于实际生活的、学生可操作的、感兴趣的课外学习内容，激发学生对项目探究的自主学习兴趣，真正落实学生的学科核心素养。

在学科项目式学习的探究过程中，还可以适量融入跨学科知识。学科项目式学习在探究、开展项目的过程中，会不可避免地运用到其他学科的内容，这里应注意的是，在融入其他学科知识时，应注意跨学科内容的比重，不应影响到主要学科的核心地位和目标。

3. 项目发布

在项目正式发布之前，应引导学生根据评价量规以小组为单位进行排练。对于学科项目式学习来说，项目的发布与本主题下最后的输出活动可以相媲美，此活动的设计要以项目式驱动性问题为根本，在正式发布项目时，应当以解决现实中的根本问题为基础来开展活动。学生项目发展的成果可以有很多种，如思维导图、宣传手册、课本剧（剧本）、作文、PPT、视频。

项目发布可以是整个项目的最终的"作品"，亦可以是每个项目阶段的成果。每个阶段的成果的完成，促使整个项目最终"作品"具有完整性、综合性和实践性。

4. 项目反思

项目的反思阶段是以往教学过程最容易忽视的阶段。在这一阶段，教师应引导学生思考"我学会了什么""我觉得做得最好的是什么""我哪里还有待进步""同伴的哪些所作所为值得我反思学习"。项目反思是将自我评价、同伴评价和教师评价融为一体，进行多角度、多方位评价的一种体现。项目反思有利于学生对本次学科项目式进行总结，并为下一次项目式学习提供更完善的学习思路。

三、学科项目式学习设计模板

表5-1　学科项目式学习设计模板

项目名称	×××	项目时长	n学时
主干学科	××	年级	n年级
项目背景		200字以内，介绍项目背景，描述生活中的现象、问题等，说明为什么要做该项目，要做什么，说明项目意义。	
设计说明		学生情况：学情分析，如学生基本特征、学生与本学科项目式学习相关的学习经验、知识储备、学科能力水平、学生兴趣、可能碰到的困难等。学生如何分组，如分几个班级进行、每项目小组几人。 教师情况：设计者是谁，实施者某学科教师n人、某学科教师n人（如有具体教师的课时分工分配可写明）。 课标情况：涉及的新课程标准	
学科大概念		依据学科新课标，围绕项目的核心知识提炼学科大概念	
素养目标		围绕核心素养和学科核心素养分条撰写	
驱动性问题		围绕真实情境能激发学生探究欲望并推动学生问题解决的问题	
学科实践活动与预期项目成果		学科实践活动：描述将开展的项目实践活动。 学科项目成果：描述预期项目将取得的成果，可以包括个人成果和团队成果，例如实物作品、设计方案、项目报告。 成果公开方式：描述学科项目成果公开方式	
评价设计		成果评价量规：评价内容（核心知识理解与应用、解决问题的思路方法、价值观念的发展）、评价标准（表现等级），评价量表采用图片形式填入	
学习准备		学习环境：教学环境准备，如功能教室、操场、特定的场馆或社区，多媒体空间配置情况等。 支架资源：学习过程中辅助用到的资源，如学习单、评价单、PPT、视频、教具	
设计结构图		能够展示学科项目式学习设计结构的思维导图	

续表

学科项目式学习实施				
课型与课时	实施说明			
驱动入项课	主题1	×××××（1学时）		
	核心概念			
	学习目标			
	驱动问题			
	学习任务		支架资源	设计意图
	主题2	×××××（1学时）		
	核心概念			
	学习目标			
	驱动问题			
	学习任务		支架资源	设计意图
合作探究课	主题1	×××××（1学时）		
	核心概念			
	学习目标			
	驱动问题			
	学习任务		支架资源	设计意图

续表

合作探究课	主题2	×××××（1学时）		
	核心概念			
	学习目标			
	驱动问题			
	学习任务		支架资源	设计意图
知识建构课	主题1	×××××（1学时）		
	核心概念			
	学习目标			
	驱动问题			
	学习任务		支架资源	设计意图
	主题2	×××××（1学时）		
	核心概念			
	学习目标			
	驱动问题			
	学习任务		支架资源	设计意图

续表

	主题1	×××××（1学时）		
作品形成课	核心概念			
	学习目标			
	驱动问题			
	学习任务		支架资源	设计意图
	主题2	×××××（1学时）		
	核心概念			
	学习目标			
	驱动问题			
	学习任务		支架资源	设计意图
成果发布课	主题1	×××××（1学时）		
	核心概念			
	学习目标			
	驱动问题			
	学习任务		支架资源	设计意图

续表

成果发布课	主题2	×××××（1学时）		
	核心概念			
	学习目标			
	驱动问题			
	学习任务		支架资源	设计意图

复盘反思课	主题1	×××××（1学时）		
	核心概念			
	学习目标			
	驱动问题			
	学习任务		支架资源	设计意图
	主题2	×××××（1学时）		
	核心概念			
	学习目标			
	驱动问题			
	学习任务		支架资源	设计意图

学科项目式学习复盘总结

优点总结：200字以内，提炼案例的特点与实践经验，可以包括学生的成长、教师的发展、项目的成果、项目中发现的创新点和可推广借鉴的优势之处。

缺点反思：200字以内，反思存在的不足，思考后续改进的方向与方法

第二节　学科项目式学习案例

案例1　科学学科项目式学习"'松岭牌'奶茶制作"

●案例导读

本案例为面向小学中年级的学科项目式学习，目标是使学生认识并学会使用天平和量筒，提升根据需求不断改进产品的科学思维，培养探究实践的科学素养以及探究生活中实际问题的科学兴趣。

◎本项目以"马上要过元旦了，你想给父母敬一杯什么样的茶呢？最近老师喝到了一种非常好喝的奶茶，大家想不想亲自制作一杯这样的奶茶呢？"为驱动性问题，围绕质量和体积的测量的学科大概念，设计开展了天平的认识和使用、量筒的认识和使用、制作奶茶等项目任务，通过师生评价、生生互评、小组评价等方式进行评价。

◎本项目实践的重难点是使用天平和量筒制作"松岭牌"奶茶。

◎本项目的亮点是将科学与生活密切结合，将天平、量筒的准确使用作为解决问题的重要途径，学生在玩中学会了知识，能运用知识解决问题，提升科学学科核心素养。

表5-2　科学学科项目式学习案例

项目名称	"松岭牌"奶茶制作	项目时长	6学时
主干学科	科学	年级	三年级
项目背景	元旦将至，尝试给自己的家人做一杯冬日奶茶吧！奶茶制作中会用到奶茶植脂末和水，该用多少合适呢？如何知道用量是否准确呢？科学课中"量筒的使用"和"天平的使用"可以帮助我们解决这个问题。本项目将科学与生活密切结合，将科学课天平、量筒的准确使用作为解决问题的重要途径，让学生在玩中学会了知识并运用知识解决问题，还能提升能力		

设计说明	学生情况：三年级的学生已经有两年的科学学习经验和项目式学习经验，也具备了一定的科学思维能力与探究能力，对科学充满了求知欲和浓厚的兴趣，具备一定的动手能力，适合进行项目式学习。但是在本项目的学习过程中，天平的使用是探究重点之一，三年级的学生初次接触天平，由于天平的使用比较复杂，因此这也是学生可能遇到的难点。每项目小组4人。 教师情况：本项目式的设计者是迟晓琳老师，实施者为科学教师1人。 课标情况：《义务教育科学课程标准（2022年版）》
学科 大概念	质量和体积的测量
素养目标	1.科学观念： （1）知道天平是测量较轻物品质量的工具，量筒是测量液态体积的工具。 （2）认识天平和量筒及其各部分的功能。 （3）知道质量和体积的计量单位。 2.科学思维： 通过探究实践，了解并意识到人类对产品不断改进以适应自身不断增加的需求，了解人类的需求是影响科学技术发展的关键因素。 3.探究实践： （1）小组合作认识量筒、天平的各部分结构，自主探究量筒、天平各部分的功能。 （2）在解决问题的驱动下，能小组合作自主探究量筒、天平的使用方法。会用正确的方法测量液体体积以及称量一定质量的物品并完成奶茶制作。 4.责任态度： 能在好奇心的驱使下，对解决生活中的问题表现出探究兴趣。愿意倾听、乐于与他人分享信息，养成团队合作的意识
驱动性 问题	马上要过元旦了，你想给父母敬一杯什么样的茶呢？最近老师喝到了一种非常好喝的奶茶，大家想不想亲自制作一杯这样的奶茶呢？
学科实践活动与预期项目成果	学科实践活动： 子项目1：天平的使用 第一步：认识天平 第二步：探究天平使用方法 子项目2：量筒的使用 第一步：认识量筒 第二步：探究量筒的使用方法 学科项目成果：每个小组使用天平、量筒等工具制作一杯奶茶 成果公开方式：实物展示

	成果评价量规：		
	评价内容	达到程度	星星数量
评价设计	口味口感	口感香浓，符合顾客需求	☆☆☆
		口感一般，甜度过甜或过淡	☆☆
		口感太差	☆
	小组合作	分工明确，团结协作，及时完成	☆☆☆
		分工不是很具体，基本能合作完成	☆☆
		分工混乱，基本不能完成	☆
	操作卫生	材料工具摆放整齐，桌面整洁	☆☆☆
		材料工具不是很整齐，桌面卫生一般	☆☆
		材料工具混乱，桌面卫生很差	☆

学习准备	学习环境：科学教室，电子黑板、平板电脑 支架资源：学习单、评价单、PPT、视频

设计 结构图	

项目导入：弘扬传承文化，为长辈制作一杯冬日暖茶，提出问题，导入项目

"松岭牌"奶茶制作

项目实施
- 子项目1：天平的使用
  - 第一步：认识天平
    - 各部分名称
    - 各部分功能
  - 第二步：探究天平的使用方法
- 子项目2：量筒的使用
  - 第一步：认识量筒
    - 各部分名称
    - 各部分功能
  - 第二步：探究量筒的使用方法

成果发布
- 询问父母喜欢的口味，设计长辈专属奶茶配方
- 选择合适配料，制作奶茶
- 父母品尝奶茶，进行评价

续表

学科项目式学习实施			
课型与课时	实施说明			

课型与课时		实施说明		
驱动入项课（1学时）	主题1	为父母制作奶茶（1学时）			
	核心概念	尊敬长辈、茶文化			
	学习目标	了解茶文化，弘扬传统文化，尊重父母			
	驱动问题	马上要过元旦了，你想给父母敬一杯什么样的茶呢？最近老师喝到了一种非常好喝的奶茶，大家想不想亲自制作一杯这样的奶茶？			
	学习任务		支架资源	设计意图
	1. 创设情境：传统文化讲究"百善孝为先"，从古至今，一直有晚辈给长辈敬茶的礼仪。随着时代的发展，敬茶的方式也逐渐多元化，如花茶、果茶、奶茶。马上要过元旦了，你想给父母敬一杯什么样的茶呢？最近老师喝到了一种非常好喝的奶茶，大家想不想亲自制作一杯这样的奶茶呢？学生通过访谈、问卷调查、资料查找等方式了解不同口味奶茶的配方。 2. 谈话：老师查到了奶茶配方，而且配方是可以根据顾客口味进行调整的。请你仔细观察配方，你能观察到哪些信息？该怎样量出这些原料呢？ 3. 学生交流观察到的信息。 4. 如何按照比例制作奶茶，鼓励学生思考如何测量奶茶植脂末。引出要用到的一种新的测量工具——天平		PPT、奶茶配方	通过生活中的情境和学生喜爱的奶茶，激发学生学习兴趣，同时明确项目中要探究的问题，进而引出解决问题的关键
合作探究课&知识建构课（3学时）	主题1	天平的认识（1学时）			
	核心概念	天平的结构与功能			
	学习目标	认识天平，探索天平各部分的功能，探究天平的使用方法			
	驱动问题	称量轻的物品我们就要用到一种新的测量工具——天平。天平有哪些结构和功能呢？			

续表

		学习任务	支架资源	设计意图
合作探究课&知识建构课（3学时）		学生小组合作，根据老师给的资料，自主观察探究天平以及砝码，引导学生从整体到局部认识天平，了解天平各部分的功能。 1.谈话：大家看，这就是天平，它像什么呢？ 学生交流。 2.谈话：我们在玩跷跷板的时候，有时候会遇到谁也上不去、下不来的时候，这是为什么呢？ 学生思考交流。 3.谈话：天平跟跷跷板的原理差不多，关于天平，你有哪些问题想探究呢？ 学生交流。 汇总问题： （1）天平主要有哪几个部分？每个部分又叫什么名字？ （2）每个部分又是干什么用的呢？ 4.谈话：老师给每个小组准备了一台天平和资料袋。请同学们先查阅资料袋里的内容，然后再观察天平有哪些结构，在观察的过程中，可以轻轻触碰各个部分，看看你会有什么发现？注意，触碰这两个部分用镊子，不能直接用手触碰。开始吧！ 5.学生小组合作，自主认识天平各部分名称及功能。 6.谈话：通过刚才的观察，你知道天平有哪些部分？ 学生说出各个部分名称。 7.谈话：哪位同学能上来贴一贴天平有哪几个部分？ 学生上台贴一贴。 小结：课件展示天平的结构。 8.谈话：这些部分在天平的使用过程中都扮演着什么角色呢？有什么功能？ 学生说一说天平各部分的功能	有关天平的文字资料包、视频资料	学生小组合作，根据老师给的资料，自主观察探究天平以及砝码，引导学生从整体到局部认识天平
	主题2	天平的使用（1学时）		
	核心概念	天平的使用方法		
	学习目标	学生小组合作，讨论探究天平的使用方法及注意事项，在老师的引导下能正确使用天平测量一定质量的物体。解决项目中的关键问题，形成解决方案		
	驱动问题	如何使用天平称量出物品的质量		

	学习任务	支架资源	设计意图
合作探究课&知识建构课（3学时）	学生小组合作，讨论探究天平的使用方法及注意事项，在老师的引导下能正确使用天平测量一定质量的物体，解决项目中的关键问题，形成解决方案。 1. 用天平称量50克砝码 谈话：同学们大概知道天平该怎样使用了吧？你认为天平该怎样使用呢？ 学生猜想交流。 谈话：同学们猜得到底对不对呢？我们继续来探究吧。老师给每个小组提供一个50克的钩码，你能用天平称一称，看看它的质量确实为50克吗？同学们先查阅2号资料袋和pad中的视频资料，然后再来探究，最后要完成我们的实验探究单。开始吧！ 学生小组探究，讨论出方案。 谈话：同学们称出来了吗？谁来说一说你是怎样称量出来的？ 学生交流。 谈话：同学们，如果我们称量的物品小于10克该怎么办？ 预设：用游码和标尺。 谈话：大家看，这是游码和标尺，读数时我们读取的是游码左侧线对应的刻度。当游码在1刻度线位置时，代表多少克呢？ 学生思考回答。 指导：游码向右移动两个小格，代表在右盘放了1g的砝码。 思考：那游码向右移动一个小格呢？ 预设：0.5克。 小练习：这是4克还是5克？ 谈话：同学们真棒！我们一起来做一个小游戏——"大家一起来找茬"，看看谁能又快又准地找出问题呢？ 展示图片，学生找错误并说明原因，教师引导。 谈话：我们在称量过程中，为什么左盘一定要放物品，右盘一定要放砝码呢？ 学生猜想回答。 谈话：我们通过视频来了解一下吧。	PPT、学习单	通过小组自主探究的方式，探究量筒的使用方法，引导学生形成自主探究意识

	播放视频。 2. 用天平称量粉末状固体 谈话：同学们，学会了天平的使用我们就可以称量哪些物品来了？具体该怎样操作呢？我们通过视频来学习一下。 视频展示称量31克奶茶植脂末的方法。 演示掂腕方法：同学们，我们在掂腕的时候要注意，一只手拿小勺，小勺要平放，不能倾斜，否则奶茶植脂末就洒了，然后用另外一只手轻轻地拍手腕，让粉末从勺子四周少量轻轻洒落即可，千万不要用力拍手腕	

合作探究课&知识建构课（3学时）	主题3	量筒的使用（1学时）		
	核心概念	量筒的结构与功能		
	学习目标	认识量筒、探究如何使用量筒		
	驱动问题	奶茶制作中固体物质的称量问题已经得到了解决，那么，液体又该如何来准确量取呢？		
		学习任务	支架资源	设计意图
	1. 学生小组合作，根据老师给的资料，自主观察探究量筒，探究量筒的使用方法。 探究问题： 量筒主要有哪几个部分？ 每个部分又叫什么名字呢？ 每个部分的功能是什么呢？如何使用？ 2. 学生以小组为单位进行交流、展示。 3. 教师对学生的探究解果进行反馈和评价。 4. 通过量取一定量的水，学会量筒的使用方法		PPT、量筒示范视频、学习单	通过小组自主探究的方式，探究量筒的使用方法，引导学生形成自主探究意识

作品形成课（1学时）	主题1	制作我们的奶茶（1学时）
	核心概念	奶茶制作
	学习目标	根据父母喜欢的口味选择合适的配料，运用天平、量筒等工具为父母制作奶茶
	驱动问题	在解决项目中的关键问题后，我们就可以进行奶茶制作啦！那么，如何制作一杯符合长辈口味的奶茶呢？

	学习任务	支架资源	设计意图
作品形成课（1学时）	1. 谈话：同学们，假如你是奶茶店的店员，店里来了位顾客，你打算怎样做一杯让顾客满意的奶茶呢？同学们可以小组讨论一下。 学生小组讨论。 2. 谈话：谁来说一说你们打算怎么做。 学生交流。 课件展示流程：1. 询问顾客需求、口味。2. 根据顾客口味设计配方。3. 找配料制作奶茶。 3. 谈话：今天我们也邀请在座的老师当一回顾客。哪个小组想给王老师当顾客？哪个小组想给李老师当顾客？…… 4. 谈话：老师给每个小组分发一张任务单，请同学们化身成小店员询问您的顾客有什么需求，然后讨论设计出奶茶配方。 学生询问顾客需求并设计配方。 5. 谈话：谁来展示一下你们小组的配方？为什么要这样设计？ 学生小组展示，其他小组给予评价。 6. 谈话：你们的配方顾客能满意吗？下面我们即将进入最激动人心的环节——奶茶制作。我们先来认识一下我们的制作奶茶工具有哪些？今天做完奶茶我们将从合作、卫生、口味三个方面评价，最终评选出最佳口味奖和最佳合作奖。请小组长上来领取材料，按照制作步骤一步一步制作吧。制作完成后请送货到顾客手中，每位顾客手中有5颗小星星，看看你会得到几颗小星星吧。 小组合作，制作奶茶。老师、顾客给予评价	奶茶制作任务单	在解决项目中的关键问题后，学生小组合作，完成作品
成果发布课&复盘反思课（1学时）	主题1 为长辈敬茶（1学时）		
	核心概念 奶茶评价		
	学习目标 品尝奶茶并能进行合理的评价		
	驱动问题 自己制作的奶茶是否符合父母的口味呢？		

续表

		学习任务	支架资源	设计意图
		展示自己小组制作的奶茶，各小组互相品尝和评价 谈话：老师给每个小组三颗星星，你给你们的合作打几颗星？ 学生打星并交流。 谈话：我们看看最终每个小组获得几颗星吧？ 评选出最佳口味奖和最佳合作奖。 教师组织学生复盘反思项目收获	评价标准、评价单	成果展示与评价，将所学知识运用到实际生活中，培养学生的动手能力、问题解决能力以及小组合作、表达能力

学科项目式学习复盘总结

优点总结：

本项目式学习巧妙地将天平和量筒的使用融合在一起，实现了单元化整合。在此学习过程中，学生通过合作探究，不仅自主学会了天平和量筒的使用方法，同时将生硬的知识与生活实际结合了起来，又弘扬了我国尊敬长辈的优良传统文化，让生冷的知识更加有温度。

缺点反思：

本项目式学习主要运用科学实验中的工具天平和量筒来制作奶茶，但是在实际日常生活中，我们更多的是使用电子天平来称量，因此，在教学设计上可以再贴合生活一些。除此之外，由于课堂限制，学生在奶茶配方的设计上有些局限，导致学生的奶茶成果不是很丰富，日后可以优化改进

案例2 语文学科项目式学习"童年百花园：多彩童年"

●案例导读

本案例为面向小学中年级的学科项目式学习，目标是在"童年"的背景下，培养学生学习字词、积累语言的能力，掌握阅读方法、进行写作表达的能力，综合实践语言、活化运用的素养和能力。

◎本项目以"如何用所学知识开一场'童年时光读书会'"为驱动性问题，围绕童年时光读书会的学科大概念，设计开展了"童年字词我会学""童年生活美如诗""童年游戏乐趣多""童年故事真难忘""多彩童年我来写"等项目任务，通过师生评价、生生互评、小组评价等方式进行评价。

◎本项目实践的重难点是综合运用所学开展一场"童年时光读书会"。

◎本项目的亮点是学生进行整本书阅读，然后通过读书分享会的形式，交流研讨并分享小英雄雨来的人物特点，以能对本单元语文要素与写作要素进行

学以致用。

表5-3　语文学科项目式学习案例

项目名称	童年百花园：多彩童年	项目时长	9学时
主干学科	语文	年级	三年级
项目背景	"池塘边的榕树上，知了在声声叫着夏天……"童年的歌声在耳边回荡，另一侧，在松岭路小学，项目式学习已经成为一种全新的思维方式。当项目式学习遇上语文学科，会发生什么奇妙的化学反应？2022年3月，松岭路小学三年级语文组带着全新的视角，开启了一场关于"童年"的大探索		
设计说明	学生情况：三年级的学生已经有两年的语文学习经验和项目式学习经验，已经积累了一定的识字数量，具备了基本的文本阅读能力和语言表达能力。 教师情况：本项目式的设计者是语文老师，实施者语文教师1人。 课标情况：《义务教育语文课程标准（2022年版）》		
学科大概念	童年时光读书会		
素养目标	单元学习目标 学习字词、积累语言： 1. 认识29个生字，读准1个多音字，学会37个字，会写41个词语。 2. 阅读和背诵3句关于"改过"的名言。 3. 学习一组与海岛、港口有关的词语，认识6个生字，并能根据词语想象画面。 阅读方法、写作表达： 1. 能运用结合生活实际、联系上下文、查找资料、请教别人、展开想象等多种方法理解难懂的句子。 2. 能结合自己的阅读体验，总结理解难懂的句子的方法。 3. 学生能够写一个身边的人，尝试写出他的特点。 综合实践、活化运用： 1. 借助整本书人物特点分析支架，完成整本书阅读《小英雄雨来》。 2. 综合运用本单元所学知识开一场"童年时光读书会"		
驱动性问题	如何用所学知识开一场"童年时光读书会"？		
学科实践活动与预期项目成果	学科实践活动：学生进行整本书阅读，然后通过读书分享会的形式，交流研讨并分享小英雄雨来人物特点，以达到对本单元语文要素与写作要素的学以致用。 学科项目成果：《小英雄雨来》人物特点探究习作 成果公开方式：读书分享会		

	成果评价量规：				
评价设计	评价维度	具体表现描述	优秀	良好	一般
	合作情况	小组成员全员参与学习研究	☆☆☆	☆☆	☆
	理解表达	1.能抓住关注的句子，运用自己的方法理解。 2.表达清晰，有条理	☆☆☆	☆☆	☆
	合作朗读	1.通过朗读诗歌，联想画面，并发挥想象。 2.读出儿童的可爱和欢乐	☆☆☆	☆☆	☆
学习准备	学习环境：教室 支架资源：学习单、评价单、PPT、视频、教具				

设计结构图

单元教学结构图

单元主题：多彩童年

任务一
自学字词
夯实基础

目标：学生运用已经掌握的学习字词的方法，自主梳理、学习生字词

模块一：童年字词我会写

本单元所有字词

语文园地识字加油站

语文园地日积月累

任务二
多种方法
理解句子

目标：学生能够运用联系生活、联系上下文等多种方法理解难懂的句子

模块二：童年生活美如诗
18.《童年的水墨画》
想象画面，联系上下文理解句子

模块三：童年游戏乐趣多
20.《肥皂泡》，语文园地交流平台
结合插图、结合生活，总结理解难懂句子的方法

任务三
阅读例文
习作练习

目标：学生能够写一个身边的人，尝试写出他的特点

模块四：童年故事真难忘
19.《剃头大师》
21.《我不能失信》
了解通过人物的表现及典型事例可以写出人物特点

模块五：多彩童年我来写
习作6、语文园地词句段运用
选取典型事例，运用多种表达方法，写清楚人物特点，并能起一个表现人物特点的题目

学会围绕一个意思来写

任务四
综合运用
读书展示

目标：综合运用本单元所学知识开一场"童年时光读书会"

模块六：童年时光读书会
以《小英雄雨来》为拓展性学习任务群中的整本书阅读范本。学生进行整本书阅读，然后通过分享会的形式，交流研讨分享小英雄雨来人物特点，以达到对本单元语文要素与写作的学以致用

学科项目式学习实施		
课型与课时	实施说明	

主题1	童年字词我会学（1学时）	
核心概念	童年字词	
学习目标	1. 认识29个生字，读准1个多音字，学会37个字，会写41个词语。 2. 会写"爽、墨、蘑、腾、染、表、鬼、差、廊、碗、透、仰"等难写字。 3. 运用学过的多种方法理解"钓竿、扑腾、戏耍、清清爽爽、摆布、央求、软悠悠、形式"等词语的意思	
驱动问题	同学们，课前大家读了第六单元的四篇课文，感受到了童年的多姿多彩，课文中呈现出哪些关于美好童年的字词？	

课型与课时	学习任务	支架资源	设计意图
驱动入项课 （1学时）	1. 预学识字方法转盘转起来 小组1：转盘转到"形近字我会辨" "拨"和"拔"。 小组汇报交流：从字义上来区分；编顺口溜的方式来区分、记忆。 小组2：转盘转到"形声字我会读" 歉、廊、碗、娇、骂、胆、理、泡、悠、浪、竿、萌、蘑、菇 小组汇报交流识记这些形声字的好方法：根据形声字的特点、字理分析，一边表意一边表音。 小组3：转盘转到"多音字我积累" 小组代表分享从这四篇课文中整理出来的认为值得大家积累的多音字。 小组代表投影展示积累的多音字。 2. 生字书写转盘转起来，评练相结合 （1）同学们，要想把这些字写好，要注意什么？哪个小组分享一下你们的小妙招？ 小组学生代表根据自己已有经验分享写好字的注意事项和技巧，贴上板贴：关注结构，笔顺正确，写好主笔。 小组推荐代表归类指导书写。	PPT	通过转盘的形式识字读词增加趣味性，小组通过预学总结方法，分享给大家，学以致用 通过学生的自主归类写字，学以致用

驱动入项课 （1学时）	（3）每个小组分工，每人每一类书写一个字，展示，小组互相进行评价。 3．字词转盘转起来，多种方法理解词语，学练结合 （1）同学们，这些词语大家都会读，生字会写了，那么预学单上的这几个词你是怎么理解的？ 教师将难理解的生词分别放在四张任务单上，学生小组合作运用学过的多种方法理解"钓竿、扑腾、戏耍、清清爽爽、摆布、央求、软悠悠、颤巍巍、玲珑娇软"等词语，全班汇报。 小组1利用生活经验理解：钓竿 小组2联系上下文理解：扑腾、戏耍、央求 小组3查字典理解：摆布、玲珑娇软 小组4想想画面理解词语：软悠悠 小组5做动作理解词语：颤巍巍 （2）小试牛刀，实践大转盘转啊转 ①出示识字加油站 读一读这些词语，说说你看到的画面。 旭日 岛屿 海滨 沙滩 瞭望 巡航 缆绳 铁锚 ②用这节课总结的理解词语的方法理解"日积月累"的三句有关改过的名言： 见善则迁，有过则改。——《周易》 过而不改，是谓过矣。——《论语》 人谁无过？过而能改，善莫大焉。——《左传》		通过学生联系以前学过的理解词语的方法来理解新词，温故知新，学练结合
知识建构课 （2学时）	主题1	童年生活美如诗（1学时）	
	核心概念	童年生活语句	
	学习目标	1．运用联系上下文、联系生活、展开想象等多种方法理解难懂的诗句。 2．通过想象，说出在溪边、江上、林中分别看到的画面，体会儿童生活的快乐，有感情地朗读课文。 3．通过比较阅读，初步了解组诗的特点。有想去的学生尝试进行"小时记录快乐童年"的小创作	
	驱动问题	关于童年的优美语句有哪些	

	学习任务	支架资源	设计意图
知识建构课（2学时）	1.紧扣"水墨画"，了解"组诗"特点 （1）出示四幅水墨画猜猜他们分别画的事那首古诗的意境。组内交流这四幅画有什么共同点？ 学生查找资料：什么是水墨画。 资料：水墨画是中国特有的画种，是由水和墨调配成不同深浅的墨色所画的画，画家寥寥几笔，就让古诗的意境跃然纸上，别有韵味。 （2）朗读《童年水墨画》，了解"组诗"：跟我们常见的儿童诗相比有什么特别之处？每首诗分别写了童年的什么事？——围绕"童年"这个主题，由3首诗组成。 2.合作探究，明晰理解方法 （1）同学们，读好句子只是敲开童年百花园的大门，大师笔下的童年我们更要读懂。 上学期，咱们一起掌握了理解词语的方法，大家还记得吗？ 学生先交流，小组内根据交流绘制思维导图。 回顾方法：借助图画、借助上下文语境、联系生活经验、想象画面…… （2）有了这个好方法，诗歌探究并不难。每组派一个代表转动转盘，抽到本组研究的诗歌，合作完成自主学习。 ①读一读：反复朗读《溪边》《江上》《林中》，发现难懂的句子，选择合适的方法； ②圈一圈：在难懂的句子中或前后文圈出重点字词； ③想一想：借助重点字词想一想看到的画面；	学习单、PPT、评价表	从欣赏水墨画猜古诗导入，将古代童年的水墨画与现代童年的水墨画进行对比，诗题中抽象的水墨画也有了形象化的注释，为学生整体感知内容、了解"组诗"的特点奠定了基础。 运用多种方法理解难懂的句子是本单元的语文要素。在本模块教学中特别强化指导学生运用联系上下文、借助想象、联系生活等方法聚焦难懂的句子加以理解。在交流中使学习成果得到修正，思维能力得到锻炼

知识建构课 （2学时）	④ 说一说：结合重点字词的理解，说一说整句话诗描绘的景象。 （3）小组汇报展示，其他组进行评价。 3.拓展读诗，飞扬诗心 （1）拓展阅读《童年的水墨画》组诗的另外三首——《街头》《花前》《树下》，你最喜欢哪首？说说感受。 （2）回忆场景，小诗记录。 交流：《童年的水墨画》向我们展示了童年生活中的一个个欢乐场景。你们童年生活最有趣的场景发生在哪里？是做什么事情呢？这三首诗在表达方式上有什么特点？ 小结：通过捕捉镜头来记录童年生活场景，有一种动态的美，还有一定的故事情节性。 我们也可以用小诗来记录童年的欢乐。试着用诗的语言，记录下自己的童年梦想与童年趣事		让学生体验儿童有趣的生活，细品《童年的水墨画》中那个纯真时代的儿童生活场景，最后让他们联系自己的生活，在自然中、在蓝天下自由抒发

主题2	童年游戏乐趣多第一课时（1学时）		
核心概念	理解难懂句子的方法		
学习目标	1. 有感情地朗读课文，能了解并说清楚吹肥皂泡的过程。 2. 能用联系生活实际等多种方法理解文中难懂的句子，体会作者内心的快乐。 3. 体会作者由肥皂泡产生的丰富想象，并能发挥想象说出肥皂泡还有哪些美丽的去处		
驱动问题	怎样理解关于童年的难懂语句？		

学习任务	支架资源	设计意图
1.创设情境，激发兴趣 （1）有趣的游戏为美好的童年带来了许多快乐。你玩过哪些好玩的游戏？和大家分享一下。分享一下老师小时候玩过的最火爆的五款游戏。（视频）	视频、 **PPT**、 学习单	游戏本来就是学生特别喜欢的，所以以童年游戏导入课题，激发了学生的学习兴趣

知识建构课 （2学时）	（2）过渡：著名作家冰心奶奶玩过一个自制肥皂泡的游戏。那小小的、不起眼的肥皂泡，经过她的手、她的眼以及她的心，吹出了童年的情趣。我们一起去看看这有趣的游戏吧！（板书：肥皂泡） 2. 探究：运用多种方法理解难懂的句子。 （1）方法大转盘：出示课本83页交流平台，请你总结一下理解难懂的句子的方法，并填写到方法大转盘上。你还知道哪些方法，也填写上。 （2）出示任务单，根据18课学到的方法，要求先自己画一画（优美的句子）、写一写（自己的感受），然后小组分享。 （3）根据学生的情况可以出示句子让学生谈理解。 预设1：颜色美。 这肥皂泡，吹起来很美丽，五色的浮光，在那轻清透明的球面上乱转。 ① 读一读这个句子，说一说哪些地方写出了颜色美。 ② 结合生活体验和教材插图，理解"五色""浮光""轻清透明"的意思。 "五色"原指青、黄、赤、白、黑五种颜色，后来指多种颜色。"浮光"在这里指肥皂泡表面的光泽和颜色。"轻清透明"写出了肥皂泡轻而薄、清亮、透明的特点。 ③ 指导朗读，读出轻透的、多彩的美感。 预设2：形态美。 若是扇得好，一个大球会分裂成两三个玲珑娇软的小球，四散分飞。有时吹得太大了，扇得太急了，这脆薄的球，会扯成长圆的形式，颤巍巍的，光影零乱。 ① 肥皂泡都有什么样的形状？ ② 抓住关键字词理解：		能用联系生活实际等多种方法理解文中难懂的句子是本单元的重点，采用小组合作的方式，半扶半放，引导学生理解句子并能体会到文章的美

知识建构课 （2学时）	"玲珑娇软"写出了泡泡的娇弱；"颤巍巍"指抖动摇晃的样子；"光影零乱"指光影闪烁，非常美的样子。 （3）指导朗读，读出肥皂泡多种形态之美。 （4）学生想象画面，轻轻朗诵。 3.探究：泡泡飞哪儿去了 （1）指名读第五自然段，并思考：这么美的肥皂泡最后会落到哪里呢？ （2）教师有感情地读，学生闭上眼倾听，为什么"目送着她们，我心里充满了快乐、骄傲与希望"？ 预设：美丽的肥皂泡仿佛是作者和小伙伴的化身，带着他们的希望与梦想，自由自在地飞向广阔的天地。 假如你就是肥皂泡，你还将带着梦想和希望飞到哪儿？ 肥皂泡轻悠悠地飘过（　　　　），落到 （　　　　　　　）		体会作者由肥皂泡产生的丰富想象，并能发挥想象说出肥皂泡还有哪些美丽的去处

	主题1	童年游戏乐趣多第二课时（1学时）	
	核心概念	童年游戏	
	学习目标	用上表示先后顺序的词语进行有条理的介绍，并运用动词、形容词描写最喜欢的游戏	
	驱动问题	怎样描写自己最喜欢的游戏？	
合作探究课 （3学时）	学习任务	支架资源	设计意图
	1.游戏揭秘 （1）小朋友们玩的肥皂泡是现成的泡泡机吹出来的。冰心奶奶的肥皂泡是怎么做出来的呢？接下来，我们一起来探秘——肥皂泡的制作。 双人合作：尝试用思维导图的方式揭秘制作过程，横轴为制作的步骤，竖轴为制作需要的材料、连接词。 ①找出事情发展顺序的连接词，再明确步骤	PPT、 思维导图	了解冰心奶奶关于肥皂水制作的方法，学习这种表述方法。

合作探究课 （3学时）	预设：方法是——然后——再——若 ② 找出制作肥皂水用的材料。 预设：碎肥皂——小木碗——水——主笔管套——肥皂水——泡儿、球儿——扇子 ③ 找出描写动作的词语，明确过程。 预设：放在、加上、和弄、蘸、吹、提、扇送 （2）根据同桌制作的思维导图，说出肥皂水的制作过程。 评价标准： ☆内容星：① 不漏项，说清楚用的所有制作材料；动作表述准确；能用上表示事情发展顺序的连接词，把过程说清楚。 ☆仪态星：声音洪亮、表情自然。 ☆合作星：同桌之间团结合作、互相补位。 （3）指导朗读，读出喜爱。 提示：作者吹泡泡时动作是非常轻柔的，所以朗读的时候语速可以稍慢一些，温柔一些。 2. 好玩的游戏 （1）做肥皂水、玩吹泡泡。 学会了肥皂水制作的方法，我们也来做肥皂水吧！ 学生制作肥皂水、吹泡泡。（背景音乐《童年》） （2）游戏大玩家： 运用冰心奶奶介绍肥皂泡制作的方式，介绍（或者创编）游戏。要求： ① 用思维导图罗列好游戏的玩法，横轴为游戏的步骤，竖轴为游戏的注意事项、所需材料等。 ② 然后用上表示事情发展顺序的连接词，介绍这种游戏。 小组间先进行解说，并评选出优秀的游戏玩家全班展示		学习冰心奶奶描述游戏的表达方式并运用在自己的生活实践中。

合作探究课（3学时）	3. 走近作者： 课本上有冰心奶奶的资料袋，我们一起来了解一下。 请同学朗读"对大自然的赞美""对母爱和童真的歌颂"，大家判断一下，《肥皂泡》是关于哪方面内容的？ 诵读冰心作品《母亲》和《繁星》节选		深入了解文本，吸引学生兴趣，乐于读冰心的其他作品
	主题2	童年故事真难忘第一课时（1学时）	
	核心概念	童年故事《剃头大师》	
	学习目标	1. 通过自主合作学习，提炼出写人物特点的方法。 2. 通过阅读品悟，能说出课文以"剃头大师"作为题目的好处	
	驱动问题	《剃头大师》这个题目有什么好处？	
	学习任务	**支架资源**	**设计意图**
	环节一 学生小组合作阅读课文《剃头大师》，完成表格。 学生比较老剃头师傅和"我"给小沙剃头的过程及结果有什么不同。 学生小组完成表格后，进行全班汇报。		寻找关键信息，体会老剃头师傅和"我"给小沙剃头的过程有什么不同。
	环节二 学生小组合作阅读《剃头大师》，完成VN图。 作者是怎么写老剃头师傅和"我"给小沙剃头的过程的？二者有没有共同点？ 学生小组完成表格后，进行全班汇报。 预设：都有人物的语言、动作、神态、心理等细节描写。	PPT、学习单、VN图	了解写出人物特点方法之一是抓住人物的语言、动作、神态、心理等细节描写。
	环节三 小组带着问题，合作默读。 "剃头大师"和"害人精"分别指谁？为什么这样称呼他们？ "我"为什么说"世界上再也没有比他更优秀的顾客了"？ 学生进行全班汇报		通过阅读品悟，能说出课文以"剃头大师"作为题目的好处

续表

	主题3	童年故事真难忘第二课时（1学时）		
合作探究课 （3学时）	核心概念	童年故事《我不能失信》		
	学习目标	通过小组合作阅读，提炼描写人物特点的方法		
	驱动问题	如何描写一个人的特点		
	学习任务		支架资源	设计意图
	环节一 学生小组合作阅读《我不能失信》。默读课文，联系生活实际，说说你对下面句子的理解："一个人在家，是很没劲。可是，我并不后悔，因为我没有失信。" 学生将自己的理解写在一张纸上，叠好，向天空中扔去，捡到的学生打开看，念出纸上的观点，再说说自己的观点。		PPT、 思维导图	阅读和交换观点，理解课文主旨。
	环节二 宋庆龄给你留下了什么样的印象？为什么有这个印象？你能从文中找出理由吗？ 小组合作完成思维导图。			巩固第一课时学的突出人物特点需要通过描写人物的语言、动作、神态、心理等细节。
	环节三 作者是通过什么方法写清宋庆龄的形象的？你能为这篇文章再起一个符合宋庆龄品质的名字吗？ 小组起名，全班交流。			学生了解通过一件事写一个人的方法。
	环节四 学生完成总结图表，提炼出写人物特点的方法。 预设：想要写出一个人的特点，除了要抓住神情、心理、语言等细节描写，还要通过一件事写一个人。			了解写人的文章的题目可以与这个人的品质相关
作品形成课 （2学时）	主题1	多彩童年我来写第一课时（1学时）		
	核心概念	人物描写		
	学习目标	1.写身边的人，能给习作起一个表现这个人特点的题目。 2.能选取典型事例，通过多种表达方法写清楚他的特点		

255

续表

	驱动问题	怎样完成一篇写人的习作		
	学习任务		支架资源	设计意图
作品形成课 （2学时）	1. 分享作业，巩固写法 看了上节课大家"围绕一个意思写一段话的作业"，老师想和同学们交流分享很多同学的作业。 分享作业，其他同学点评。 老师总结优点：① 能围绕中心来写， ② 能从至少两三个方面展开来写， ③ 能从他人的反应来突出中心。 缺点：事例不够生动，缺少说服力。 优点集中在动作描写、语言描写、神态描写三方面。 小结：通过作业的分享，可以看到大家都能够围绕中心来写，但怎样把事例写得更生动，把人物写得更有特点就是我们要解决的难题。回顾一下我们本单元的学习，你能找到什么方法？ 2. 学方法，写清楚，有特点 （1）回顾本单元课文，尤其是《剃头大师》和《我不能失信》两篇课文，在写人物时用到的方法，小组讨论怎样把人物写得有特点，画出思维导图 组员汇报：我从_____（课文）的_____（句、段）学到_____。 组内展示写作方法导图。 小结：要想把人物写得有特点，要做到以下几点。 动起来——写清楚人物动作，用上一系列动词，把某个细节放大、放慢。 会说话——写清楚人物语言特点，人物的语言也一定围绕人物特点，用上恰当的语气词、提示语可以写得更有意思。 有表情——写清楚人物表情，表情放大，让我们看到了一个活灵活现的表情包。		课件	分享作业，发现现阶段学生习作的优点和需要解决的问题，为下一任务做准备。 通过学生习作和小组讨论总结出写清楚人物特点的方法，老师补充"他人的反应"，提高写作技能。

作品形成课 （2学时）	（2）他人反应和外貌 老师补充。 出示优秀作文。 引导学生从妈妈的语言、动作、表情，以及爸爸的反应感受到妈妈的凶。 小结：在写一个人的特点时，如果可以加上周围人的反应，人物的特点会更清楚。不要忘记写人的作文，一定要写清楚人物的外貌，围绕中心写最能突出特点的外貌就可以了。 3.组织素材，开始习作 （1）组织素材。现在你知道怎样描写你脑海中浮现的那位有特点的人了吗？他有哪些与众不同之处？你准备重点介绍哪些事例？先想一想，为他填一张名片理理思路，再为他简单勾勒出一幅人物画像吧。 组内交流自己的写作内容。 （2）学生开始习作。老师巡视指导，对做得好的方面及时表扬，引导其他同学学习		学完素材积累与写作方法之后，以表格的形式整理自己的写作素材会让学生更有条理地组织自己的素材和语言

主题2	多彩童年我来写第二课时（1学时）
核心概念	习作评价和分享
学习目标	学会评价和分享自己的习作，学习他人习作的优点
驱动问题	怎样评价和分享习作？

学习任务	支架资源	设计意图
1.习作评价 （1）出示评价量规，根据评价量规，学生自评，组内互评。 （2）与同学分享，师生评价。 着重从选取的事例、写清人物特点的几个方面来评价。	课件	对照评价量规，更有目的、更有方向地评价，诊断出习作中存在写不清楚人物特点等问题，解决学生表达困难，有目的地个性化加工自己的习作。

257

作品形成课 （2学时）	2. 习作修改 学生修改习作。		对照评价要点进行自评与互评，诊断出习作中存在写不清楚人物特点等问题，解决学生表达困难，有目的地个性化加工自己的习作。
	3. 习作分享 组内分享习作，分享自己最精彩的段落。 组内推选进行班级分享的同学，结合评价量规说明推荐理由。 班级分享，如果写的是班级同学，隐去习作中的人名，让其他同学猜猜是谁，看看是不是写得很有特点		分享自己最精彩的段落就是对自己的评价，评价量规了然才能写好推荐理由，班级内分享是对习作的又一次考验

	主题1	童年时光读书会（1学时）	
成果发布& 复盘反思课 （1学时）	核心概念	读书分享会	
	学习目标	阅读整本书《小英雄雨来》，以小组合作的方式，借助探究支架，到书中找寻体现人物特点的句子，运用多种方法理解这些难懂的句子，形成对小英雄雨来人物特点探究的阅读思维导图，进行分享展示	
	驱动问题	小英雄雨来人物有何特点？	
	学习任务	支架资源	设计意图
	1. 借助支架，阅读任务前置 提前布置学生同步开启阅读《小英雄雨来》一书，并借助支架，完成人物特点分析图。 2. 小组合作，丰富人物特点 （1）带着每位同学完成的人物特点分析图，小组内分享，小组合作完成一张对小英雄雨来人物特点的全面性思维导图。各组自行设计。	PPT、评价单、汇报支架、《人物特点分析图》	通过小组合作阅读，完成人物特点分析图，能更好地将所学的词句运用到阅读中，巩固本单元所学

（2）全班探究小组合作及汇报展示评价量规，做到评价指引。 （3）练习汇报展示。 3. 展示汇报，整本书小结 （1）各组随机抽签上台进行阅读成果展示。 （2）倾听各组进行评价。 （3）评选最佳成果。 4. 评价量规方向 （1）小组分工合作有序、人人均能参与其中。 （2）思维导图设计清晰、美观、大方		

学科项目式学习复盘总结

优点总结：

语文学科项目式学习是运用符合特点的任务群达成语文教学目标，提升学生语文素养，项目式的方式方法让语文课堂更加高效，同时也落实了双减背景下的减负增效。对学生来说，这种学习方式轻松愉快；对教师来说，这种教学方式综合高效。项目式学习，让语文课堂充满力量！

缺点反思：

本项目遵循了循序渐进的学习进程设计，在素养内核上层层递进，但是受限于语文学科特性，围绕童年读书会项目任务所开展的项目子任务串联逻辑有待加强。

案例3 英语学科项目式学习"Rules around us 我是小小规则守护者"

● 案例导读

本案例为面向小学中年级的学科项目式学习。规则存在于日常生活的每个场景中，本案例目标是培养学生运用英语表达规则的能力，并使其认识到规则的重要性，形成正确的价值观。

◎本项目以"在我们的生活中、学校里，经常存在不文明现象，这些不文明现象给我们的生活带来很大的负面影响。你能帮助人们了解生活中应该遵守的规则吗"为驱动性问题，围绕"Follow the rules，make life better"的学科大概念，设计开展了认识生活中存在的不文明现象、认识工厂规则、制作不同公共场所的规则海报、为学校设计公共规则标识牌等项目任务，通过小组评价的方式进行评价。

◎本项目实践的重难点是运用英文祈使句合理表达规则，树立规则意识，认识到规则对生活的重要性。

◎本项目的亮点是通过学习，学生初步树立正确的规则意识，感受到规则意识能够维护自身安全，并可以带来更好的生活。引导学生通过自主探究，制定行之有效的公共规则、学校规则，形成正确的价值观。

表5-4　英语学科项目式学习案例

项目名称	Rules around us 我是小小规则守护者	项目时长	7学时
主干学科	英语	年级	四年级
项目背景	规则存在于我们日常生活的每个场景中，有家庭规则、学校规则、公共场所规则……但是，在日常生活中，总有不遵守规则的现象存在。比如，在禁烟场所抽烟，在室内大声喧哗，在学校教学楼内打闹、大声喊叫……无规矩不成方圆，过度不遵守规则得不到真正的自由、美好的生活。基于此，本项目鼓励学生发现生活中不遵守规则的现象，提醒学生正确的行为方式		
设计说明	学生情况：四年级的学生有一定的英语学习基础，语言表达能力和书写能力都得到很大的提升。同时，四年级的学生动手制作能力很强，擅长绘画、制作海报等。此外，这个年龄的学生，正义感特别强烈，希望用自己的绵薄之力为社会进步贡献一份力量。 知识基础：本模块的主题是Rules，主要语法是祈使句。学生从一年级上学期就开始接触祈使句，主要是学习课堂规则，学生能够理解课堂指令，帮助他们培养遵守课堂规则的意识。二年级下学期学习了交通规则，培养学生遵守交通规则的意识。四年级上学期学习了用祈使句给生病的人一些合理建议，培养学生养成良好生活习惯。通过以上学习，学生对祈使句的理解和掌握比较充分。但是对于一些具体场所的规则，只是大体了解，并没有运用准确的语言进行表达。通过该单元的学习，学生即将学习使用祈使句制定、表达不同场所的不同规则，形成正确的规则意识。 认知特点：学生能够在教师的指导下，积极参与小组活动，完成合作探究等任务。学生在日常生活中会看到不同场所一些不文明的现象，也对不文明现象对他人的不良影响有大体的感知，初步具备基本的是非观。 学习困难：正确使用祈使句来表达不同场所的规则对学生有一定难度。学生尚未形成英语思维，在想要表达细节问题时，倾向于借助汉语进行构思，构思后用英语转述，结果发现找不到对应的英语词汇表达，因此表达的意愿会受到影响，需要教师搭建充足的语言支架并进行适时引导。 提升点：学生能够逻辑清晰、多角度、熟练灵活地用英语为不同场所制定规则，并能形成正确的价值观。		

续表

设计说明	学生共60人，分2个班级。每个班级分6个组，每个组5人。 教师情况：设计者和实施者是英语老师，美术老师是规则海报和学校标识设计指导。 课标情况：《义务教育英语课程标准（2022版）》指出，各学段目标设有相应的级别，四年级学生应达到一级学段目标。本模块为四年级下册的第一模块，主题范畴属于"人与社会"，主题群为"生活与学习"。本模块以Rules为话题，通过学习，帮助学生初步树立正确的规则意识，感受到规则意识能够维护自身安全，并可以带来更好的生活。引导学生通过自主探究，制定行之有效的公共规则、学校规则，形成正确的价值观。
学科大概念	Follow the rules，make life better.
素养目标	英语课程要培养学生的核心素养。语言能力是核心素养的基础要素，文化意识体现核心素养的价值取向，思维品质反映核心素养的心智特征，学习能力是核心素养发展的关键要素。核心素养的四个方面相互渗透，融合互动，协同发展。就本模块整体而言，以多类型的语篇为载体，呈现了Rules这一话题。 语言能力：学生能够理解并运用核心词汇machine，crisps，potato，sir，dangerous，each，welcome，put，wait，feed，talk，walk，grass，write，respect，learn，bother等以及祈使句Don't...和Do...来谈论规则。 文化意识：感受、对比不同语言运用的不同，拓展国际视野。感受不同场所不同的规则。 思维品质：能通过图片、视频，了解不同场所的不同规则，感受规则意识的重要性，形成正确的价值观。 学习能力：积极思考，乐于和同伴用英语制定不同场所的规则，感受规则意识带来的作用。
驱动性问题	在我们的生活中、学校里，经常存在不文明现象，这些不文明现象给我们的生活带来很大的负面影响。你能帮助人们了解生活中应该遵守的规则吗？
学科实践活动与预期项目成果	学科实践活动：通过英语语言的学习，以及进行公共场所规则海报和校园规则标识的设计，提升学生的规则意识和社会小主人公精神。 学科项目成果：public rules海报、school rules标识。 成果公开方式：public rules 海报张贴在不同的公共场所；school rules标识张贴在学校相应的位置。

评价设计	成果评价量规： **Rules of making a poster**			
	评价维度	优秀	良好	一般
	Cooperation 分工合作	☆☆☆	☆☆	☆
	Write down five more rules. 写出五条以上规则	☆☆☆	☆☆	☆
	Perfect and careful writing 书写正确、认真	☆☆☆	☆☆	☆
	Draw pictures about the rules. 规则配图	☆☆☆	☆☆	☆
学习准备	学习环境：教室 支架资源：思维导图、海报、PPT			
设计结构图				

学科项目式学习实施		
课型与课时		**实施说明**
驱动入项课 （1学时）	主题1	Bad behaviors in our life（1学时）
	核心概念	Bad behaviors in our life
	学习目标	认识生活中存在的不文明现象

驱动入项课 （1学时）	驱动问题	在我们的生活中、学校里，经常存在不文明现象，这些不文明现象给我们生活带来很大的负面影响。你能帮助人们了解生活中应该遵守的规则，还我们的生活满满的正能量吗？		
	学习任务		支架资源	设计意图
	教师播放视频。通过视频，学生感受生活中存在的一些不文明的、不遵守规则的行为所带来的不好的感受，激发他们了解规则、改变行为的愿望		视频	为下一步项目的实施做准备
知识建构课 &合作探究 课（2学时）	主题1	Factory rules（1学时）		
	核心概念	Factory rules		
	学习目标	通过本课时学习，学生能够： 1. 在看、听、唱、做的活动中学习使用祈使句，进一步了解规则的表达方式。（学习理解） 2. 在看、听、说、读的活动中，通过参观薯片的制作流程，准确使用祈使句说明工厂规则。（应用实践） 3. 在交流中理解和准确使用祈使句描述工厂规则，例如"Don't touch the machines, please! Wear the hat! Stand in line! ..."（应用实践） 4.用流程图的形式，表达交流袋装薯片的生产过程，并根据图片提示，描述每个流程应遵守的工厂规则。（迁移创新）		
	驱动问题	What factory rules should you follow?		
	学习任务		支架资源	设计意图
	1. Greetings. 2. Enjoy a song "I can follow the rules" 3. Game：Listen and do. Stand up! Sit down! Touch the desk! Don't touch the book! Teacher say, children repeat and do. 4. Watch and answer: What does the sheep say? What can/can't we do when the baby is sleeping/awake.		课件	本阶段，学生从打招呼、歌曲、和游戏中感受祈使句的存在，并通过学习两段动画，感受祈使句的用法，为接下来学习和理解工厂的各种规则做铺垫

知识建构课 &合作探究 课（2学时）	5. Show the first picture of part2. Learn the new words "welcome" and "factory". 6. Number the pictures. 7. Watch the video and find out what the machines make. Students learn the new words: crisps and chips. Try to introduce the difference between crisps and chips in the UK and in the US. 8. Read and underline how to make crisps.（pair work） Students try to steps of making crisps. Watch a video of a crisps factory. Then they can complete the mind map. Students learn the new word "dangerous" and practice the key sentence "Don't touch the machines, please!" 9. Check the predictions. Students find children get surprise finally: You can each have a bag of crisps. Students learn the word "each". Talk about children get a surprise because they follow the factory rules. Rules are necessary. Following the rules are important for our life. 10. Listen and repeat. 11. Summary of factory rules. Students practice key sentence "Don't touch the machines, please!" again. Talk about other factory rules in groups. Wear the hat. Wear the mask. Wear the glasses. 12. Read and match. 13. Try to draw steps of making crisps and write down factory rules. 14. Summary		在本阶段，学生通过观察图片、观看动画、小组讨论等形式，学习和理解薯片制作过程，并通过课文的阅读，在情境中感知遵守工厂规则的重要性。同时，通过对比不同国家语言运用的不同，感受文化差异，拓展国际视野。 在本阶段，通过看图表达、匹配关键信息等形式，练习和运用学过的工厂规则，并根据学过的薯片制作过程，以流程图的形式，画出薯片的制作过程，根据不同的薯片制作过程，写出相应的工厂规则，鼓励学生在情境中运用规则
主题2	Public Rules（1学时）		
核心概念	Rules in public		

	学习目标	通过本课时学习，学生能够： 1. 在看、听、唱、做的活动中复习使用祈使句，进一步了解规则。（学习理解） 2. 在看、听、说、读的活动中准确适用祈使句说明公园或图书馆规则。（应用实践） 3. 在交流中理解和准确使用祈使句描述规则，例如："Don't feed …！""Don't ___ on the grass！""Don't …here！"（应用实践） 4. 通过设计和制作不同场景中的规则海报，能做到介绍宣传规则，培养学生注意观察生活或音视频中的简单英语，强化规则意识和保护环境的意识。（迁移创新）		
	驱动问题	What public rules should we follow?		
		学习任务	支架资源	设计意图
知识建构课 &合作探究 课（2学时）		1. Greetings. 2. Enjoy a song "I can follow the rules" 3. Look and say. Review "factory rules" Don't touch the machines，please！ Don't talk！/Be quiet！ Stand in line！ Be polite！ Listen carefully！ Wear the hat！ Wear the mask！ Wear the glasses！ 4. Watch and fill： What are the park rules？ Don't _____ the fish. Don't _____ on the grass. Don't _____ ball games here！ 5. Look and match： What other park rules？ 6. Listen and fill： What are the library rules？ 7. Look and talk： More library rules.	PPT、评价单、视频	本阶段，学生从打招呼、歌曲、和看图说话中复习祈使句的用法，进一步理解工厂的各种规则，为下一阶段公共规则的出现做铺垫。 在本阶段，学生通过看、听、讨论等方式，学习park rules和library rules，感受规则在这两个场所的重要性。 在本阶段，学生通过以小组为单位选择不同的公共场所，并就公共场所谈论相应

知识建构课＆合作探究课（2学时）	8. Think and discuss： What can we do in the library? 9. Watch and imitate. 10. Listen and number 11. Think and talk more public places. 12. Watch the video about bad behavior in public. 13. Let's be volunteers! Step1 Choose one place and talk about the rules. Step2 Make a poster of public rules. Step3 Show the posters in groups. 14. Summary		的规则。根据谈论的规则，制定醒目、简洁的规则海报。通过这次活动，学生将所学祈使句运用到真实情境中，并在制作规则海报的过程中，产生规则意识，意识到规则的重要性，形成正确的价值观。

	主题1	Make signboards about school rules（1学时）		
作品形成课（1学时）	核心概念	School rules signboards		
	学习目标	运用祈使句，制作学校规则标识牌		
	驱动问题	我们的学校也存在一些不文明行为，如何制作醒目的标识牌来提醒他人遵守学校规则，争做文明少先队员呢？		
		学习任务	支架资源	设计意图
	1. Enjoy a song. "Follow the rules" 2. Read the picture book and answer the question. 3. 根据自己写得school rules为校园制作文明校园规则标识。 （评价：图文结合、中英结合、美观醒目） What are the school rules in the picture book? 4. Elicit the school rules from the picture book. 5. Write down some school rules are important. 6. Learn how to make a good signboard? 7. Try to make school rules signboards in groups.		绘本资源	通过设计校园规则标识牌，将所学语言知识运用到实际中，提升英语核心素养，增强学生的校园主人公意识

	主题1	张贴公共规则海报（1学时）
成果发布课（2学时）	核心概念	将公共规则海报张贴在不同的公共场所
	学习目标	以小组为单位，张贴并介绍公共规则海报
	驱动问题	你们的公共规则海报能起到提醒他人的作用吗

续表

	学习任务	支架资源	设计意图
成果发布课（2学时）	张贴公共规则海报	学生制作的公共规则海报	通过将公共海报张贴到不同的公共场所，提醒公众要遵守相应的公共规则
	主题2	张贴学校规则标识牌（1学时）	
	核心概念	将校园规则标识牌张贴在不同的位置	
	学习目标	以小组为单位，张贴并介绍校园规则标识牌	
	驱动问题	我们的校园规则标识牌可以提醒并引导其他同学的文明行为吗	
	学习任务	支架资源	设计意图
	张贴校园规则标识牌	学生制作的校园标志牌	通过张贴醒目、美观的校园标识牌，提示同学们要遵守校园规则，共同维护校园环境
复盘反思课（1学时）	主题1	Rules复盘反思（1学时）	
	核心概念	反思项目探究和实施过程中的收获和不足	
	学习目标	以小组为单位反思收获和不足	
	驱动问题	我们的海报和标识牌可以提醒和引导多少人的文明行为	
	学习任务	支架资源	设计意图
	复盘反思	复盘反思支架	复盘反思项目，为下一个项目的开展奠定基础

续表

学科项目式学习复盘总结
优点总结： 通过学生调动学生的积极性，自己总结公共场所和学校的规则，并通过自己动手制作海报和标识的方式，初步树立正确的规则意识，感受到规则意识能够维护自身安全，并可以带来更好的生活。引导学生通过自主探究，制定行之有效的公共规则、学校规则，形成正确的价值观。 缺点反思： 项目探究之前，可以通过实地考察和发现不文明行为的方式取代视频播放，从而更好地激发学生探究项目的欲望。在项目实施过程中，可以拓展更多英文规则的运用，使项目式学习真正地与学科学习互相服务和帮助。

第六章
跨学科项目式学习设计与实施

图6-1，跨学科项目式学习是让学生能够利用几个学科的核心知识与能力，对现实生活中遇到的实际问题进行解决的探索实践过程。核心知识、挑战性问题、成果评价是跨学科项目式学习实施的关键。在这一过程中，以核心问题驱动，以项目为导向，教师创设生活真实情境，由学生自主学习，在发现问题、思考问题、解决问题的过程中习得多个学科知识，增长多种能力，从而激发学生探索、创新的主动性和积极性。

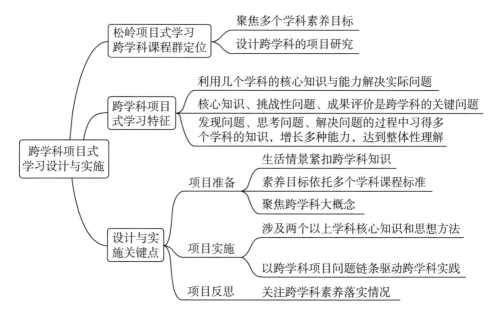

图6-1 跨学科项目式学习设计与实施要点

松岭路小学跨学科主题学习采用项目式学习的方式开展，整合两种或两种以上学科的核心素养育人需求，将语文、数学、英语、科学、信息技术、艺术、体育等学科有机整合，为学生的跨学科学习创设有利条件，促使教师打破原有学科结构，改变教学手段及教学思维，以学生为主体，有效提高学生的综合能力，培养学生的创新能力、终身学习的能力，让学生受益一生。

当前，新课标要求开展跨学科主题教学，强化课程协同育人功能，优化课程结构，设立跨学科主题学习活动，加强学科间的互相关联，带动课程的综合化实施，强化实践性的要求，加强课程内容与学生经验、社会生活的联系，强化学科内知识整合，统筹设计综合课程和跨学科主题学习，并进一步要求各门课程用不少于10%的课时设计跨学科主题学习，凸显出跨学科主题学习是加强课程综合和课程协同育人的重要课程方式，是培养学生综合素养的重要载体，是如今社会要求发展下的必然趋势。

第一节　跨学科项目式学习设计及实施流程

跨学科项目式学习强调通过学科间不可分割的联系达到整体性理解。设计跨学科项目式学习要以学生的知识水平及认知水平为基础，关注各个学段的学习内容、能力要求、知识衔接、技能进阶等，以学科核心知识和核心能力为主干，运用和整合其他学科的相关知识和能力，围绕一个项目问题开展综合性学习活动，增强不同学科之间知识与方法的相互结合，发展学生的跨学科核心素养。松岭路小学跨学科项目式学习依据以下四个步骤进行：确定项目主题→制订项目方案→项目开课→复盘总结。

一、确立项目主题

设计融合跨学科项目式学习，教师要事先深入研读教材和新课程标准，明确所设计的项目要解决什么问题，涉及哪些跨学科概念，再进一步制订项目式学习的活动方案。选题要能激发学生的好奇心和求知欲，能调动学生参与的主动性与积极性，提升学生的高阶思维能力，培养学生的创新能力，并激发他们的潜力。选题可以采用课标中的跨学科主题资源，也可以自主创设具体学情的主题。确定项目主题有三种途径，一是参考课标中提供的应用情景素材进行创设，二是围绕所跨学科核心知识的应用情景进行创设，三是模仿学科专家的学科实践进行创设。无论选用还是创设的跨学科课程主题，都要结合学生经验、社会生活、学科基础等情况进行综合考虑。

二、制订项目方案

明确项目目标：明确表述目标要求，即通过哪些途径、任务或方式，获得跨学科学习的核心知识和核心能力。

设定驱动性问题：驱动性问题是指围绕项目主题设计的、契合所跨学科的课程标准且具有凝练意义的问题，是跨学科项目式学习开展的核心和灵魂。驱动性问题设置要基于生活真实情景，以激发学生好奇心为出发点，符合学生的知识和能力水平，具有可行性，要能贯穿整个跨学科项目式学习，具有可持续性。

规划项目活动：设计学生项目探究所需资源、阶段学习目标、设计活动步骤、项目时长、探究所需工具支架、评价量规、成果发布形式。

三、项目实施

依照项目方案，在规定时间范围内依序推进，将驱动问题、知识资源、学习支架、评价量规等学习支持条件穿插其中，并根据需要组织开展自主学习、小组交流讨论和汇报展示等活动。其间，教师要善于从主干学科核心知识和思想方法出发，运用问题链条，构筑学习支架，驱动学生进行跨学科项目式学习。

四、复盘反思

跨学科项目式学习结束须根据研究计划进行复盘总结。反思驱动性问题是否真正解决，设立的跨学科项目式学习目标是否达成，学生在此项目的研究中是否深度学习以及是否发展核心素养获得真正的成长。教师需要提供复盘反思的支架，支架可以从主题内容与形式、思想方法、学习体验、人际交流、情意观念、精神境界、综合素质等方面提供，采用书面小结或口头小结、个人小结或小组小结等多种形式相结合，帮助学生学会小结反思，不断提升学生跨学科主题学习的能力和水平。

五、跨学科项目式学习设计模板

表6-1　跨学科项目式学习设计模板

项目名称	×××	项目时长	n学时
所跨学科	××	年级	n年级
项目背景	200字以内，介绍项目背景，描述生活中的现象、问题等，说明为什么要做该项目，要做什么，说明项目意义		
设计说明	学生情况：学情分析，如学生基本特征、学生与本跨学科项目式学习相关的学习经验、知识储备、学科能力水平、学生兴趣、可能碰到的困难。学生如何分组，如分几个班级进行、每项目小组几人。 教师情况：设计者是谁，实施者某学科教师n人、某学科教师n人（如有具体教师的课时分工分配可写明）。 课标情况：涉及的新课程标准		
跨学科大概念	依据所跨学科新课标，围绕项目的核心知识提炼跨学科大概念		
素养目标	围绕核心素养和学科核心素养分条撰写		
驱动性问题	围绕真实情境能激发学生探究欲望并推动学生问题解决的问题		
跨学科实践活动与预期项目成果	跨学科实践活动：描述将开展的项目实践活动。 跨学科项目成果：描述预期项目将取得的成果，可以包括个人成果和团队成果，例如实物作品、设计方案、项目报告。 成果公开方式：描述跨学科项目成果公开方式		
评价设计	成果评价量规：评价内容（核心知识理解与应用、解决问题的思路方法、价值观念的发展）、评价标准（表现等级），评价量表采用图片形式填入		
学习准备	学习环境：教学环境准备，如功能教室、操场、特定的场馆或社区，多媒体空间配置情况等。 支架资源：学习过程中辅助用到的资源，如学习单、评价单、PPT、视频、教具等		
设计结构图	能够展示跨学科项目式学习设计结构的思维导图		

跨学科项目式学习实施				
课型与课时	实施说明			
驱动入项课	主题1	×××××（1学时）		
	核心概念			
	学习目标			
	驱动问题			
	学习任务		支架资源	设计意图
	主题2	×××××（1学时）		
	核心概念			
	学习目标			
	驱动问题			
	学习任务		支架资源	设计意图
合作探究课	主题1	×××××（1学时）		
	核心概念			
	学习目标			
	驱动问题			
	学习任务		支架资源	设计意图
	主题2	×××××（1学时）		
	核心概念			
	学习目标			
	驱动问题			
	学习任务		支架资源	设计意图

续表

知识建构课	主题1	×××××（1学时）		
	核心概念			
	学习目标			
	驱动问题			
	学习任务		支架资源	设计意图
	主题2	×××××（1学时）		
	核心概念			
	学习目标			
	驱动问题			
	学习任务		支架资源	设计意图
作品形成课	主题1	×××××（1学时）		
	核心概念			
	学习目标			
	驱动问题			
	学习任务		支架资源	设计意图
	主题2	×××××（1学时）		
	核心概念			
	学习目标			
	驱动问题			
	学习任务		支架资源	设计意图

续表

	主题1	×××××（1学时）		
	核心概念			
	学习目标			
	驱动问题			
		学习任务	支架资源	设计意图
成果发布课				
	主题2	×××××（1学时）		
	核心概念			
	学习目标			
	驱动问题			
		学习任务	支架资源	设计意图
	主题1	×××××（1学时）		
	核心概念			
	学习目标			
	驱动问题			
		学习任务	支架资源	设计意图
复盘反思课				
	主题2	×××××（1学时）		
	核心概念			
	学习目标			
	驱动问题			
		学习任务	支架资源	设计意图

续表

跨学科项目式学习复盘总结
优点总结：200字以内，提炼案例的特点与实践经验，可以包括学生的成长、教师的发展、项目的成果、项目中发现的创新点和可推广借鉴的优势之处。
缺点反思：200字以内，反思存在不足，思考后续改进的方向与方法

第二节　跨学科项目式学习实践案例

案例1　飞腾吧，中国龙

●案例导读

本案例为面向小学低年级的跨学科项目式化学习，目标是提高学生的中华民族共同体意识以及中华民族的文化自豪感：

◎本项目以"在龙年新年联欢会上表演红色主题的集体节目"为驱动性问题，围绕设计、应用的跨学科大概念，设计开展了团体舞龙节目表演、龙主题文化美术展示等项目任务，通过优秀小组评价标准，进行小组互评。

◎本项目实践的重难点是舞龙道具的设计以及舞龙表演。

◎本项目的亮点是通过舞龙表演的实践性活动，发扬中华传统文化，发展学生的艺术表达和审美思维，让学生掌握艺术课程的基本方法，锻炼动手能力，通过道具制作及舞龙表演的小组合作，培养团队精神，提升合作能力。

表6-2　跨学科项目式学习案例1

项目名称	飞腾吧，中国龙！	项目时长	7学时
所跨学科	体育、美术、音乐	年级	2年级
项目背景	新课标重点关注了中华民族共同体意识、中华优秀传统文化、社会主义先进文化以及中华民族自尊心、爱国情感、集体意识、文化自信等方面的内容。教育要回归生活，提高学生参与度，学习才会真正有效。 结合中国共产党成立100周年，学校一年一度的元旦联欢会定下了"红色"主题，结合松岭路小学"中国智慧"开启幸福生活教育理念，希望既能够体现中华民族特色，又能彰显年级集体力量。舞龙乃是中华民族的传统民俗活动，威风凛凛的龙，象征着祖国这条东方巨龙，由此师生一致通过了这个建议，恰逢党的二十大胜利召开，并且将这个节目取名"飞腾吧，中国龙！"		
设计说明	学生情况：本项目式在二年级开展，分为三个班级，基于原班级小组，二年级的学生刚接触跨学科项目式学习，对于项目式学习还不太熟悉，需要老师们的引导及帮助。 教师情况：设计者艺术组、体育组，实施者美术学科教师1人、音乐学科教师1人、体育学科1人。 课标情况：《义务教育体育与健康课程标准（2022年版）》《义务教育艺术课程标准（2022年版）》		
跨学科大概念	设计、应用		
素养目标	传统文化：知道龙的各部位取自哪些动物的原型，有什么象征意义。能用流畅的语言讲出龙各部位的原型及象征意义，以及自己对中国龙精神的理解。 艺术：利用多重材料和多重造型手段，与同学合作完成一件舞龙道具。能抓住龙头、龙神神身、龙尾三部分的特点进行创作，提升审美感知、艺术表现和创意实践的核心能力。感悟中国龙的民族精神和象征意义，激发学生身为"龙的传人"的自豪感和使命感，提高学生对传统文化的理解及自信。 体育：了解民族体育活动的知识，能创编适合自己的游戏活动，提升学生的运动能力、健康行为和体育品德		
驱动性问题	同学们，我校一年一度的新年联欢会定下了"红色"主题，我们希望既能够体现中华民族特色，又彰显年级集体力量，我们集体表演一个什么节目比较合适		
跨学科实践活动与预期项目成果	跨学科实践活动：团体舞龙节目表演。 跨学科项目成果：龙主题文化美术展示。 成果公开方式：学校集体表演和小型展览		

评价设计	成果评价量规：		
	评价内容	达到程度	星星数量
	舞龙道具制作	作品美观、凸显主题，色彩艳丽，造型精美	☆☆☆
		作品有一定美观性，设计合理，作品完整	☆☆
		作品有一定色彩和造型，但不太完整	☆
	小组协作	小组分工有序、人人参与、动作风格统一	☆☆☆
		大部分人能参与、风格统一	☆☆
		大部分人能参与、动作不太统一	☆
	语言表达与互动	表达清晰，声音洪亮，互动有效	☆☆☆
		表达比较清晰，声音有些小，有互动	☆☆
		表达有些卡顿，互动较少	☆
	小组汇报是否人人参与	人人参与展示汇报表达、合作展示有效	☆☆☆
		大部分人参与了展示，能展示出效果	☆☆
		未能达到人人参与展示，效果一般	☆
	组内纪律与倾听	纪律良好，善于倾听	

学习准备	学习环境：普通教室，小组合作式桌椅摆放，体育馆。 支架资源：课件、pad联网探究工具、废旧材料、美术装饰材料、音乐配乐、体育障碍教具

设计结构图	

结构图内容：
"飞腾吧，中国龙"
- 定活动主题(0.5学时)
- 表演准备(0.5学时)
- 舞龙练习(3学时)
  - 美术课(龙道具的制作)
  - 音乐课(舞龙配乐)
  - 体育课(节目队伍排练)
- 节目队伍排练(1学时)
- 舞龙表演(1.5学时)
- 复盘反思(0.5学时)

跨学科项目式学习实施		
课型与课时	实施说明	

	主题1	定活动主题（0.5学时）		
	核心概念	设计		
	学习目标	1. 基于新年联欢会，定下表演主题。 2. 在有民族特色的物品中，提炼出中国特色元素、词组		
	驱动问题	同学们，我校一年一度的新年联欢会定下了"红色"主题，我们希望既能够体现中华民族特色，又彰显年级集体力量，我们集体表演一个什么节目比较合适？		
	学习任务		支架资源	设计意图
驱动入项课 （0.5学时）	1. 依据生活情境，提出驱动问题： 同学们，我校一年一度的新年联欢会定下了"红色"主题，我们希望既能够体现中华民族特色，又彰显年级集体力量，我们集体表演一个什么节目比较合适？ 2. 同学们根据已有的生活经验很快找出答案：红色主题合唱、舞蹈、表演等。 3. 教师引导有民族特色的元素，同学们可以根据原有班级小组进行小组头脑风暴，制作思维导图，找到龙、红色、汉字、青花瓷等有中国特色的文化元素或词组。 4. 教师引导适合集体表演全班一起上的节目，引出舞龙表演。 5. 定下表演活动主题方式，引出主题——飞腾吧，中国龙！		课件	基于真实问题，提出驱动性问题，激发学生探究欲

	主题1	表演准备（0.5学时）
	核心概念	设计
合作探究课 （0.5学时）	学习目标	1. 学生小组合作，根据已有的生活经验学生讨论此次活动要准备哪些工作。 2. 引导学生对初步了解舞龙的实施过程，提升其总结归纳能力
	驱动问题	舞龙我们要做哪些准备工作呢？

续表

	学习任务	支架资源	设计意图
合作探究课（0.5学时）	1. 启发：定下了舞龙表演后，大家想想我们要为此活动做哪些准备和工作呢？ 学生小组内讨论。 学生总结：舞龙道具、节目配乐、队伍排列等工作。 2. 引导：那么这些准备工作我们适合在哪些课程时间内完成比较合理？ 学生交流。 学生找到在相应的课程时间解决道具（美术课）、配乐（音乐课）、队伍排练（体育课）等准备工作并做出相关研究	课件	让学生通过讨论，了解舞龙实施的过程

	主题1	舞龙道具制作（1学时）	
知识建构课（3学时）	核心概念	应用	
	学习目标	1. 学生们在美术课中完成相应的准备工作。 2.了解中国龙的艺术文化特点，提升审美感知、艺术表现和创意实践的核心能力。感悟中国龙的民族精神和象征意义，提高学生对传统文化的理解及自信	
	驱动问题	怎么制作龙道具？	

	学习任务	支架资源	设计意图
	美术课（龙道具的制作）： 1. 启发学生思考："龙最开始就是这个样子吗？龙从何时而起？又从何处而来？" 引导学生以小组为单位，借助网络中的学习资料，从不同角度去寻觅龙的起源与发展，感受龙的演变过程。 学生以小组合作的方式探究中国龙的由来、龙的发展、龙的形象特点并进行小组汇报。 2. 根据探究所获知识内容并结合已有美术学习经验，利用废旧材料集体合作制作舞龙道具	课件、电脑、学习单、废旧材料	分学科进行练习，美术课制作道具，完成舞龙前期准备工作

主题2	舞龙配乐（1学时）
核心概念	应用

续表

	学习目标	1. 学生们在音乐课中完成相应的准备工作。 2. 欣赏感受我国的舞龙艺术，感受民俗风情，了解民俗文化，让学生乐于关注、感受中国"龙"文化的魅力。 3. 感受舞龙音乐节拍，学习舞龙的碎步，体验舞龙的阵势与动作		
	驱动问题	舞龙表演怎么和音乐节奏配合？		
	学习任务		支架资源	设计意图
知识建构课 （3学时）	音乐课（舞龙配乐）： 1. 欣赏感受我国的舞龙艺术，感受民俗风情，了解民俗文化，让学生乐于关注、感受中国"龙"文化的魅力。 2. 播放音乐让学生仔细聆听，让学生用手将音乐节奏拍击出来，感受旋律中的律动点，随后邀请学生学习舞龙灯的起跑动作——碎步。 3. 6~10名同学到教室中间空地，排成一列进行小组练习：右手小臂抬起，后者手掌搭在前者手肘上组成一列"长龙"，再选一名同学选一物件作为绣球，由老师带领队伍进行舞龙的阵势及行进动作的体验		课件	分学科进行练习，音乐课配合音乐动作，完成舞龙中期编排工作
	主题3	舞龙队形排练（1学时）		
	核心概念	应用		
	学习目标	1. 学生们在体育课中完成相应的准备工作。 2. 能创编适合自己的游戏活动，提升学生的运动能力、健康行为和相互合作的品德		
	驱动问题	如何编排舞龙表演？		
	学习任务		支架资源	设计意图
	体育课（节目队伍排练）： 根据分组学生用自己制作的龙来进行舞龙队形练习，配合道具音乐动作练习		舞龙道具、音乐	分学科进行练习，体育课排队形、配合音乐动作练习，完成舞龙后期整合工作

续表

作品形成课（1学时）	主题1	节目队伍排练（1学时）		
	核心概念	应用		
	学习目标	将舞龙表演练习熟练		
	驱动问题	如何优化我们的舞龙表演？		
	学习任务		支架资源	设计意图
	1. 利用美术课制作的道具，配合音乐课的音乐及肢体动作，在体育课中，进行舞龙队形的练习。 2. 在学会基础舞龙动作后，能结合体育动作，创编适合自己及小组的游戏活动		音乐、鼓、舞龙道具	将在各学科做的舞龙准备，结合起来，练习已达到熟练程度
成果发布课（1.5学时）	主题1	舞龙表演（1.5学时）		
	核心概念	应用		
	学习目标	录制舞龙视频		
	驱动问题	怎么展现我们的舞龙表演？		
	学习任务		支架资源	设计意图
	1. 回顾项目主题，录制项目表演视频：飞腾吧，中国龙。 2. 在新年联欢会上进行集体表演。 3. 进行龙道具美术主题展览		摄像机	将学习成果进行发布
复盘反思课（0.5学时）	主题1	复盘反思（0.5学时）		
	核心概念	应用		
	学习目标	通过复盘反思，明确自己已学知识、已掌握的能力需要提升的地方		
	驱动问题	通过"飞腾吧，中国龙"这个项目的学习，你有什么收获？你有哪些地方还需要改进		
	学习任务		支架资源	设计意图
	1. 根据表演评价单结合自评、互评等方式，对大家的表演进行评价。 2. 学生评价交流并打星。 3. 评选出最佳表演奖和制作奖		录制好的表演视频	通过自评与互评，反思自己的收获

续表

跨学科项目式学习复盘总结
优点总结: 1. 在活动实践中,让学生以班级合作的方式、小组研究的方式进行舞龙表演,激发学生创作的主动性,从而更深刻地体会中国龙的精神,增强民族自豪感。 2. 通过实践性活动,发展学习能力,掌握艺术课程基本方法,锻炼动手能力,提升艺术表达和审美思维。 3. 通过小组合作,培养团队精神,提升交际能力,在团队协作中获得自信。 缺点反思: 学生主体是二年级学生,较为活跃,练习时,会出现不认真和不守纪律的情况,可以增加过程性评价,让学生能自发练习,自觉守纪律

案例2 健康饮食——你是一枚合格的小吃货吗

●案例导读

本案例为面向小学低年级的跨学科项目式化学习,目标是在倡导饮食健康的背景下,培养学生健康饮食的自主能力。

◎本项目以"健康饮食——你是一枚合格的小吃货吗"为驱动性问题,围绕探究、实践、创新的跨学科大概念,设计开展了设计营养食谱、绘制营养食谱绘本、mini book、小吃货项目展等项目任务,通过自评与小组互评结合的方式进行评价。

◎本项目实践的重难点是针对不同类型的人设计适合的营养食谱。

◎本项目的亮点是该项目式学习真正来源于学生的实际生活,让学生从自己的一日三餐入手,研究自己的食谱是否健康,是否满足自己所需,从而会制定合适的营养食谱,体现了生活即教育的真谛。

表6-3　跨学科项目式学习案例2

项目名称	健康饮食——你是一枚合格的小吃货吗	项目时长	7学时
所跨学科	科学、数学、英语、美术	年级	2年级
项目背景	小学生正处于身体发育期，在发育过程中，身体健康需要营养均衡。通过对学生的调研发现，学生存在挑食、浪费、吃饭自理能力弱等饮食习惯不良现象。为使学生养成良好的饮食习惯、健康地成长，特开展本跨学科项目式学习		
设计说明	学生情况："健康饮食——你是合格的小吃货吗"是松岭路小学开启的第一个项目式学习，学生在之前没有接触过项目式学习，在表达能力、小组合作能力、信息提取总结等方面还处于较低水平。 教师情况：设计者松岭路小学项目组教师6人，实施者松岭路小学项目组教师，两个教师负责一个班。 课标情况：《义务教育科学课程标准（2022年版）》《义务教育数学课程标准（2022年版）》《义务教育英语课程标准（2022年版）》《义务教育艺术课程标准（2022年版）》		
跨学科大概念	探究、实践、创新		
素养目标	语文：能够运用语言文字流畅地介绍自己的成果，有自主阅读能力。 英语：能够灵活运用英语表达自己对食物的喜好。 数学：在采购食材的过程中，利用元、角、分知识进行运算。 体育与健康：了解食物营养搭配与身体健康的关系。 信息技术：学会简单的视频制作。 科学：了解食物中的营养成分		
驱动性问题	健康饮食——你是个合格的小吃货吗		
跨学科实践活动与预期项目成果	跨学科实践活动：设计适合家人的营养食谱。 跨学科项目成果：绘本、绘画、设计营养食谱、mini book。 成果公开方式：小吃货项目展、松岭智慧视频		

评价设计	个人评价表

个人评价表

姓名：（　　　）			
评价要素	自评星级	互评星级	师评星级	家长评星级
成果营养搭配合理	☆☆☆☆☆	☆☆☆☆☆	☆☆☆☆☆	☆☆☆☆☆
展示形式创意	☆☆☆☆☆	☆☆☆☆☆	☆☆☆☆☆	☆☆☆☆☆
表达流畅完整	☆☆☆☆☆	☆☆☆☆☆	☆☆☆☆☆	☆☆☆☆☆
双语表达	☆☆☆☆☆	☆☆☆☆☆	☆☆☆☆☆	☆☆☆☆☆

小组评价表

小组名称：（　　　）			
评价要素	自评星级	互评星级	师评星级	家长评星级
成果营养搭配合理	☆☆☆☆☆	☆☆☆☆☆	☆☆☆☆☆	☆☆☆☆☆
展示形式创意	☆☆☆☆☆	☆☆☆☆☆	☆☆☆☆☆	☆☆☆☆☆
表达流畅完整	☆☆☆☆☆	☆☆☆☆☆	☆☆☆☆☆	☆☆☆☆☆
双语表达	☆☆☆☆☆	☆☆☆☆☆	☆☆☆☆☆	☆☆☆☆☆
小组合作	☆☆☆☆☆	☆☆☆☆☆	☆☆☆☆☆	☆☆☆☆☆

◆评价标准：

1.成果营养搭配合理性

五星：根据项目中所学，营养餐搭配非常合理、健康。

四星：根据项目中所学，营养餐搭配合理、健康。

三星：根据项目中所学，营养餐搭配比较合理、健康。

二星：根据项目中所学，搭配了营养餐。

一星：根据项目中所学，在老师和同学的帮助下搭配了营养餐。

2.展示形式创意性

五星：形式非常新颖，充满创意，展示中表达出自己的收获以及解决了开始的问题。

评价设计	四星：形式比较新颖，比较有创意，展示中表达出自己所学所得，解决了开始的问题； 三星：形式新，展示自己的所学收获，解决了开始的问题。 二星：展示了自己在健康饮食主题的项目式学习中的收获。 一星：在老师同学的帮助下完成展示。 3. 表达的流畅完整性 五星：表达非常清楚、流畅、完整。 四星：表达清楚、流畅、完整。 三星：表达较为清楚、流畅、完整。 二星：能够将自己的展示进行表达。 一星：在老师和同学的帮助下完成了自己的分享。 4. 双语表达 五星：用流利的双语进行表达。 四星：比较流利的双语表达。 三星：有双语表达。 二星：在老师和同学的帮助下有双语表达。 一星：无双语表达。 5. 小组合作 五星：分工明确，合作有序，小组分享展示流畅。 四星：有分工，有合作，小组完成分享展示。 三星：小组完成分享展示。 二星：有小组合作意识。 一星：无合作意识
学习准备	学习环境：本项目在三年级举行，两个班打乱学生，重组成两个项目式学习班级，各班分成6组，每组6人。 支架资源：记录表、调研表、思维导图、食材卡片、绘本、课件
设计结构图	健康饮食——你是一个合格的小吃货吗 第一阶段 ⊝ 我的世界——"现"一日三餐 第二阶段 ⊝ 化身侦探柯南——"探"食材世界 第三阶段 ⊝ 化身小小调查者——"解"食物"金字塔" 第四阶段 ⊝ 化身小小营养师——"配"营养套餐 第五阶段 ⊝ 你是个合格的"小小营养师"吗？

跨学科项目式学习实施			
课型与课时	实施说明		
驱动入项课 （0.5学时）	主题1	我的世界——"现"一日三餐（0.5学时）		
	核心概念	探究		
	学习目标	1.记录一日三餐。 2.确定探究问题		
	驱动问题	你今天吃早饭了吗？你吃了什么？你觉得你吃得好吗		
	学习任务	支架资源	设计意图
	问题引导，完成记录表 1.老师提问：同学们，今天早晨你吃早饭了吗？你都吃了什么？你觉得吃得好吗？ 学生交流。 2.学生独立完成一日三餐记录表。已学英文的可以做一下英文备注，便于双语交流	课件、三餐记录表	由生活情景入项，激发学生探究欲
合作探究课 （2学时）	主题1	化身侦探柯南——"探"食材世界（2学时）		
	核心概念	探究		
	学习目标	1.能够对基本食材进行分类。 2.了解食材的营养成分及价值。 3.区分健康和不健康饮食。 4.认识到健康饮食对身体健康的重要作用		
	驱动问题	你吃得营养吗？		
	学习任务	支架资源	设计意图
	1.一日三餐话健康 活动一：健康饮食大作战 师：同学们，大家都认真记录了自己的一日三餐。 （1）小组讨论。请在小组中讨论，并选出你们认为"吃得最健康"的合格小吃货并说明原因团队展示，每人都要发言。	一日三餐记录表、课件、绘本	让学生通过对食材的分类，了解食材的营养成分及价值，为设计健康食谱做准备。

续表

合作探究课 （2学时）	汇报展示。 评价：各组选出自己认为汇报最棒的团队并说明原因。（教师根据评价加星。） 2. 思维运转，食材分类 （1）小组合作，将食材在一张大纸上进行分类。可以文字与图画相结合。 （2）小组交流分类情况，发言人主讲，其他组员也可以补充。其他小组进行评价。（教师根据评价加星） 3. 食物的秘密——头脑风暴，了解食材营养 （1）组内统计最喜欢的和最不喜欢的食物。 你了解这些食物的营养吗？ 分小组阅读绘本《我为什么要好好吃饭》《饭先生和菜小姐》以及 *Fruits that I like*、*Healthy food*，或小组合作探究学习食物营养及分类。 完善食材分类表。 （2）我们读过这些故事，查阅完资料之后，是不是收获很多呢？那让我们来讨论一下你知道的食物及它的营养成分吧！ （3）头脑风暴，交流讨论食材营养成分及价值。根据食物营养成分，能够区分健康和不健康的饮食。 4. 小小美食家 （1）综合学生自己的三餐记录表和营养价值成分表，汇报、集体总结饮食对身体健康的影响。 （2）重新思考怎样才是吃得好。 小组合作，设计一张营养又美味的一日三餐表		

	主题1	化身小小调查者——解"食物金字塔"（1学时）		
	核心概念	探究		
	学习目标	1. 了解人体必需的营养物质 2. 了解食材的营养成分及价值 3. 学会绘制简单的统计图		
	驱动问题	怎样搭配食材，才能满足人体必需的营养物质呢？		
	学习任务		支架资源	设计意图
知识建构课 （2学时）	一、导入 通过一日三餐，我们可获得每天身体所需的能量和各种营养素。 1. 提问：同学们，你知道人体维系健康的生命都需要哪些营养物质呢？ 生：搜集资料、讨论 师总结：人体必需的营养物质主要有：水、碳水化合物、脂肪、蛋白质、维生素、矿物质、膳食纤维等 二、了解食材营养 1. 你了解这些食物的营养吗？ 分小组阅读绘本《我为什么要好好吃饭》《饭先生和菜小姐》以及*Fruits that I like*、*Healthy food*，或使用ipad，小组合作探究学习食物营养及分类。 2. 我们读过这些故事，查阅完资料之后，是不是收获很多呢？那让我们来讨论一下你知道的食物及它的营养成分吧！ 请同学们以小组合作的方式，通过绘本以及你手中的资料，分别找一找，哪些食物中包含这些营养物质呢？ 生：提取信息、汇报交流 二、深入探究，绘制表格进行分类 1. 小组合作，将食材运用手绘、剪贴等形式表现出来，并标识中英文名称。 2. 师：同学们金字塔表、柱状图、条形图等是通过不同的形状将我们所探究的情况更加直观展出的一种表现形式（出示不同直观形象的统计图） 提问：接下来请同学们以小组合作的方式，选择相应的表视图进行食物的分类		电脑、绘本、食物金字塔图	让学生通过绘本、资料、统计图等，了解人体必需的营养物质及价值，为设计健康食谱做准备

主题2	化身小小调查者——"解"食物"金字塔"（1学时）		
核心概念	实践		
学习目标	1. 了解食物金字塔的构成。 2. 知道食物金字塔的作用。 3. 形成健康饮食小报告		
驱动问题	怎样根据食物"金字塔"帮助我们的亲人吃好呢		

	学习任务	支架资源	设计意图
知识建构课 （2学时）	1. 分享交流食物"金字塔"。 （1）继续上节课食物"金字塔"交流汇报。 （2）各小组借助食物"金字塔"研究其中一类。 同学们，因为想帮助我们的亲人吃得好、吃得健康，我们了解了食物"金字塔"。谁来分享一下你对食物金字塔的了解？ 2. 借助"金字塔"研究健康饮食小报告，每个小组一张食物"金字塔"挂图。研究完成小百科图表，小组认领小组的任务。 随后，各小组发下一张食物"金字塔"研究表。上面有以下几个问题： （1）我们研究的是第____层食物。 （2）这一层中，主要的食物有什么？ （3）这一层的食物的营养成分？ （4）这一层食物可以组成什么菜肴或半成品食材？ （5）这一层的食物在饮食的时候还有什么注意事项或禁忌？ 各小组通过书籍及自己带来的材料合作查询，并组内分工，完成"金字塔"研究表中的问题。 3. 展示分享。各小组将研究表中的问题合作形成一张表格或海报，随后各小组派代表或者整个小组合作上台演说自己组的海报作品。目的是让各小组的学生了解其他小组研究的相关内容	食物"金字塔"挂图、绘本、"金字塔"研究表	通过食物"金字塔"的学习，进一步了解人体需要的营养成分构成

续表

作品形成课 （0.5学时）	主题1	化身小小营养师——"配"营养套餐（0.5学时）		
	核心概念	创新		
	学习目标	1. 了解食物的营养比例、成分。 2. 能够搭配营养套餐		
	驱动问题	怎样帮不同的人群搭配营养套餐呢？		
	学习任务		支架资源	设计意图
	交流。 同学们，我们已经了解了家人的健康情况以及食物禁忌，现在小组之间进行讨论并选择一类人群作为代表，为他们设计一套营养套餐。这一类人群可以是减脂人群、高血压患者、糖尿病患者、肥胖患者等。 根据老师提供的食物营养公式和成分来搭配营养套餐（PPT出示营养公示）		课件	通过帮助不同的人群搭配营养套餐，应用已掌握的营养知识
成果发布课 （1学时）	主题1	化身小小营养师——"配"营养套餐（1学时）		
	核心概念	创新		
	学习目标	1. 利用元、角、分知识采购食材。 2. 学会做一道菜		
	驱动性问题	怎样帮不同的人群搭配营养套餐呢？		
	学习任务		支架资源	设计意图
	1. 根据今天的搭配，选择一道菜，运用数学元、角、分的小知识到超市采购，将买原材料和做饭的过程录制下来。总结： 不同的人群，适合不同的一日三餐。（肥胖的、过瘦的、有特殊疾病的……） 2. 课后任务：（二选一） （1）用元、角、分知识去超市采购食材并记录过程。（录制视频） （2）根据课上计划的一日三餐，选择一道菜进行制作展示，将做饭的过程记录下来（录制视频展示）		课件	通过购买食材，应用学过的数学知识

续表

主题1	你是个合格的"小小营养师"吗?(1学时)		
核心概念	反思		
学习目标	1.能够用清晰的、有逻辑的语言对小组作品进行描述。 2.能够发现其他小组的优缺点并提出改进建议。 3.回顾学习内容,小组讨论,完成总结		
驱动问题	经过这个项目,你是个合格的"小小营养师"吗?		
	学习任务	支架资源	设计意图
复盘反思课 (1学时)	本课时是项目的最后一课时,整个项目接近尾声。 1.学生轮流展示自己录制的做饭视频或买菜视频。简单说说自己的心得体会。 其他同学根据几个维度将评价写在评价表上。 2.分享感受,谈一谈在探究活动中,对食物和一日三餐有了哪些新的认识。 谈完之后在餐具上制作一日三餐,并进行汇报宣讲。 3.参观家长对学生作品进行评价,家长中如有餐饮专业人士,也可与孩子分享一些饮食背后的故事。 4.学生将自己的作品赠予家中适用的长辈,献孝心。 5.根据个人评价和小组评价结果,选出松岭小吃货,教师对整个项目活动进行归纳总结	视频、作品评价表	通过自评与互评,反思自己的收获

续表

跨学科项目式学习复盘总结
优点总结：
1. 基于第一次尝试做项目式学习，学生情绪高涨，积极性非常高。
2. 该项目真正来源于学生的实际生活，学生由自己的一日三餐入手，研究自己的食谱是否健康，是否满足自己所需，从而学习制作合适的营养食谱，体现了生活即教育的真谛。
3. 通过本次项目式学习，学生的各项能力均得到提高：小组合作的能力，分析信息、提取信息的能力，语言表达能力。
缺点反思：
在此项目过程中，饮食的知识对学生有难度，有时会出现不知该讲给学生，还是应该让学生自己探究的情况，因为就二年级学生认知水平来说，自己探究难度很大，易产生矛盾点；若不探究，则学生想解决的问题无法解决。

案例3　我是非遗小小代言人——虎头帽

● 案例导读

本案例为面向小学低年级的跨学科项目式化学习，目标是在保护中国传统文化的背景下，培养学生的非遗文化传承意识、设计思维能力及创新能力。

◎ 本项目以设计虎头帽为驱动性问题，围绕创新的跨学科大概念，设计开展了设计虎头帽及非遗文化主题展览等项目任务，通过小组互评的方式进行评价。

◎ 本项目实践的重难点是虎头帽的设计创新。

◎ 本项目的亮点是将美术与传统文化巧妙地融合在一起，实现了学科的整合。学生在合作探究中学习虎头帽的历史、造型、色彩寓意、制作材料，将非遗传统工艺再创新，培养了学生的设计思维和创新能力。

表6-4　跨学科项目式学习案例3

项目名称	我是非遗小小代言人——虎头帽	项目时长	3学时
所跨学科	美术、传统文化	年级	2年级
项目背景	立足于新课程改革与素质教育的发展，2022年的《义务教育课程标准》也明确课程中要着力加强中华优秀传统文化的教育。近几年非遗进入中小学校园，成为艺术类教育中一种接地气且模式全新的教学资源。本项目以学生熟悉的虎头帽为切入点，通过"借题材"创"新内容"，用材料创"新形式"，学文化创"新艺术"。当传统与创新碰撞，在延续传统文化的同时，提升对传统文化的认同，让非遗进校园，唤起学生对民间文化的关注，提高学生传承意识、设计思维能力及创新能力，促进学校特色发展		
设计说明	学生情况：三年级的学生，学生人数是30人。在课堂教学中以小组的形式分成5组，学生环桌而坐，目的是便于学生实际操作和互相学习，并有意培养他们团结合作的能力。 教师情况：设计者为美术教师，实施者为美术教师。 课标情况：《义务教育艺术课程标准（2022年版）》《义务教育课程方案（2022年版）》		
跨学科大概念	创新		
素养目标	1. 审美感知：欣赏虎头帽独特的艺术魅力，认识其造型大胆夸张、纹样色彩丰富、富有美好寓意的艺术特色。 2. 艺术表现：通过联想和想象，选择剪纸、黏土、废弃材料等材料和媒介，设计一顶造型新颖独特、五官夸张有趣且富有美好寓意的虎头帽。 3. 创意实践：艺术源于生活，能够通过合作、探究等，综合运用多学科知识，紧密联系现实生活，进行虎头帽制作材料、制作方法的创新。 4. 文化理解：通过虎头帽，学生能够领悟非遗的传承与创新，树立对中华优秀传统文化的保护意识、文化自信		
驱动性问题	如何鉴赏和设计一顶造型夸张、色彩丰富、富有寓意的虎头帽？		
跨学科实践活动与预期项目成果	跨学科实践活动：每个同学制作一顶虎头帽。 跨学科项目成果：每位同学制作一个造型新颖独特、色彩浓烈艳丽、装饰富有寓意的虎头帽，并以年级为单位进行集体展览展示。 成果公开方式：主题展览		

	评价量规：				
	任务名称	评价项目	小小非遗代言人等级		
			初级	中级	高级
评价设计	探访纸的发明 传统美术代言人	非遗历史我讲解 1. 感受非遗文化的艺术魅力，讲解以虎头帽为代表的非遗的历史文化及传承。 2. 学习制作虎头帽，通过制作提高对非遗的认识，更好地创造、保护、传承、发展中华传统文化	1.能够说出非遗的文化特点。 2. 了解虎头帽的历史文化发展并能够运用丰富的综合材料制作虎头帽	1. 能够说出非遗的文化特点。 2. 认识虎头帽的历史文化发展，并能够运用丰富的综合材料制作虎头帽。 3. 善于合作，能够运用合理的逻辑语言进行设计说明	1. 能够说出非遗的文化特点。 2. 认识虎头帽的历史文化发展，并能够运用丰富的综合材料制作虎头帽。 3. 善于合作，能够运用合理的逻辑语言进行设计说明。 4. 能够将自己对于非遗文化的所得所感告知家人朋友，引导他们认同非遗文化，感悟非物质文化遗产中的中华民族智慧根源
学习准备	学习环境：三年级的学生，学生人数是30人。在课堂教学中以小组的形式分成5组，学生环桌而坐。 支架资源：学习支架、评价量化表、板贴、pad、彩纸、太空泥、剪刀、废旧材料等				
设计结构图					

续表

跨学科项目式学习实施		
课型与课时	实施说明	

	主题1	项目导入活动（0.2学时）	
	核心概念	鉴赏	
	学习目标	1. 引入"虎头帽"项目主题。 2. 提炼完成项目的任务	
	驱动问题	作为小小非遗传承人，今天我们来传承什么呢？	

	学习任务	支架资源	设计意图
驱动入项课 （0.2学时）	1. 教师组织学生以小组为单位，通过快闪视频（时间1分钟），回忆前期《小小非遗代言人》中其他非遗项目的传承过程及成果。 2. 观赏视频后，教师通过引导式提问："今天我们的非遗项目要来传承什么？"由此引申出课题。 3. 提问："你曾在哪里见过虎头帽？""通过本节课你想学习关于虎头帽的哪些知识？" 4. 教师根据学生的问题提炼出与美术相关以及最具有探究价值的四个任务：历史文化、造型特点、色彩和纹样、制作材料。请组长到展台前领取任务箱并结合学习支架、pad等工具走进历史的长河，探究虎头帽的独特魅力	PPT、电脑	通过学生自主提出问题，调动参与积极性，能够有目的、有针对性地带着问题去进行后期的探究与学习。引出课题，起到了为讲授新课做准备、铺垫、预设的作用

	主题1	虎头帽之历史（0.5学时）
	核心概念	创新
合作探究课& 知识建构课 （0.5学时）	学习目标	1. 了解虎头帽的历史。 2. 会形容虎头帽的造型特点。 3. 能发现虎头帽的色彩特点及图案寓意。 4. 了解虎头帽的制作材料与工艺
	驱动问题	非遗虎头帽蕴含了哪些文化内核？

	学习任务	支架资源	设计意图
合作探究课&知识建构课（0.5学时）	1. 五个小组分别领取任务并进行合作探究探。（时间5分钟） 学生合作学习：通过上网查阅资料、观看视频、图片等填写学习支架，并思考、概括，组长总结归纳探究结果。学生根据评价表、量化表进行自我评价。 2. 教师根据任务引导学生汇报探究任务的答案。 （1）任务一：虎头帽之历史。 学生总结虎头帽的起源与发展。 教师总结：造型精美的虎头帽为我们架起了跨越时空的文化桥梁，传承着深厚的文化底蕴。（板书：传承） （2）任务二：造型表现。 学生回答虎头帽的造型特点。 教师总结：由此可见，虎头帽造型之多变！将规则或多变的图形搭配组合就可以呈现不同的夸张效果。 （3）任务三：色彩、图案。 启发：虎头帽的深意不仅仅体现在它夸张多变的造型上，还藏在丰富的色彩和图案里，哪个小组找到了？ 学生汇报虎头帽的色彩特点及图案寓意。 启发：虎头帽色彩艳丽，运用了大红大绿等对比强烈的颜色。对于这些颜色，你还曾在哪里感受过？ 学生：传统的农民画、民族刺绣、泥塑作品等。 教师总结：虎头帽再次将传统民间色彩呈现出来，看到这些浸润在我们非遗里的民间色彩，会不由感叹中国人的审美，而审美的背后就是劳动人民想要表达的情感。 启发：那么到底想要表达一种什么样情感？谁来猜猜看？ 学生凭借生活及所学找到虎头帽中的图案及寓意	电脑、PPT	通过与真实的动物图片进行对比，体会虎头帽造型的夸张多变，并能够进一步表现出夸张的具体效果。借助对比观察虎头帽，体会虎头帽的夸张多变造型及丰富色彩！通过展示多种材料制作的作品，集思广益，为进一步艺术创作提供灵感与素材，展示多种形式的虎头帽

合作探究课&知识建构课（0.5学时）	教师总结：由此可见，虎头帽夸张的造型、对比强烈的色彩乃至富有寓意的图案，都寄托着长辈对我们的祝福与呵护，他们将深厚的情感融在这一针一线中，成为天下最无私的艺术品。 （4）任务四：制作材料与工艺。 提示：今天，我们一次次感受着虎头帽带给我们的视觉魅力，不得不感叹它的制作技艺之复杂精湛，从最初的简陋布艺变为繁华的刺绣，到了现在，又有哪些创新？ 接下来，请小组长走进博物馆，寻找你们喜欢的一顶虎头帽，小组内近距离观察，说一说，你们有什么新发现？ 学生通过合作总结制作材料的多样化…… （板书：材料丰富） 教师总结：虎头帽不管是在造型色彩图案的取材还是制作材料方面，都取自我们日常生活中喜闻乐见的东西，当最传统的文化元素和最现代最科技的现代生活相结合之时，就会产生这样意想不到的惊喜效果。 提问：除了再制作材料的创新，谁还有什么新发现？ 学生发现制作方法的多样化。（板书：方法多样） 总结：艺术创作源于生活，虎头帽发挥着人们无穷无尽的创造力，表达了人们的美好愿望		
作品形成课（0.2学时）	主题1	虎头帽设计——制作实践（0.2学时）	
	核心概念	创新	
	学习目标	制作并创新虎头帽	
	驱动问题	如何创新制作我们的虎头帽？	

续表

	学习任务		支架资源	设计意图
作品形成课（0.2学时）	1. 教师示范启发：老师这里有一个来自我们学校同学的"虎虎生威"主题的设计邀请函，希望现场的同学一起加入设计虎头帽，你们愿意吗？让我们一起看看他们是如何创作的吧！ 2. 实践要求：你们愿意接受他们的邀请吗？请同学们围绕"虎虎生威"主题，完成一件造型新颖独特、五官夸张有趣的虎头帽吧！ 注意： （1）造型夸张有趣、色彩丰富艳丽。 （2）能够综合运用多种材料，合理地赋予虎头帽更深的寓意		虎头帽材料	通过学生示范，体现学生探究的主动性，更直观明确如何分工、熟悉制作步骤等，为接下来的创作设计奠定基础
成果发布课&复盘反思课（0.1学时）	主题1	虎头帽展览——作品展评（0.1学时）		
	核心概念	创新		
	学习目标	能组织语言介绍自己的虎头帽		
	驱动问题	如何介绍我们的虎头帽？		
	学习任务		支架资源	设计意图
	1. 教学情景：我们的虎头帽成果发布会马上就要开始啦！接下来请组长带领组员到台前进行成果的展示与发布。 根据评价量规学生自评、互评，教师评价。 2. 教师拓展：本节课我们共同探究了虎头帽的独特魅力，将我们的非遗文化，运用现代的艺术语言进行表现。这是你们小组取得的奖励，请各小组派代表到台前领取并看一下！原来我们崇尚的老虎形象像一个清晰的中国符号，将我们的民族文化与世界对话，见证非遗的新时代光彩		评价量规	在自评、互评中，复盘反思自己的收获

续表

跨学科项目式学习复盘总结
优点总结： 本项目化学习将美术与传统文化巧妙地融合在一起，实现了学科的整合。学生在合作探究中学习虎头帽的历史、造型、色彩寓意、制作材料，将传统工艺再创新，培养了学生的设计思维和创新能力。 缺点反思： 1. 在课堂中，预留出的学生动手设计时间较匆促。 2. 本项目设计的是一节公开课，课时为1课时，由于课时紧凑，将知识建构、复盘反思课，压缩在了合作探究课及成果发布课中。

第七章
超学科项目式学习设计与实施

超学科项目式学习是为学生建立一套超越具体学科的概念体系（图7-1），促进更高层次的概念建构，使"大概念"建构走向高阶化，比如科学领域中的结构与功能、形式、因果关系，围绕这套概念体系进行项目式学习，没有明确的学科界限和学科课程标准，旨在促进学生对整个主题和超越学科的大概念进行持久、深入的理解，产生富有创造性的成果。超学科项目式学习需要学生合作探索真实世界中的复杂问题，建构对超学科主题的理解。超学科项目式学习涉及多个学科的核心知识，但又超越学科，体现出更高位的"大概念"。

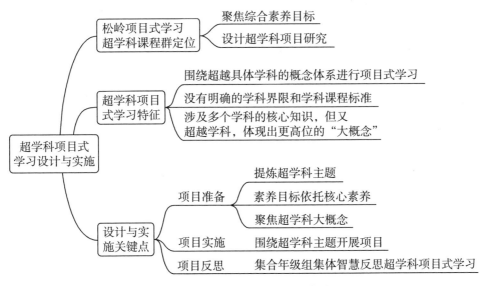

图7-1 超学科项目式学习设计与实施要点

松岭路小学自2020年开始进行超学科项目式学习研究，目前已经编创实践了12个超学科项目式案例。教师通过集体教研、假期编写案例，为学生提供丰富多彩、适合学情且符合新课标理念的超学科项目式学习方案。

2022年4月，新课标的颁布标志着我国基础教育课程改革进入了新的阶段。《义务教育课程方案和课程标准（2022年版）》在第五部分"课程实施"的"深化教学改革"中明确提出要"积极开展主题化、项目式学习等综合性教学活动，促进学生举一反三、融会贯通，加强知识间的内在关联，促进知识结构化"，对综合性教学活动的全域推进为超学科项目式学习的实施带来了前瞻性发展需求。

第一节　超学科项目式学习设计与实施流程

超学科项目式学习需要围绕超学科主题开展综合性实践，建构对超学科主题或大概念的深度理解，由此提升核心素养。设计超学科项目式学习要以学生的知识水平及认知水平为基础，关注超学科主题所蕴含的核心素养内核，为学生提供超越学科的学习过程与学习体验。松岭路小学超学科项目式学习依据以下四个步骤进行：选择项目→制订方案→项目开课→复盘总结（图7-2）。

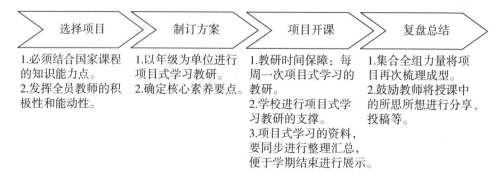

图7-2　超学科项目式学习设计流程

一、选择项目

超学科项目式学习的项目选择需要着重落实两大要点，一是必须结合国家课程的知识能力点，二是要发挥全员教师的积极性和能动性。基于此，超学科项目式学习的前期项目选择工作要求有目的、有计划、有合作、有反馈地落实。对超学科项目式负责教师利用寒暑假时间分学科梳理国家基础课程的知识能力点，并结合搜集的信息，确定学生感兴趣的真实问题，结合新课标及下学期的教材，每位教师设计一个超学科项目式学习方案。假期中开展集体教研，对超学科项目式学习方案进行集中性研讨，利用群体智慧采用头脑风暴等方式从众多项目式中筛选最适合学生、学生最感兴趣的超学科项目式学习，并用观点激荡等方法将该超学科项目式学习方案进行初步研讨，并形成超学科项目式学习的初步方案。开学前各年级发布本年级超学科项目式学习主题。

二、制订方案

超学科项目式集中教研要落实两大重难点，一是大概念的提取，要结合新课程标准或核心知识体系、方案制订过程等对超学科大概念进行提炼；二是评价先行，在进行项目式学习方案设计时，应将评价设计放在开始，教学设计以终为始，以便于教师掌握学生的学习情况，并及时进行评价指导。开学后第一个月内，各年级项目式教研组对假期中初步确定的超学科项目式学习方案进行四步式教研。第一步，围绕新课程标准，进行核心素养目标的确定，然后进行超学科大概念的提取；第二步，设计驱动问题，将超学科大概念融入真实的问题情境之中，激发学生的探究兴趣；第三步，确定核心知识和能力、分解问题解决路径和成果，形成初步方案；第四步，设计学习评价单，从"学习过程""学习结果""作品展示"等多个维度，设计相应的评价标准和评价工具。

三、项目开课

在进行了充分的准备后，超学科项目式学习将在开学后第二个月正式开课。教研组每周进行超学科项目式学习教研，每次教研须汇报上周授课进度以及成员发现的问题并提出改进建议，做好下周的课时计划及课前所有准备，确保每个年级的项目都能够准确定位，顺利进行。

超学科项目式学习包括多种类型的课型，包括驱动入项环节课、合作探究课、知识建构课、作品形成课、成果发布课、复盘反思课，各课型所承担的任务和其要求有所区别。

1. 驱动入项课

教师抛出该项目的驱动性问题，激发学生探究欲望。教师指导学生深入分析问题后，构思出一个初步的解决方案或作品。围绕解决方案或作品，教师带领学生拟订研究计划，做好时间流程安排，包括要涉及的活动、在哪里查找资料、采访哪些专家、人员具体分工。同时成立超学科项目式学习小组，组内成员进行分工，并用好项目式墙板（每个项目式学习室内都有一个固定的墙板，用来张贴项目式学习的过程性资料）来跟进项目进展，呈现超学科项目式学习里程碑。

2. 合作探究课

教师围绕探究任务，根据探究评价量规以及探究支架，高效指导学习共同体完成探究任务，在合作探究过程中，确保人人得以成长。合作探究的具体目标、评价量规与探究支架的制定需要认真集备，提前准备好。合作探究活动在其他课型中可根据实际灵活开展。

3. 知识建构课

在解决问题过程中，需要建构哪个大概念以及学习哪些核心知识，需要教师在集备教研时充分研讨，明确表述并细化到相关课时当中，同时制定建构支架以及可检测的评价量规，证明学生可以真正建构核心知识，并能够灵活运用以解决实际问题，达到深度学习。

4. 作品形成课

项目作品即解决问题的输出结果，该作品能够体现学习目标以及学生掌握的核心知识、能力素养。需要教师集备教研能够评价学生完成作品过程中的表现以及作品品质的量规，也可以由师生共同生成评价量规制定。

5. 成果发布课

学生完成作品制作之后，学习共同体要相互分享交流。成果发布的形式可以多种多样，如举行展览会、报告会、辩论会、小型比赛、发布会、小型表演。成果发布时，参与人员可以有学校领导、教师、学生，也可以有校外来宾，如家长、专家。在项目成果发布前，要先提供评价量规，即评价前置。

6. 复盘反思课

复盘反思是一种思维方式，是整个项目全部结束后进行的全面性总结，根据研究计划，梳理整个过程的得与失，旨在让学生学会如何更好地应对自己的学习、生活以及未来工作，是对学生可持续发展能力的培养。复盘反思需要教师给予学生一定支架，以确保学生能够深入思考。

四、复盘总结

教师反思改进该项目，并集合年级组的力量，将整个项目再次梳理成型，为今后其他年级借鉴使用做准备。要积极促进教师进行反思书写，将项目式学习过程中的所思所想利用松岭读书会进行分享或者整理成论文、教学成果并投稿。

五、超学科项目式学习设计模板

表7-1　超学科项目式学习设计模板

项目名称	×××	项目时长	n学时
超学科主题	××	年级	n年级
项目背景	200字以内，介绍项目背景，描述生活中的现象、问题等，说明为什么要做该项目，要做什么，说明项目意义		
设计说明	学生情况：学情分析，如学生基本特征、学生与本超学科项目式学习相关的学习经验、知识储备、学科能力水平、学生兴趣、可能碰到的困难等。学生如何分组，如分几个班级进行，每项目小组几人。 教师情况：设计者是谁，实施者某学科教师n人、某学科教师n人（如有具体教师的课时分工分配可写明）。 课标情况：涉及的新课程标准		
超学科大概念	依据新课标，围绕项目的核心知识提炼超学科大概念		
素养目标	围绕核心素养分条撰写		
驱动性问题	围绕真实情境能激发学生的探究欲望并推动学生解决问题		
超学科实践活动与预期项目成果	超学科实践活动：描述将开展的项目实践活动。 超学科项目成果：描述预期项目将取得的成果，可以包括个人成果和团队成果，例如实物作品、设计方案、项目报告。 成果公开方式：描述超学科项目成果公开方式		
评价设计	成果评价量规：评价内容（核心知识理解与应用、解决问题的思路方法、价值观念的发展）、评价标准（表现等级）。评价量表采用图片形式填入		
学习准备	学习环境：教学环境准备，如功能教室、操场、特定的场馆或社区，多媒体空间配置情况。 支架资源：学习过程中辅助用到的资源，如学习单、评价单、PPT、视频、教具		
设计结构图	能够展示超学科项目式学习设计结构的思维导图		

续表

超学科项目式学习实施			
课型与课时	实施说明		
驱动入项课	主题1	×××××（1学时）	
	核心概念		
	学习目标		
	驱动问题		
	学习任务	支架资源	设计意图
	主题2	×××××（1学时）	
	核心概念		
	学习目标		
	驱动问题		
	学习任务	支架资源	设计意图
合作探究课	主题1	×××××（1学时）	
	核心概念		
	学习目标		
	驱动问题		
	学习任务	支架资源	设计意图
	主题2	×××××（1学时）	
	核心概念		
	学习目标		
	驱动问题		
	学习任务	支架资源	设计意图

	主题1	×××××（1学时）		
	核心概念			
	学习目标			
	驱动问题			
	学习任务		支架资源	设计意图
知识建构课				
	主题2	×××××（1学时）		
	核心概念			
	学习目标			
	驱动问题			
	学习任务		支架资源	设计意图
	主题1	×××××（1学时）		
	核心概念			
	学习目标			
	驱动问题			
	学习任务		支架资源	设计意图
作品形成课	主题2	×××××（1学时）		
	核心概念			
	学习目标			
	驱动问题			
	学习任务		支架资源	设计意图

续表

	主题1	×××××（1学时）		
	核心概念			
	学习目标			
	驱动问题			
	学习任务		支架资源	设计意图
成果发布课				
	主题2	×××××（1学时）		
	核心概念			
	学习目标			
	驱动问题			
	学习任务		支架资源	设计意图
	主题1	×××××（1学时）		
	核心概念			
	学习目标			
	驱动问题			
	学习任务		支架资源	设计意图
复盘反思课				
	主题2	×××××（1学时）		
	核心概念			
	学习目标			
	驱动问题			
	学习任务		支架资源	设计意图

续表

超学科项目式学习复盘总结
优点总结：200字以内，提炼案例的特点与实践经验，可以包括学生的成长、教师的发展、项目的成果、项目中发现的创新点和可推广借鉴的优势之处。 缺点反思：200字以内，反思存在不足，思考后续改进的方向与方法。

第二节　超学科项目式学习实践案例

案例1　班服大作战

●案例导读

本案例为面向小学中高年级的超学科项目式学习。2022年北京冬奥会开幕式上，各国运动员身穿具有各国特色的服装入场，给冬奥会带来精彩的视觉盛宴。在这一契机下设计本项目。

◎为了培养学生的创新创造能力、动手操作能力、解决问题能力等，本项目以"学校春季体育节马上就来了，我们要进行最美班服的评选活动，突出班级文化和风貌。你能给班级设计一套体现自己班级文化和风貌的班服吗？"为驱动性问题，围绕跨学科大概念"创造"，设计开展了"我的班级我做主""我的班服我设计""我的班服我制作""班服大比拼"等项目任务，通过师生互评、生生互评、小组评价等方式进行评价。

◎本项目实践的重难点是小组合作创造班徽、设计本班的校服。

◎本项目的亮点是该项目成果的展示，当学生自行设计的班服真正出现在体育节上的时候，每个学生的自豪感油然而生，也真正践行了"学为生活"的教育理念。

表7-2　超学科项目式学习实践案例1

项目名称	班服大作战	项目时长	19学时
超学科主题	创造	年级	三年级
项目背景	本项目是基于北京冬奥会上各国运动员身穿具有本国特色的服装入场，给冬奥会开幕式带来精彩的视觉盛宴这一契机设计的。本次案例通过对于班服的设计和制作、班级文化氛围的渲染，激发学生的集体意识，并运用数学中的度量工具进行物体的测量、运用美学原理进行班徽设计、班服设计，让学生获得度量的初步观念，能通过自己动手设计班服获得团队认同感		
设计说明	学生情况：三年级学生已经进行过2次以上的超学科项目式学习，了解基本的项目式学习的方式、规则等。本次项目式学习，各班独自进行，教师根据以往经验，结合学生意愿进行项目分组，并根据学生能力与特长进行组内分工。 教师情况：每班3位老师，包括语文、数学、美术等学科老师。 新课标：《义务教育课程方案（2022年版）》		
超学科大概念	创造		
素养目标	本项目涉及的核心知识： 1.建立1米、1厘米和1毫米的长度观念。 2.借用量具去量实物，并能用合适的单位来表示物体的长度。 3.通过数据分析解决一些实际问题。对解决问题过程的合理性、可行性、规范性等进一步思考、表达和评价。 4.学会观察、分析校服各部分的材质、结构与功能，设计既实用又美观的校服。 5.学会上网查资料，获取有效信息。 6.在操作、观察、画图等活动中，加深对对称现象的理解和轴对称图形的应用。 本项目涉及的核心能力： 1.了解米尺的结构和功能。 2.能通过设计、建模、制作等探究过程设计班服。 3.提升逻辑思维能力、创新创造能力、动手操作能力、解决问题的能力等关键能力。 4.提高观察分析能力，养成关注身边的人与物的良好习惯。 5.提高对信息筛选、整合的能力。 6.利用轴对称图形知识，发展空间观念。 培养学生的责任意识。 培养学生的数感、量感、应用意识。 培养学生的审美感知、艺术表现、创意实践。 感受应用信息科技获取与处理信息的优势		

驱动性问题	学校春季体育节马上就来了，我们要进行最美班服的评选活动，突出咱们的班级文化和风貌，你能给班级设计一套吗？
超学科实践活动与预期项目成果	超学科实践活动：通过自行测量、分析对比等，小组合作设计班徽、班服等。 超学科项目成果：自主设计的班服。 个人成果：设计班服并测量出尺寸。 团队成果：选出最优作品，制作班服。 成果公开方式：班级展示

评价设计

1. 过程性评价

第一阶段：我的班级我做主

评价维度	具体表现描述	优秀	良好	一般
体现班级文化	设计的文字、图案、颜色，体现班级文化	☆☆☆	☆☆	☆
设计简洁	班徽设计，内容简洁	☆☆☆	☆☆	☆
设计美观	班徽设计，文字内容简明扼要，图案设计精美、颜色搭配美观	☆☆☆	☆☆	☆

第二阶段：我的班服我设计，我的班服我制作

评价标准	你给多少分呢（1～5分）
内容积极向上	
凸显班级特色	
样式美观大方	
色彩搭配合理	
实用性强	

备注：

1. 请根据评价标准设计你心仪的班服吧！

2. 设计和宣讲结束后，请根据评价标准给出你认为合适的分数，最低分1分，最高分5分。

2. 终结性评价：通过师生互评、生生互评、小组评价等方式，选出最具风采小组、最佳合作小组、最佳展示小组

学习准备	学习环境：教室内桌椅分小组摆放 支架资源：直尺，卷尺，软尺等测量工具；水彩笔等
设计结构图	班服大作战 ⟶ 第一阶段：我的班级我做主（预计1~2周） 第二阶段：我的班服我设计（预计3~5周） 第三阶段：我的班服我制作（预计2周） 第四阶段：班服大比拼（预计2周）

<table>
<tr><td colspan="4" align="center">超学科项目式学习实施</td></tr>
<tr><td>课型与课时</td><td colspan="3" align="center">实施说明</td></tr>
<tr><td rowspan="10">驱动入项课
（2学时）</td><td>主题1</td><td colspan="2" align="center">我的班级我做主（2学时）</td></tr>
<tr><td>核心概念</td><td colspan="2" align="center">创造</td></tr>
<tr><td>学习目标</td><td colspan="2">1.了解什么是班级文化，能够通过合作的方式解读（或设计）自己的班级文化（中队名、口号、班风、班训、班规等）。
2.尝试设计自己班级的班徽，展现班级文化</td></tr>
<tr><td>驱动问题</td><td colspan="2">学校春季体育节马上就来了，我们要进行最美班服的评选活动，突出咱们的班级文化和风貌，你能给班级设计一套吗？</td></tr>
<tr><td align="center">学习任务</td><td align="center">支架资源</td><td align="center">设计意图</td></tr>
<tr><td>第一课时：
1.项目导入活动。教师播放北京冬奥会各国代表团入场式视频，引导学生感受团体服装的震撼效果。
教师以三五个国家代表团服装为例，带领学生探究服装设计背后体现的文化意蕴。引导学生产生设计自己的班服，在运动会开幕式上进行展示，宣传班级文化的兴趣</td><td>1.冬奥会视频。
2.其他学校班级的班风、班训等班级文化范例</td><td>通过视频创设真实情境，激发学生设计班服的意愿</td></tr>
</table>

驱动入项课（2学时）	2. 班级文化解读。要先了解班级文化才能进行班服设计。教师提问学生班级文化应该包含哪些内容，以及对自己班级文化的了解。 教师带领学生对中队名进行设计、解读。解读中可以重点强调中队名背后希望学生具备的精神品质。 教师结合事例对班风、班训进行解读。教师可以播放班级的合照引发学生共鸣，通过照片和视频表现个别的事例，让学生将班训抽象的语言转化为具体的行动。 教师带领学生对班规进行设计、解读。设计应注意简练、朗朗上口。 第二课时： 学生对自己的班级文化进行解读，制定本班的班训等		
合作探究课（6学时）	主题1	设计班级班徽（2学时）	
	核心概念	创造	
	学习目标	1. 了解什么是班级文化，能够通过合作的方式解读（或设计）自己的班级文化（中队名、口号、班风、班训、班规等）。 2. 尝试设计自己班级的班徽，将班级文化的含义通过图案的方式展现出来	
	驱动问题	如何用班徽体现班级文化精髓？	
	学习任务	支架资源	设计意图
	第一课时： 1. 引导启发：课件展示松岭路小学校徽图片。 看到图片，你熟悉吗？你认识这是什么吗？ 组织学生说一说图片中的图案由什么组成，有何意义。（教师引导总结：小松树代表松岭路小学的形象和我们的松岭品质：坚强不屈、正直、朴素，四季常青，强者的体现。旁边的五色花的设计灵感来源于金木水火土，分别代表着不同的品质：有担当、有品德、有智慧、有活力、会生活，代表着我们松岭路小学（德、智、体、美、劳）五育并举，素质教育全面发展）	班徽设计支架	通过设计班徽，引导学生理解如何将班级文化符号化

续表

合作探究课 （6学时）	小结：校徽是一个学校的标志，象征了我们的校园文化和精神，当我们看到这个标志时，心中会感到无比的骄傲和自豪。 2. 启发：上节课了解了班级文化之后，除了语言记录班级文化之外，我们还可以用哪些方式来表现呢？ 学生总结班徽是另一种班级文化的载体（是一种特殊含义的图案），引出本节主题：设计班徽 3. 启发：设计班徽你想知道哪些知识呢？ 班徽的组成、班徽的特点等。 （1）教师带领学生根据搜集的各种校徽班徽的标志，认识班级班徽的组成部分：图形、文字、色彩、编排。 （2）教师和学生一起探讨校徽班徽标志的特点：体现文化、美观、简洁。 4. 教师示范，启发学生设计标志。 第二课时： 1. 学生进行实践：设计自己班的班徽。 2. 班主任根据学生能力分好小组，并带领学生探究如何将班级文化符号化。小组成员各自设计班徽，并在组内评选，选出最好的作品，进行班级评比。 3. 投票评价，评选出最好的班徽设计		

主题2	我的班服我设计（4学时）
核心概念	创造
学习目标	1. 了解服装制作的过程。 2. 了解布料的种类并通过实验选择最适合用作班服的面料。 3. 学习服装设计的知识，并能通过设计图稿的方式设计班服。
驱动问题	学校春季体育节马上就来了，我们要进行最美班服的评选活动，突出咱们的班级文化和风貌，你能给班级设计一套吗？

续表

	学习任务	支架资源	设计意图
合作探究课 （6学时）	1. 微视频：如何设计班服（0.5课时）。 （1）通过微视频学习、听讲座或者查资料，引导学生总结设计服装需要哪些元素。 （2）学会绘制设计样稿。 2. 合作设计班服（2.5课时）。小组合作或个人完成班服设计图，含颜色、图案、装饰等。 （1）观看班服设计参考微视频，激发设计灵感。 （2）评价量规出示，让学生有设计方向。 （3）开始合作设计。（提前做好分工） （教师巡视指导，班服设计样子、颜色、图案（数字、符号等）、材质、前后、寓意，要完整，35～40分钟。） 3. 以小组为单位分享自己的班服设计（1课时）	1. 班服设计微视频 2. 评价量规	引导学生根据自己的想法设计班服

	主题1	选择布料（4学时）	
	核心概念	创造	
	学习目标	1. 了解服装制作的过程。 2. 了解布料的种类并通过实验选择最适合用作班服的面料。 3. 学习服装设计的知识，并能通过设计图稿的方式设计班服	
	驱动问题	什么样的布料适合做班服呢？	
知识建构课 （6学时）	学习任务	支架资源	设计意图
	第1课时：了解布料的种类 1. 导入：随着社会的发展，我们的衣服形形色色、各式各样，它们的布料也各不相同。你知道制作衣服的布料有哪些吗？请你查阅资料并记录下来。 2. 学生查阅资料（上网查阅/查阅纸质资料/课前布置，课堂交流），了解制作衣服的布料种类，并在全班进行交流。 第2～4课时：选择班服最佳布料	1. 探究比较不同布料的特点设计方案 2. 探究比较不同布料的特点实验结果记录单	引导学生根据布料不同特性选择适合的布料做班服

续表

知识建构课（6学时）	1. 导入：这么多布料，哪种才是我们制作班服的最佳选择呢？你觉得我们的班服布料应该具备哪些特点？ 2. 学生小组讨论并做记录，全班交流。教师引导学生从柔软性、弹性、吸水性等方面进行考虑。 问题：这些布料的柔软性、弹性、吸水性如何？我们该如何比较呢？ 3. 学生小组讨论出设计方案，并全班交流探究比较布料特点的方法。 柔软性：用手摸一摸。 弹性：用手拉一拉。 吸水性：把大小相同的不同的布料浸没在水中一段时间。分别取出布料在玻璃杯上方挤压，观察不同布料挤压出的水的多少。 4. 学生小组合作探究，记录各种布料的特点。（表格/思维导图） 小组成果展示，选出最佳布料		

	主题2	我的班服我制作（2学时）	
	核心概念	创造	
	学习目标	1. 了解制作服装如何进行尺寸的测量及测量哪些部位，并学会用合适的方法做好记录。 2. 尝试根据班服特点、班级文化特点等，设计各班的班服，并通过小组合作宣传本组设计的班服，获得众人的支持。 3. 集全班优秀想法，进一步修改设计图，形成最终定稿	
	驱动问题	班服的尺码应该如何确定呢？	

学习任务	支架资源	设计意图
第一课时：初识量体工具和服装尺码表 1. 教师出示直尺、卷尺、软尺、米尺、三角尺等测量工具，引导学生思考不同测量工具分别适用于哪些不同的场景。 2. 各组通过讨论分析，确定软尺更易于测量出身体各部位的尺码。 3. 出示服装尺码表并探究学习如何正确得所需尺码。（老师补充如何正确测量衣长、肩宽、胸围、腰围、袖长）。	班服大作战——量体数据记录表	引导学生通过测量等方式给同学测量尺码，确定衣服的尺寸

知识建构课 （6学时）	第二课时：动手量衣 1. 小组合作利用软尺进行实际测量，并记录在任务单上。 2. 当测量的尺寸与尺码表上的尺寸不吻合时，学生需要根据实际生活经验，进行选择判断。 3. 根据所量信息，确定每人的尺码并做好记录		

	主题1	投票选班服（2课时）	
作品形成课 （2学时）	核心概念	创造	
	学习目标	1. 了解制作服装如何进行尺寸的测量及测量哪些部位，并学会用合适的方法做好记录。 2. 尝试根据班服特点、班级文化特点等，设计各班的班服，并通过小组合作宣传本组设计的班服，获得众人的支持。 3. 集全班优秀想法，进一步修改设计图，形成最终定稿	
	驱动问题	哪个小组设计的班服最适合我们的班级？	

	学习任务	支架资源	设计意图
	第一课时：宣传与选择 1. 宣传语编写。各组学生根据自己组设计的班服，编写一分钟以内的班服宣传语，包括班服材质、优点、体现的班级文化等。 2. 宣传视频拍摄与上传。排练编写的宣传语，拍摄成视频并上传，等3～5分钟审核后，获取视频地址。（观看视频自学方法） 第二课时：制作视频投票 1. 利用电脑版问卷星制作视频投票，拍摄封面，连接每组宣传视频。（小组一起合作，观看视频学习制作） 2. 宣传投票。学生发动其他人为自己组投票	班服宣传	引导学生尝试用多种方式宣传自己小组的作品

	主题1	班服大比拼（2学时）		
	核心概念	创造		
	学习目标	1. 了解T恤印花工艺，并选择合适的制作方式。 2. 将选择好的工艺、学生尺码、定制价格等与家委会协商，统一进行班服私人订制。 3. 穿上班服、拿好班徽，一起在体育节上一展风采。选择最好的出场方式，来一场班服T台"show"吧		
	驱动问题	如何制作并展示我们的班服？		
	学习任务		支架资源	设计意图
成果发布课 （2学时）	第一课时： 1. 由班主任与家委会协商班服的制作，并派学生代表，将孩子们选择的工艺、尺码等资料送给家委会代表。 2. 了解T恤印花工艺，由家长拍摄工厂制作视频引导学生了解班服制作的进程及方法。 3. 家委会统一定制。 第二课时： 1. 学生分组探讨最好的出场方式，并进行排练。 2. 校运会展示		T恤印花工艺工厂制作视频	让学生真实参与工厂的定制过程
	主题1	复盘反思（1学时）		
	核心概念	创造		
	学习目标	进行复盘反思		
	驱动问题	这次的项目式学习你的收获有哪些？		
复盘反思课 （1学时）	学习任务		支架资源	设计意图
	1. 教师带领学生对于本次超学科项目式进行复盘反思。各学习小组根据复盘反思汇报支架进行信息整理并汇报。 2. 根据学生的表现评选出最佳探究小组、最佳合作小组、最具创意小组		复盘反思支架	引导学生通过复盘反思了解本项目的优缺点

续表

超学科项目式学习复盘总结
优点总结：
1. 本次项目式学习高度融合了数学、美术、语文等学科的核心知识，同时还将德育教育、劳动教育以及班级文化建设也融入其中。
2. 该项目式学习真正来源于学生的实际生活，定制班服参加学校体育节活动并评选最美班级活动，让每一个孩子都兴致盎然，尤其是当学生自行设计的班服真正出现在体育节上的时候，每个学生的自豪感油然而生，真正践行了"学为生活"的教育理念。
3. 在制定班徽的过程中，学生的班级自豪感、荣誉感也得到提升，在学会设计的同时，德育目标自然而然地达成。
4. 通过本次项目式学习，学生的各项能力均得到提高：批判性的思考、分析信息的可靠性、与不同的伙伴和协作，学者提出好问题、按时完成任务、自主学习、在实际中应用知识的能力。
缺点反思：
本次项目式是松岭路小学的老师独立进行的项目式学习，没有借助于研究生团队的力量，所以很多想法不错，但是在实践过程中，对各种PBL工具的使用还有不足之处，尤其是在知识建构课上，我们对于班服设计的知识有欠缺，没有更好地指导学生进行班服的设计，尤其是在制作环节上，因为成本等多种原因，最终选择了学生设计班服的图样由设计公司制作，虽然节约了成本，但是对于学生的动手能力的培养仍旧是有欠缺的。
本次项目式设计也让我们对于评价前置工作产生了浓厚的兴趣。评价前置可以更好地调动学生兴趣，并能指导学生有目的、有标准地完成各项工作，这对于教师们平时的教育教学工作也有很不错的实践意义。

案例2 拯救小鱼儿的家

● 案例导读

本案例为面向小学低年级的超学科项目式化学习，目标为在世界各地水污染现象日益严重的背景下，培养学生的沟通与合作能力、设计思维、创新能力、团队协作能力、问题解决能力、公民责任感与社会参与能力。

◎本项目以"小鱼儿为什么找不到自己的家了"为驱动性问题，围绕"环境保护"的超学科大概念，设计开展了"我是小小调查员""我是小小设计师""我是小小制作者""我是小小演说家""召开小小发布会"等项目任务，通过师生互评、生生互评、小组评价等方式进行评价。

◎本项目实践的重难点是设计并制作解决水污染问题的作品。

◎本项目的亮点从现实情境出发，结合青岛地域特色，了解地域特色和家乡发展情况，引导学生关注水污染问题，提高学生的责任意识和社会参与感。

项目主题呼应联合国可持续发展目标和全球生态议题，为学生树立可持续发展的生活理念。

表7-3　超学科项目式学习实践案例2

项目名称	拯救小鱼儿的家	项目时长		16学时
超学科主题	保护水资源	年级		二年级
项目背景	青岛是一座美丽的海滨城市，也是全国著名的旅游景点。但在发展过程中出现了一系列水污染的现象，各种工业垃圾、生活垃圾等对水域造成了一定程度的污染。松岭路小学地处崂山，濒临大海，了解海洋污染、水污染的问题能够帮助学生了解地域特色和家乡发展情况，培养学生的社会责任感。其次，水污染这一主题一直以来都是全球关注的生态议题，具有重要的研究价值和意义。因此，本项目以联合国可持续发展目标为指导，结合青岛地域特色，以项目化学习为载体，开展"拯救小鱼儿的家"研究			
设计说明	学生情况：学生第一次接触项目式学习，对项目式学习的模式不了解，分组合作学习能力、信息筛选等能力都欠缺。本次选择的项目式学习，旨在通过简单的学习，了解项目式学习的方式，能够通过群体合作解决问题。打乱班级界限，分四大组，每大组约20人，每小组4~6人。 教师情况：每班教师2~3人。 课标情况：《义务教育课程方案和课程标准（2022年版）》			
超学科大概念	环境保护			
素养目标	本项目涉及的核心知识： 1. 理解过滤净水的原理，能够设计出创意净水器。 2. 学会上网搜集信息、提取视频中的有用信息等。 3. 了解净水的影响因素、净水材料的选择等。 4. 了解水污染的现状、成因及影响，思考保护水资源的措施。 5. 学会制作简易净水器。 6. 提高学生的汇报演讲能力。 7. 学会绘制相关的手抄报和海报，对完成的净水器进行美化。 本项目涉及的能力素养： 沟通与合作、设计思维、创新能力、团队协作能力、问题解决能力、信息素养、动手操作能力、口语表达能力、公民责任感与社会参与。 了解和探索自然，获得科学知识，解决科学问题； 艺术表现能力； 思维能力的提升； 发展初步的筹划思维，形成必备的劳动能力； 热爱自然，懂得保护环境、爱护动物、节约资源的责任意识。 初步具有科学探究和跨学科实践能力，能分析解决现实情境中的生物问题，科学探究与实践			

续表

驱动性问题	小鱼儿为什么找不到自己的家了？
超学科实践活动与预期项目成果	跨学科实践活动：调查水污染的成因、制作净水器、成果汇报等。 跨学科项目成果：个人——海报、手抄报、头脑风暴图、小视频、创意净水器设计图；团队——简易净水器。 成果公开方式：媒体宣传、公众号、抖音、宣传栏

评价设计

1. 过程性评价

阶段一：了解水污染的现状和影响

评价内容	达到程度	星星数量
水污染的现状及生态环境的影响资料评价标准	内容贴切主题，资料充实，让人有眼前一亮的感觉	☆☆☆
	内容与主题有一定的关系，素材较平实	☆☆
	内容与主题不相关，不完整，不明了	☆
水污染的现状及生态环境的影响展示评价标准	组内分工明确、合理，每个人都可以在合作中发挥个人优势，组内成员积极参与，拥护他人发言，合理补充，完成合作	☆☆☆
	组内分工明确、合理，组内成员善于倾听，有序发言，全员参与活动，能基本完成合作内容	☆☆
	组内分工不明确、不合理，组内成员部分参与，配合度较低	☆

阶段二：调查水污染的成因

评价内容	达到程度	星星数量
水污染原因调查资料评价标准	内容贴切主题，资料充实，让人有眼前一亮的感觉。	☆☆☆
	内容与主题有一定的关系，素材较平实。	☆☆
	内容与主题不相关，不完整，不明了。	☆
水污染原因调查展示评价标准	组内分工明确、合理，每个人都可以在合作中发挥个人优势，组内成员积极参与，拥护他人发言，合理补充，完成合作	☆☆☆
	组内分工明确、合理，组内成员善于倾听，有序发言，全员参与活动，能基本完成合作内容	☆☆
	组内分工不明确、不合理，组内成员部分参与，配合度较低	☆

评价内容	达到程度	星星数量
奇思妙想	内容贴切主题，作品设计独特新颖，让人有眼前一亮的感觉	☆☆☆
	内容与主题有一定的关系，作品设计（想法）有一定特色、新意	☆☆
	内容与主题不相关，作品设计（想法）缺乏新意	☆
团队合作	组内分工明确、合理，每个人都可以在合作中发挥个人优势，组内成员积极参与，拥护他人发言，合理补充，完成合作	☆☆☆
	组内分工明确、合理，组内成员善于倾听，有序发言，全员参与活动，能基本完成合作内容	☆☆
	组内分工不明确、不合理，组内成员部分参与，配合度较低	☆
发言表达	表达大方得体，让人眼前一亮	☆☆☆
	表达清晰、流畅、有逻辑，能听懂	☆☆
	语言啰唆、不连贯，不能听懂	☆
自律克己	活动期间遵守课堂纪律，不随意离开座位，能够保持良好的卫生	☆☆☆

2.终结性评价：通过师生互评、生生互评、小组评价等方式，选出最具风采小组、最佳合作小组、最佳展示小组。（评价设计）

学习准备：
学习环境：教室内桌椅分小组摆放。
支架资源：PPT课件、微视频、新闻报道、调查表、任务单、学习单、评价单等

322

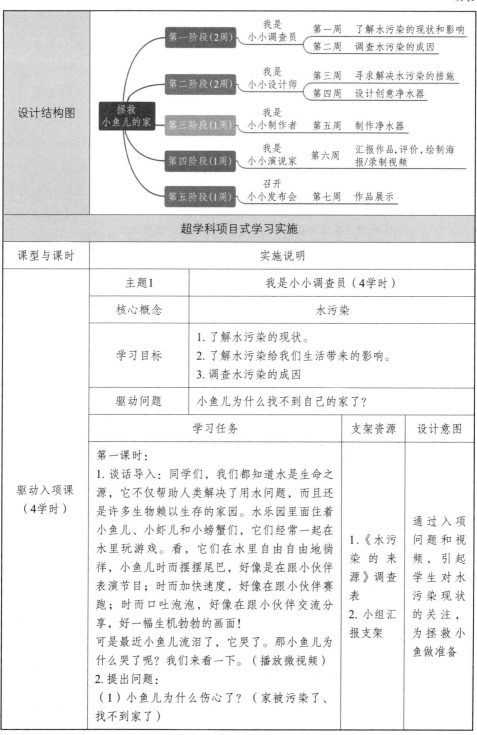

设计结构图	拯救小鱼儿的家	第一阶段(2周) 我是小小调查员	第一周 了解水污染的现状和影响
			第二周 调查水污染的成因
		第二阶段(2周) 我是小小设计师	第三周 寻求解决水污染的措施
			第四周 设计创意净水器
		第三阶段(1周) 我是小小制作者	第五周 制作净水器
		第四阶段(1周) 我是小小演说家	第六周 汇报作品,评价,绘制海报/录制视频
		第五阶段(1周) 召开小小发布会	第七周 作品展示

超学科项目式学习实施

课型与课时	实施说明		
驱动入项课（4学时）	主题1	我是小小调查员（4学时）	
	核心概念	水污染	
	学习目标	1. 了解水污染的现状。 2. 了解水污染给我们生活带来的影响。 3. 调查水污染的成因	
	驱动问题	小鱼儿为什么找不到自己的家了？	
	学习任务	支架资源	设计意图
	第一课时： 1. 谈话导入：同学们，我们都知道水是生命之源，它不仅帮助人类解决了用水问题，而且还是许多生物赖以生存的家园。水乐园里面住着小鱼儿、小虾儿和小螃蟹们，它们经常一起在水里玩游戏。看，它们在水里自由自由地徜徉，小鱼儿时而摆摆尾巴，好像是在跟小伙伴表演节目；时而加快速度，好像在跟小伙伴赛跑；时而口吐泡泡，好像在跟小伙伴交流分享，好一幅生机勃勃的画面！ 可是最近小鱼儿流泪了，它哭了。那小鱼儿为什么哭了呢？我们来看一下。（播放微视频） 2. 提出问题： （1）小鱼儿为什么伤心了？（家被污染了、找不到家了）	1.《水污染的来源》调查表 2. 小组汇报支架	通过入项问题和视频，引起学生对水污染现状的关注，为拯救小鱼做准备

续表

驱动入项课（4学时）	（2）你觉得小鱼儿的家园不干净的原因是什么？（通过视频找答案） （3）怎么才能让小鱼儿的家恢复如初？ 第二课时：探究水污染现状及影响。 1. 通过观看新闻、微视频、小讲座等辅助材料了解水污染的现状和影响，并以小组为单位讨论，完成学习单，讨论结束后在课上交流，教师做补充。 2. 布置作业：采访教师、家长、校内人员等完成调查表，多方面了解水污染的成因。 第3～4课时：了解水污染的形成 1. 学生在课上自由讨论、分享调查结果，根据学生的调查结果，教师以微视频为辅助进行补充，学生自主提炼视频中的信息，了解水污染的三大来源，完善调查表。 2. 小组合作，完成水资源情况分析思维导图或海报。（该部分大概用时1～1.5课时） 3. 学生总结第一阶段内容		

	主题1	我是小小设计师（4学时）		
合作探究课（4学时）	核心概念	净化水资源		
	学习目标	1. 寻求解决水污染问题的措施。 2. 设计与解决水污染问题相关的作品。 3. 设计创意净水器		
	驱动问题	如何解决水污染问题		
	学习任务		支架资源	设计意图
	第一课时： 1. 联系第一阶段学习内容，引导学生明确本项目解决的问题是解决水污染的问题，即寻求解决水污染问题的措施。 （1）小组成员将课前调查到的水污染成因进行组内交流，小组合作完成水污染成因图后进行全班分享。 （2）师进行总结，可观看水污染视频，了解三大污染		1. 头脑风暴支架 2.《怎样给小鱼儿一个安全的家》学习单	对水资源的污染成因进行分析后，为制作净水器做足准备，引导学生通过实验了解净化器的原理

合作探究课 （4学时）	第二课时： 1.学生进行头脑风暴，以小组为单位针对水污染的三大来源交流讨论解决水污染的措施，完成学习单。 （1）小组进行网络学习，完成记录梳理。进行全班分享。 （2）小组充分发挥解决水污染问题的策略，记录，进行全班分享。 （3）将（1）和（2）结合使用，记录，进行全班分享。 2.学生分享交流学习单，教师做补充，引导学生树立"节约用水，保护水资源"的价值观。 第三课时： 1.教师引出净化水资源是解决水污染的重要环节，通过提问激发学生的学习兴趣。（你家里有净水器吗？你仔细观察过家中的净水器吗？净水器由哪几部分组成？你认为是什么原理？） 2.如何解决水污染问题。 （1）小组进行网络学习，完成记录梳理。进行全班分享。 （2）小组充分发挥解决水污染问题的策略，记录，进行全班分享。 （3）将（1）和（2）结合使用，记录，进行全班分享。 第四课时： 1.如何过滤水质？（水质过滤的原理及材质等） （1）学生思考，分享交流。 （2）引进专家系统进行讲解或播放小视频。 （3）教师进行梳理提问，让学生了解净水物质（棉花、活性炭、石英砂、石头等）的作用。 2.组织对比实验，观察纱布和滤纸棉花、活性炭、石英砂、石头等材料过滤程度的不同。 （1）提问：请同学们想一想大家刚才的发现，猜一猜，这两种材料哪种会让水变得更干净？		

合作探究课 （4学时）	（2）请进行对比实验，讲清楚实验规则，引导记录实验结果。 实验规则： ① 每组在两个"过滤器"中分别放入两种不同的材料。 ② 倒海水的时候要慢，仔细观察。 ③ 小心不要把海水洒在自己的衣服上。 （3）分享交流实验结果，哪种材料过滤得更干净？为什么？ 3. 出示教师过滤器。探知过滤器的材料，提高学生保护环境的意识。 提问：过滤器是用什么材料做的？用过的瓶子应该放在哪里？ 4. 发布作业：学生以小组为单位在网络上检索净水器原理、常见的净水器类型、都用到哪些领域，有没有可以优化的地方，完成学习单。 让学生思考：如果让你设计，你会考虑到哪些方面，设计上是否可以更有创意等，引出设计"创意净水器"的环节		

	主题1	我是小小制作者（4学时）	
知识建构课 （4学时）	核心概念	净水器	
	学习目标	1. 制作简易净水器。 2. 检验净水器的净水效果并改进	
	驱动问题	如何制作净水器	
	学习任务	支架资源	设计意图
	第1～2课时： 1. 教师准备半瓶装有泥土的有杂质的水，提问学生：我们想用这个瓶子给小鱼儿做一个家，我们可以怎么做呢？激发学生探究的兴趣。 2. 提问学生有没有制作想法，交流制作想法。 （提示：净水原理）	1.《神奇的净水器》学习单 2.《创意净水器》设计图	引导学生通过实验掌握制作净水器的方法及原理

知识建构课 （4学时）	3.小组设计创意净水器设计图。 （1）播放制作简易净水器的视频（视频素材已准备好），播放完毕后提问学生都有哪些步骤？都用到什么材料？每一种材料的作用，哪些材料是日常生活中比较容易获取的材料，如果没有可以用什么替代？ （2）以小组为单位讨论交流，完成创意净水器的设计图，分享设计图并描述其功能。（该项目需要1课时） 分享讨论组内各成员净水器设计图的可行性与创新性，并选出最具可行性与创新性的设计图。 （3）小组代表上台分享，其余同学依据评价标准，利用便利贴做出评价。 （4）完善改进设计图纸。根据学生分享、结合制作净水器视频，改善自己的设计图纸。 第三课时：制作净水器 教师发放制作净水器的材料。根据设计图纸、结合制作净水器视频，小组合作完成净水器的制作，倒入脏水，观察净水器的净水效果。 第四课时：制作小鱼的家 以小组为单位进行分工、动手合作，用各类瓶子制作小鱼的家，教师巡视指导。提示学生可以添加自己的创意或对净水器进行美化。 （跟进评价）		

	主题1	我是小小演说家（2学时）
作品形成课 （2学时）	核心概念	探究
	学习目标	1.介绍净水器作品。 2.组内自评和小组互评。 3.教师点评
	驱动问题	介绍自己制作的净水器

续表

	学习任务	支架资源	设计意图
作品形成课 （2学时）	第一课时： 1.学生以小组为单位介绍自己制作的净水器。（关键让学生分享他们是怎么想的，制作过程中遇到哪些问题，是如何克服的。通过制作和观看视频学习到什么等） 2.介绍完毕后，各小组根据评价单进行组内自评和小组互评，教师进行点评，并为各小组颁发小奖章。 3.教师升华到我们如何保护地球、减少水污染。（关注全球生态问题） 第二课时： 学生制作环境保护主题的海报、手抄报，或者用手机自己录制一个保护环境或小知识的小视频。教师负责剪辑到一起，在发布会上播放	评价单	引导学生互相介绍制作净水器的过程

	主题1	召开小小发布会（1学时）	
成果发布课 （1学时）	核心概念	沟通与表达	
	学习目标	1.成果展示。 2.分享交流	

	驱动问题	展示我的净水器	
	学习任务	支架资源	设计意图
	1.现场实验——过滤污水。用自己制作的简易滤水器现场演示净化污水。 2.展示海报和手抄报。 3.播放学生的成果视频。 4.邀请一年级的小朋友参加现场会，并向他们讲解有关水污染的知识	课件	通过展示自己制作的净水器，激发学生的成就感

	主题1	复盘反思（1学时）	
复盘反思课 （1学时）	核心概念	反思	
	学习目标	进行复盘反思	
	驱动问题	在本次项目式学习中，你的收获是什么？	

	学习任务	支架资源	设计意图
复盘反思课（1学时）	1. 教师带领学生对于本次超学科项目式进行复盘反思。各学习小组根据复盘反思汇报支架进行信息整理并汇报。 2. 根据学生的表现评选出最佳探究小组、最佳合作小组、最具创意小组	复盘反思汇报支架	引导学生通过复盘反思了解本项目的优缺点

超学科项目式学习复盘总结

优点总结：

1. 基于学生现状，从现实情境出发，结合青岛地域特色，了解地域特色和家乡发展情况，引导学生关注水污染问题，提高学生的责任意识和社会参与感。

2. 提高学生自主学习和探究学生的兴趣，激发学生求知欲、探究欲，以项目的方式促进学生团结协作和动手操作能力，联系生活实际，培养学生解决问题的能力。

3. 项目主题呼应联合国可持续发展目标和全球生态议题，为学生树立可持续发展的理念。

4. 培养学生保护水资源、节约水资源的意识，从而影响学生今后的行动。

5. 全球胜任力是未来青少年必不可少的能力，该项目为培养学生的全球胜任力打下良好的基础。

缺点反思：

回顾整学期项目式过程，小鱼儿家的遭到破坏唤醒同学们捍卫小鱼儿家园的力量，通过报告、查询资料各种方式了解水资源情况，对比实验总结出净化水资源的方式，自己设计图纸为小鱼儿建设纯净家园。学生在合作中成长，在探究中实现思维进阶，最终圆满结束本学期项目式学习。

案例3　聊聊"株"背后的故事

●案例导读

本案例为面向小学高年级的超学科项目式化学习，目标是培养学生的合作能力、高阶思维能力、健康知识与技能的运用能力、推理能力。

◎本项目以"面对病毒，如何科学地预防和健康生活"为驱动性问题，围绕"尊重生命"的超学科大概念，设计开展"病毒大作战""小小调查员""我是小中医""豆丁中医话香囊"等项目任务，通过师生互评、生生互评、小组评价等方式进行评价。

◎本项目实践的重难点是设计科学防疫和健康生活手册。

◎本项目的亮点是基于社会现状，从现实情境出发，面对大病毒时代的到来，学生愿意积极探索健康的生活方式，愿意以积极心态面对现实问题，对我国的国粹——中医药学产生浓厚的兴趣，这对提高学生的体质健康有推动作用。

表7-4　超学科项目式学习实践案例3

项目名称	《聊聊"株"背后的故事》	项目时长	26学时
超学科主题	尊重生命	年级	四年级
项目背景	感染新冠病毒时，每个人的症状不同，网络笑谈大家感染的是什么"株"，是"学霸株""瞌睡株"，还是"贪吃株"？熟悉的笑谈仿佛把我们带回了那段难忘的时光。2023年春季学期开始，"甲流"又迎面袭来……面对病毒，如何科学防疫和健康生活呢？		
设计说明	学生情况：学生都真实地经历了感染新冠病毒的过程，更加关注自己的身体健康。 教师情况：四年级学科老师，每班2人。 课标情况：《义务教育课程方案（2022年版）》		
超学科大概念	依据新课标，围绕项目的核心知识提炼超学科大概念：尊重生命		
素养目标	本项目涉及的核心知识： 1. 学习筛选关键信息制作漫画、口袋海报，根据故事的结构，选择合适的情节设计情景剧。 2. 设计调查问卷，学习使用统计学的知识进行数据的归类整理。 3. 人体器官基本知识；人体器官在中医上的功能和联系。 4. 运用多种方法展示自己的学习成果，能进行创意性的艺术表达。 5. 了解身体健康与体育锻炼之间的关系，并乐意锻炼身体、督促身边的人一起运动健身。 6. 了解中医常识及常见中药材的作用，传承中医国粹，了解中医学基本知识，增强民族自豪感。 7. 动手制作香囊并进行售卖。 本项目涉及的核心能力： 合作能力、表达能力、研究能力、数学计算能力、创新能力、团队协作能力、问题解决能力、信息获取能力、动手探究能力。 本项目素养目标： 1. 依据问题解决的需要，组织与分析数据，用可视化方式建立数据之间的关系，支撑所形成的观点。 2. 通过联想想象、分析比较等提高思维能力；通过具体的情境提高语言运用能力。 3. 拥有良好的健康行为：包括体育锻炼的意识与习惯、健康知识与技能的掌握和运用。 4. 培养动手制作的劳动能力		

素养目标	5. 综合运用多学科知识，紧密联系现实生活，进行艺术创新和实际应用的创意实践能力。 6. 培养学生推理意识、推理能力，养成一定的数据观念。 7. 培养生命观念
驱动性问题	面对病毒，如何科学地预防和健康生活？
超学科实践活动与预期项目成果	1. 超学科实践活动：将了解到的病毒知识制作成口袋海报、漫画、课本剧等形式进行展示；制作香囊并进行义卖。 2. 超学科项目成果：身心保健手册 3. 成果公开方式：口袋海报、手绘漫画、课本剧、松岭智慧视频、"六一"儿童节义卖
评价设计	1. 过程性评价 第一阶段：病毒大作战 表格如下

病毒介绍资料评价标准	
涉及广泛，素材清晰、丰富，生动有趣	☆☆☆
有效提取关键信息，素材较平实	☆☆
资料不完整、不明了	☆
病毒介绍展示评价标准	
表达富有想象力，互动效果好	☆☆☆
有效传达主要观点，想象力不够，互动尚可	☆☆
传达内容不清，几乎无互动	☆
病毒介绍内容评价标准	
全员参与，主题明确、有创意，深入思考	☆☆☆
全员参与，内容较完整，有一定思考	☆☆
部分参与，内容不完整，缺少思考	☆

评价设计	第二阶段：我是调查员	

第二阶段：我是调查员

微型调查报告评价量规	
作品内容	
数据科学准确，表格内容详尽	☆☆☆
数据科学准确，表格内容不够详尽	☆☆
数据不过准确，表格内容不够详尽	☆
展示过程	
声音洪亮，展示顺序清晰，内容完整	☆☆☆
声音洪亮，展示顺序比较清晰，内容比较完整	☆☆
声音稍小，顺序有些混乱，内容比较完整	☆
合作	
团队合作有效，人人参与	☆☆☆
团队合作一般，部分同学参与	☆☆
团队合作出现分歧，部分同学参与	☆

第三阶段：我是小中医

"香囊制作"小组合作评价量规	
提前分工	
分工明确，认真履行职责	☆☆☆
分工较明确，基本履行职责	☆☆
分工不够准确，职责履行不够认真	☆
药材分配	
分配均衡，步骤清晰	☆☆☆
分配较合理，步骤比较清晰	☆☆
分配不均，步骤混乱	☆
合作装袋	
团队合作有效，人人参与	☆☆☆
团队合作一般，部分同学参与	☆☆
团队合作出现分歧，部分同学参与	☆
卫生清理	
无杂物，地面、桌面干净、整洁	☆☆☆
略有杂物，地面、桌面干净、整洁	☆☆
杂物较多，地面、桌面凌乱	☆

评价设计

评价设计	2. 终结性评价 通过师生互评、生生互评、小组评价等方式，选出最具风采小组、最佳合作小组、最佳展示小组
学习准备	学习环境：各班教室按照小组合作的方式摆放座椅。 支架资源：探究单、调查问卷、视频、书籍等
设计结构图	聊聊「株」背后的故事 第一阶段：病毒大作战（预计2~3周） 第二阶段：小小调查员（预计3周） 第三阶段：我是小中医（预计3周） 第四阶段：豆丁中医话香囊（预计3周）

超学科项目式学习实施

课型与课时	实施说明		
驱动入项课 （1学时）	主题1	入项（1学时）	
	核心概念	尊重生命	
	学习目标	了解病毒的含义；了解病毒的生存条件；知道病毒攻击人类的过程；了解病毒攻击人类身体后，身体是如何做出反应的	
	驱动问题	面对病毒，如何科学地预防和健康生活？	
	学习任务	支架资源	设计意图
	1. 项目导入活动：视频导入，提出问题。 （1）同学们，通过观看"当你'阳了'的时候"视频，你有什么感受？视频勾起了你的哪些回忆？ 学生分享感悟。 （2）我们共同经历了这场无声的战役，新冠病毒给很多人留下了深刻的回忆。你对病毒了解多少？这个春天，流感病毒正在袭击我们，还有其他病毒，一直在与人类斗争。你知道哪些病毒在与人类斗争吗？你真的学会防疫了吗？	视频：当你"阳了"的时候	通过视频导入，带学生回顾新冠病毒期间的生活，从而引导学生探究病毒的"朋友圈"

续表

驱动入项课（1学时）	（3）引出本次项目式学习内容：面对病毒，如何科学防疫和健康生活？ 2. 项目实施。 任务一：形成小组，设计组名、组规（37分钟） 师：同学们，本次项目我们仍然采用小组合作的方式进行，接下来，进入第二环节：分小组，设计组名、组规和小组学习口号。 本次项目与病毒相关，为了真正消灭病毒、科学防疫，你想起个什么样的组名呢？ 组名要求：合理又有趣。 组规要求： （1）适合在项目式学习期间使用，能够规范小组成员的言行举止。 （2）小组全体成员表决并签字，保证项目式学习期间能够严格遵守。 学习口号要求：言简意赅、朗朗上口，能突出学习小组的特点。如："相信自己、相信伙伴！众志成城飞跃巅峰！""消灭病毒，一定有我！" 师：接下来，请同学们根据以往的经验，通过小组讨论的方式讨论出组规，并在A4纸上列出，全体小组成员共同表决同意并签字。 倒计时15分钟，各小组进行设计。 各小组学生依次展示（25分钟）		

合作探究课（4学时）	主题1	病毒大作战（4学时）
	核心概念	尊重生命
	学习目标	1. 调查家人"阳了"时的症状；研究市面上常见的药物。 2. 理解为什么不同的症状要用不同的药；能够解答驱动问题：面对病毒，如何科学地预防和健康生活？ 3. 提升数据思维，学会设计调查问卷和整理数据并得出结论
	驱动问题	病毒的"朋友圈"是什么样子的？

续表

		学习任务	支架资源	设计意图
合作探究课（4学时）		第一至三课时： 1. 了解病毒。教师用诙谐幽默的口气介绍病毒是什么（参考书本《人类与病毒的战争》），配漫画并讲解。 设计目的：让学生学会用漫画配文字的方式介绍病毒）。 2. 了解人类历史上的几种病毒。运用思维导图的方式，出示人类历史上曾经出现的几种病毒，并做简单的介绍。 设计目的：让学生学习用思维导图的方式介绍病毒。 3. 这么多种病毒都曾经与人类有过战争，现在，就请你们为病毒发个"朋友圈"，让更多的人了解病毒吧！ 要求：各小组任选一种病毒作为主要介绍对象，通过漫画、资料卡、思维导图、剧本表演等多种方式，展现病毒与人类的战争故事，让更多的人了解病毒知识、学会如何科学防疫。 4. 小组认领任务并分工。教师巡回指导。（该活动需要2课时） 5. 布置作业。本周末按照分工情况，收集相关资料并做好相应的设计。 第四课时： 1. 小组进行病毒"朋友圈"的介绍分享。 支架：我们小组介绍的病毒是×××，我们组打算用×××的方式给病毒发朋友圈，我们的分工如下：…… 2. 根据评价指标进行评价	1. 不同的思维导图模板。 2. 口袋书模板	引导学生了解病毒，为健康生活做准备
知识建构课（12学时）	主题1	小小调查员（6学时）		
	核心概念	尊重生命		
	学习目标	1. 调查家人"阳了"时的症状；研究市面上常见的药物。 2. 理解为什么不同的症状要用不同的药；能够解答驱动问题：面对病毒，如何科学防疫和健康生活？ 3. 提升数据思维，学会设计调查问卷和整理数据并得出结论		

续表

驱动问题		面对病毒时代，如何科学防疫和健康生活？		
		学习任务	支架资源	设计意图
知识建构课 （12学时）		第一课时： 1. 回顾驱动问题。同学们，上个阶段，我们共同完成了"病毒大作战"的研究，同学们了解了一些关于各种病毒的知识。现在，我们再来回顾一下我们的驱动问题：面对病毒，如何健康防疫和科学生活（PPT出示）。 头脑风暴，师生对话：关于驱动问题，你能提出哪些问题？ 2. 形成问题，完成kwl表。 （1）谈话：同学们，在项目式学习中，你们要不断探寻答案和提出新问题，今天，老师为大家介绍一个好用的项目式探究工具，它就是——kwl表格。这个表格可以帮助我们理清问题的先后顺序，帮助我们进一步探究。（PPT出示kwl表格） （2）教师具体介绍kwl表格的填写方法。 （3）现在，请同学们自己先来填写手中的表格中的k和w项，然后再在小组内合成一张吧！（10分钟） （4）小组分享。（邀请3个组左右展示） （5）教师总结引导。听到同学们提出的问题，我们目前把问题聚焦为："我们如何在'大病毒时代'预防病毒感染，保持身体健康？"（教师将这一关键问题写在黑板上，同时PPT出示） 第二至三课时：学习设计调查问卷 1. 头脑风暴，集思广益。 师：你想用什么方法去了解这个问题的答案呢？ 生：上网查阅资料、查阅书籍、咨询身边的人。 师：咨询身边什么样的人呢？ 生：没有"阳"过的人，问一下为什么他们没"阳"，有什么保健秘籍呢？	1. kwl表 2. 柱状统计图 3. 微型调查报告	学生通过调查问卷了解家人朋友的健康生活方式

知识建构课 （12学时）	2. 介绍调查问卷。想要知道问题的答案，调查问卷是老师今天要介绍给大家的第二个好用的工具。这个工具可以帮助我们用问问题的方式了解其他人的情况，最终，我们可以把其他人的情况汇总起来，形成问题的答案。 3. 介绍调查问卷的使用方法。PPT出示调查问卷的模版，教师详细介绍每一项如何填写。 4. 学生小组合作完成调查问卷。（该活动需要1课时左右时间） 第四课时：发放问卷 汇总全班所有小组的调查问卷形成一个班级的电子设计问卷，并通过微信群等方式发放、回收问卷。 第五课时：问卷分析 同学们，我们上周基于面对病毒，我们如何科学防疫和健康生活这个问题，大面积地进行了问卷调查。我们共回收了193份问卷（PPT展示问卷的大体模样和数据）。前几天，我们在班级中也进行了调查，今天我们共有两个学习目标，第一个目标是运用柱状图的方式统计班级的数据；第二个学习目标是，分析调查问卷的大数据，然后得出每一道题的结论。（PPT出示两个学习目标） 1. 统计数据。把班级内填好的问卷发给每个学生，用举手的方式将六组题目的答案统计在黑板上。 2. 用柱状图统计数据。 （1）教师以其中一个题为例子，让学生复习如何做柱状图。 （2）小组选择其中一组题进行柱状图统计。 3. 分析调查问卷大数据。问卷调查是一种非常有效的调查方法，它可以帮助人们了解社会现状、收集有价值的信息，并为决策提供重要的参考依据。问卷调查可以收集大量的信息，可以更清楚地了解人们的看法和偏好，从而为问题导向提供有效的参考。我们已经收到了大量的数据，那么如何运用这些数据呢？从这些数据中你又能得出什么结论呢？		

知识建构课（12学时）	（1）按照支架上的引导话语，小组内继续研究刚才选择的题目主题并进行分析，得出结论。 （2）各小组上台分享结论。 第六课时：专家讲座、形成共识 1. 聘请学生家长（医学博士）对健康生活方式进行整理和讲解。 2. 对学生的调查问卷进行评价和指导。 3. 教师总结。全班形成共识：通过调查数据的分析我们发现，面对病毒，要科学防疫和健康生活，我们应保持良好心态，每天喝足量的水，均衡饮食，经常运动，足量睡眠，保持环境卫生		
	主题2	我是医学家（6学时）	
	核心概念	尊重生命	
	学习目标	1. 了解中医的概念和常见中药材。 2. 了解不同的穴位功效，会运用不同的食材进行养生美味制作	
	驱动问题	面对病毒，如何用中医的方式健康生活？	
	学习任务	支架资源	设计意图
	第一课时：学习中医精神 1. 邀请中医专家举行讲座，了解古代名医及其成就、行医故事。（25分钟） 2. 诵读《大医精诚》节选。 3. 知道行医的意义、正确的做法，引导学生的家国情怀、为人类服务的理想。 第二课时：神秘的"点穴大法" 特邀中医专家万泰华医生进行中医科普：什么是中医？何为经络？中医讲的"天人合一"体现在哪里？ 1. 学习穴位。 中医专家讲座：什么是穴位、穴位的作用、穴位分布的规律、穴位定位的"等身寸"、常见症状的穴位按揉调理（头痛、颈椎、近视眼、疲乏、塑形、腰痛）。	1. 穴位图。 2. "爱心养生美味"食谱。 3. 项目式音频/菜单视频拍摄语言支架	中华传统文化博大精深，本次的中医学习任务旨在弘扬文化自信，增强孩子们对中医的认同和理解

知识建构课 （12学时）	第三课时：探究穴位图 分组探究：选择一种常见的病症，研究穴位按揉调理的步骤及方法，并通过亲身体验、绘制养生穴位图等方法，进行常见病症的调理。 第四课时：分享穴位图 小组展示自己的学习成果，并进行评价反馈。 第五课时：生活中的"中药" 1. 通过身边有些同学爱吃肉等饮食不均衡的现象，了解食物中的养生作用。 2. 食疗：厨房就是小药房。有哪些被扔掉的食物，实际上是有用的中药材，可以治病。 3. 食疗妙用治百病。从节气、体质、季节等角度简单介绍一些食疗的食谱，介绍一些常见的中药饮品。 4. 家庭作业。5月是松岭路小学的劳动月。让我们行动起来，为身边有需要的人献上我们的爱心。请你利用周末的时间，为1～2位家人制作"爱心养生美味"，并完成以下"爱心养生美味"食谱以及制作微视频。（展示食谱支架和微视频制作支架） 第六课时：生活中的"中药" 1. 专家介绍生活中常见的中药。 2. 介绍端午香囊中的中药成分及功效		
作品形成课 （6学时）	主题1	豆丁中医话香囊（6学时）	
	核心概念	尊重生命	
	学习目标	1. 了解12种常见药材的药性、外形、作用等。 2. 学习制作驱蚊虫香囊的方法，并通过小组合作的方法锻炼合作能力。 3. 在"六一"儿童节做好香囊的义卖工作及中医健康养生的宣传工作	
	驱动问题	结合中医文化知识及传统节日端午节，制作什么样的香囊进行义卖呢？	

续表

	学习任务	支架资源	设计意图
作品形成课 （6学时）	第一课时：规划手工制作香包 1. 小组合作：如何制作香囊？ 每个小组可获得原材料：12种不同的药材（袋装）、纸杯若干、无纺布袋每人3个（可装药材，以防漏药）、香囊每人3个。 小组要求：① 人人要有分工；② 制作香囊药材比例要相同（每个香囊里的药材均有12种）；③ 小组团结协作、高效完成工作。 2. 请为制作香囊做一下规划，说清楚制作的步骤及注意事项。（自由讨论5分钟，请1～2个小组说清楚步骤及注意事项） 3. 共同制订香囊制作规划（步骤及注意事项）。 （1）计算员：计算小组的香囊总数，为准备原材料做准备。 （2）药材分配员：将小组人员分为2组，每组2～3人，为分药材做准备。 （3）装袋员：将药材分配组同学分配好的药材装入无纺布袋中备用。 （4）香囊装袋员：12种药材依次装入无纺布袋后，收紧袋口转入香囊中，将香囊口锁紧。 原料准备—估量分配—简易包装（无纺布袋）—精致装袋（香囊包）。 （5）卫生清理员：全部香囊完工后，将剩余的杂物清理到垃圾桶中，保持地面、桌面干净整洁。 学生最容易起争执的是药材分配的工作，建议重点让学生自己讲解药材分配员的工作步骤：如何将药材平均分？（估一估） 对于说得好、步骤清晰的，优先安排药材分配工作。 4. 小组分工（根据分工表，填写好具体负责人名单，并承诺按照职责完成工作）。出示优秀小组的要求，获得优秀小组的同学将额外奖励香囊	1. 义卖方案。 2. 义卖记录单。 3. 义卖海报	健康的生活方式体现在学生的生活中，用中医的方式结合传统节日端午节，引导学生通过制作香囊并进行义卖的方式，对中医文化进行广泛宣传

| 作品形成课
（6学时） | 第二至三课时：制作阶段
1. 小组合作分工制作，出示小组合作评价量规。
2. 评选优秀小组（或者教师巡视过程中进行奖励），额外的香囊给予奖励。
第四课时：复盘反思
1. 请同学们谈一谈今天活动的收获和体会。
2. "六一"义卖的时候，把这些香囊卖出去，你有什么好想法、好建议？提前谋划，下周五进行义卖预热。
第五课时："六一"儿童节中医话香囊义卖活动
1. 确定义卖任务。卖出制作的香囊，普及中医健康养生知识。
2. 完成义卖方案。
师：同学们，对于义卖我们已经有了两年的经验，回顾一下上次你们的义卖，你觉得有哪些经验可以值得借鉴呢？请你来分享一下。
师：接下来给大家10分钟，小组内根据义卖方案支架，共同商讨小组内义卖主题、方式、环境准备及分工。10分钟后请同学们汇报。
2~3组同学展示义卖方案。
第六课时："六一"儿童节中医话香囊义卖活动
1. 完成义卖海报。
师：同学们，海报是义卖中重要的宣传手段，就像商店有门头名字一样，义卖铺子也需要一个名字，这可以让别人一眼就了解你的铺子是卖什么的。
师：想一想，我们想要让海报内容清晰、引人瞩目，协助我们更好地完成义卖，应该具备哪些要素？
预设：含有商品元素的店铺标题；组员构成；装饰品等。
师：请欣赏一组义卖海报，看能否为你带来些灵感。（PPT出示一些比较好的义卖海报图片）
师：给同学们25~30分钟，完成你们小组专属的创意义卖海报吧！ | | |

作品形成课（6学时）	教师出示评价量表，学生开始制作。 2. 完成"义卖记录单"。 师：同学们，我们的准备已经接近尾声，接下来，这是一个在义卖过程中帮助我们记录清楚卖出去的物品和收支情况的小工具，那就是"义卖记录单"。 师：请你仔细观察这张义卖记录单，思考一下，哪些内容是义卖之前需要填写的，哪些内容是义卖时填写的，哪些内容是义卖后填写的呢？ 预设：序号和物品名称以及标价是义卖前填写的，售价和备注是义卖时填写的。因为义卖时的影响因素比较多，标价和售价不一定一致。我们可以把意外情况记录在"备注"一项中。当然了，成本一项可以填写在记录单上，也不可以不填，但要做到心中有数，自己清楚商品的成本是多少钱。 合计金额是义卖后填写的，我们需要算一算是否"回本"了，用售价金额的合计金额减去成本就是赚到的钱。因为是义卖，赚到的钱我们将用来做更有意义的事情。 师：请同学们完成"义卖记录单"前需要填写的内容吧			

成果发布课（2学时）	主题1	义卖（2学时）		
	核心概念	尊重生命		
	学习目标	1. 运用所学的知识，在"六一"义卖时能通过讲解等方式宣传中医健康养生知识。 2. 完成义卖，并将义卖筹的款项进行合理记录		
	驱动问题	如何完成香囊义卖并进行中医养生知识宣传？		
	学习任务		支架资源	设计意图
	进行现场义卖（需要用时2课时）： 1. 根据学生小组制作的义卖方案完成香囊义卖任务，并将中医健康养生知识进行普及宣传。 2. 义卖过程中认真记录筹得的款项		义卖记录单	通过义卖及中医养生知识普及宣传，将学到的中医药文化发扬光大

复盘反思课 （1学时）	主题1	复盘反思（1学时）		
	核心概念	尊重生命		
	学习目标	进行复盘反思		
	驱动问题	本次项目你有什么收获？		
	学习任务		支架资源	设计意图
	1. 教师带领学生对于本次超学科项目式学习进行复盘反思。各学习小组根据复盘反思汇报支架进行信息整理并汇报。 2. 根据学生的表现评选出最佳探究小组、最佳合作小组、最具创意小组		复盘反思汇报支架	引导学生通过复盘反思了解本项目的优缺点

超学科项目式学习复盘总结

优点总结：

1. 该项目真正来源于生活并服务于生活，三年的疫情虽然过去，但是人们对疫情、对病毒还有着未知的恐惧。该项目基于社会现状，从现实出发，立足于学生愿意积极探索健康的生活方式，愿意以积极心态面对现实问题，对我国的"国粹"——中医药学产生浓厚的兴趣，这对提高学生的体质健康有推动作用。

2. 培养学生自主探究问题、自主解决问题的能力，尝试通过调查问卷等方式进行探究学习。

3. 传承我国优秀的中医药文化，激发民族自豪感，树立民族文化自信心。

4. 为保障和实现人类可持续性健康与文明生活这一目标奠定基础。

缺点反思：

1. 该项目的驱动性问题非常吸引学生，开始的三个周时间内，大家对病毒产生了浓厚的兴趣，借助读物的学习，用丰富多彩的课本剧、口袋书等方式，进行了病毒大揭秘，让更多的学生了解病毒。接下来的调查问卷做得有点潦草，学生对于这种调查方式显然还有很多不太熟练的地方，导致后期问卷更多的是借助了老师的力量完成。对于问卷的设计，学生了解太少，设计得不够精准，又因问卷发放的数量不够庞大，仅仅回收400份左右，导致数据不够充分，从而会影响数据的使用。今后再做这方面工作的时候，要听取更多的意见，将调查问卷的设计作为知识点，让学生深入展开学习，才能制作出较为全面准确的问卷。

2. 该项目制作香囊的环节引起了学生的普遍兴趣，但是在进行香囊义卖的过程中，没有增加对中医药文化的宣传，没有增加对本次项目式的展示，实在是颇为遗憾，后期因时间不够充分，没有做好该方面的准备，今后进行项目式设计的时候要引以为戒，让学生能够在某一个项目、某一个技能或者某一个素养方面，得到较为全面的发展。

后记

"宝剑锋从磨砺出，梅花香自苦寒来。"此书的出版过程恰如这句诗文所言，三十几万字恰是松岭路小学自2019年建校之初至今一直进行的"培养什么人、怎样培养人、为谁培养人"的思考与实践的浓缩。

当今社会背景下的教育应该站在未来的视角培养人，培养能够适应未来、创造未来的人。因此，现在的学校正在培养的是创造国家未来的人、创造世界未来的人。这样的人应该是什么样的？未来会是什么样的？面对纷繁复杂的世界，唯一可以确定的就是未来的不可确定性。面对未知的未来，学校应该培养的是具备解决问题能力、创新能力、人际交往能力、合作能力、批判性思维、学习力、实践能力、为公精神的人。只有具备这些素养，在未知的未来方能挑战、应对不确定性并创造美好。到底该如何培养适应并能创造未来的人，经反复思考与实践，松岭路小学以解决生活中真实复杂的问题为出发点，以促进学生主动探索、主动学习的方式挑战并解决问题，并在此过程中领会更深刻的知识和技能的项目式学习作为助力学生素养落地的有力抓手。

项目式学习的历史已经有上百年，在我国也有几十年的研究史，虽然它不是新生事物，但是面对当下社会环境中的学生以及未来社会的发展，其研究价值与意义只增不减，特别是2022年4月义务教育新课标的颁布，随着素养时代的到来，项目式学习更加彰显其助力学生素养落地的有力价值。

松岭路小学自建校就开展项目式学习的研究与实践，从最初的小步行走，一边学一边实践，到后来的大步前行，再到北京师范大学李玉顺教授的多次亲临指导及其研究生团队的共同参与，项目式学习逐渐走上坚实的正轨，申报了市级课题"基于新课标的小学项目式学习研究"并立项。借助课题研究，学校的项目式学习不仅越来越规范、越来越科学，而且已经构建起体系化的课程群，如今更是系统地开展面向核心素养的项目式学习研究，为培养未来的人奠定基石。本书也是课题"基于新课标的小学项目式学习研究"成果的系统化体现。

从研发的第一个项目"健康饮食——你是一枚合格的小吃货吗"开始到现如今研发的上百个项目课程群，四年下来，学校教师在理念更新、找寻问题、构建大概念、精准定位核心知识与核心素养、科学设计推动学生素养提升的支架和评价量规、学习方式的变革等方面均走向了高阶思维。学生在探究项目的过程中，除了获得了解决问题的知识之外，更重要的是在不知不觉中学会了面对问题如何去解决问题，如何和小伙伴合作沟通，如何去辩证地看待每一件事，并能用自己的实际行动去影响身边的人。一位家长在和老师沟通的时候，说自己的孩子完成"拯救小鱼儿的家"这一项目后，走在海边竟能够主动捡拾海边的垃圾，这份为公精神让其颇为感动。慢慢地，我们发现，大爱的种子就这样润物无声地播种下了，融入学生骨子里的素养在慢慢形成，教育越发充满力量……

项目式学习如今已成为青岛市崂山区松岭路小学的一张名片，不仅仅使学生的素养、教师的素养得到了提升，更重要的是，项目式学习已经体现于学校文化的方方面面，项目式学习的思维模式也已经融入松岭路小学的每一位师生员工的脑海之中。这得益于青岛市崂山区实验二小教育集团修文艳校长的大力支持；得益于松岭路小学执行校长林先锋的大力推动。众人拾柴火焰高，项目式学习的推进及本书的完成更离不开学校项目式学习研究团队中每位教师一步一个脚印、多次挑灯夜战的坚持，坚持学习、坚持研究、坚持实践、坚持复盘、坚持总结与再出发。感谢徐静、顾慧童、陈婷婷、韩梦莹、孔蕾、江雯雯、宋安娜、宋祥玉、于超、辛显雯、董倩、朱敏、周锐、王萍、张泽治、李晓、陈旭新、孙金云、陈易老师为本书出版付出的辛勤劳动；更要感谢北京师范大学李玉顺教授及其研究生团队专业、严谨、耐心的指导与参与，特此感谢李玉顺教授对整本书的指导和支持，韩梦莹博士对理论部分（第一章和第二章）的参与和指导，陈旭新、孙金云老师对实践部分（第三章和第四章）的参与和指导，陈易老师对案例部分（第五～七章）的参与和指导等。最后，再次感谢每一位为项目式学习研究做出努力、付出心血的专家、领导和老师，是大家的共同努力，让学生走在了成为具有挑战与创造未来的能力与素养的人的道路上。

　　未来已来，我们会继续以项目式学习为抓手，持续开展更深入的研究，让每一个松岭娃娃在松岭的六年中，都能够收获属于自己的未来素养，助力其做自己并成为最好的自己，同时也希望能够辐射更多的学校加入研究的行列之中，为学生、为社会乃至为世界未来的可持续发展贡献一份薄力。

　　由于时间与精力有限，本书难免出现错漏之处，恳请各位专家和读者多提宝贵意见，以便下次修订。

毕吉伟

2024年3月